興亡の世界史

# インカとスペイン　帝国の交錯

網野徹哉



講談社学術文庫

# 目次

インカとスペイン　帝国の交錯

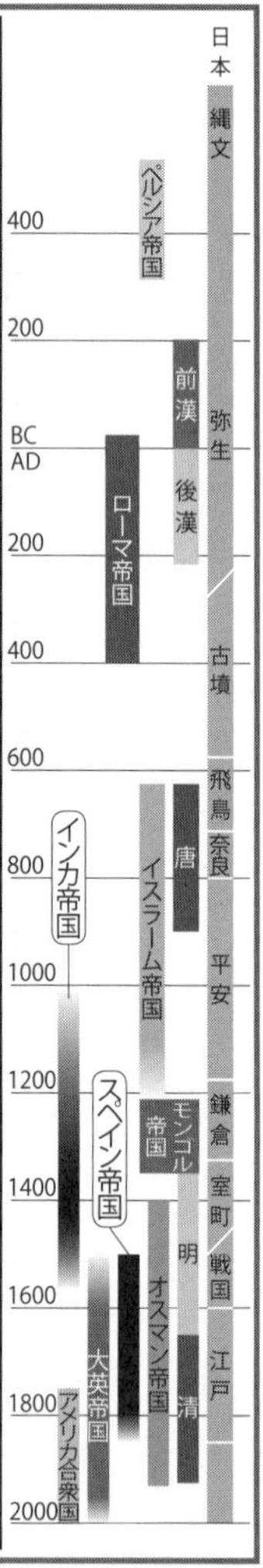


# 拡大する二つの帝国 インカとスペイン

ンカ帝国は15世紀から拡大を開始し、16世紀初
頁にはアンデス全域を支配するにいたった。その頃、
ベリア半島ではイスラーム勢力を駆逐したカトリック
帝国スペインが、海を渡り新大陸の制覇へと向かっ
いた。16世紀、スペインは中南米、フィリピン諸島な
広大な植民地を手に入れ世界帝国へと発展し、イ
カ帝国の繁栄はわずか1世紀あまりで幕を閉じた。

アメリカ合衆国
フロリダ半島
メキシコ湾
メキシコ
メキシコ・シティ
バハマ諸島
キューバ
ベリーズ
ドミニカ共和国
グアテマラ
ホンジュラス
エル・サルバドル
ニカラグア
西インド諸島
コスタ・リカ
パナマ
カルタヘナ
大西洋
赤道
太平洋
ボゴタ
ベネズエラ
キト
コロンビア
ガイアナ
スリナム
仏領ギアナ
エクアドル
ペルー
ブラジル
リマ
アヤクーチョ
クスコ
アレキッパ
ラ・パス
ボリビア
ブラジリア
ポトシ
スクレ
チリ
パラグアイ
ラ・プラタ川
リオ・デ・ジャネイロ
サンティアゴ
ブエノス・アイレス
ウルグアイ
アルゼンチン
インカ帝国最大領域(16世紀初め)
カルロス5世治世下のスペイン帝国の領域(16世
※地形、国境線、国名、都市名は現在のもの

地図・図版作成
ジェイ・マップ
さくら工芸社

興亡の世界史

# インカとスペイン　帝国の交錯

# はじめに

## ハウカイパタ

クスコ大広場《プラサ・マヨール》。ケチュア語でハウカイパタ。ここをインカ史探求の旅の出発点としてみよう。空から俯瞰《ふかん》すると、ピューマの形をしているとされるペルー南部の都市クスコだが、広場はちょうどこの動物のおなかのあたりに抱かれている。町は三四〇〇メートルもの高度に位置し、南アメリカ大陸を南北に走るアンデスの山々に囲まれている。町の近郊、少し高度が低い地帯には、聖なる谷が広がっている。なんと青い空だろうと思っていると、突然さーっと雨が落ちてきて、気がつくと大きな虹がかかっている。過ごしやすいが変化に富む気候だ。慣れない高さ、軽度の高山病で息があがってしまった旅人たちは、街の見物に疲れると、ハウカイパタに戻ってきて、ベンチに腰をかけ、集まってはいなくなる地元の人々の姿をぼんやり眺めている。先住民系の人々が話すケチュア語も聞こえてくる。少し傾斜しているせいだろうか、スペイン風の首都リマの大広場のような重い安定感は欠くものの、むしろ不思議な躍動感が漂っている。広場の二つの面には、この地方の宗教的核である大聖堂《カテドラル》、そしてクスコの歴史に重要なニュアンスを与えつづけてきたイエズス会の大きな教会が、競い合うように並ぶ。

テドラル）、右にはイエズス会の教会が見える。著者撮影

この広場は、インカ帝国の時代、そしてそれ以降続く植民地の時代を通じて、つねに歴史の変動が刻み込まれ続けた空間であった。インカの時代には、帝国の生命を賦活すべく、王たちによって日常的に宗教的儀礼が営まれていた。黄金に輝く台座《ウシュヌ》が据えられ、インカ王が座すと世界は安定感をもった。四つの地方《タワンティンスーユ》（インカの人々はその国をこう呼んでいた）に生きる人々は、王の住む聖なる空間クスコにいつも思いを馳《は》せていた。

スペイン人が支配する時代になると、広場は植民地支配の政治的中心として、権力がなまなましくその姿を現す空間となる。だが、ここにもう王はいない。人々は山の彼方の、そしてその先にある海の彼方に住まうとされる、一生涯決して見《まみ》えることのないスペインの王を思った。

植民地時代のクスコをめぐる歴史は、いつもこの広場ではじまり、この広場で終わった。これからの叙述の中で、何度ここに戻ってこなければならないであろうか。

クスコ大広場　現在はアルマス広場と呼ばれている。左に大聖堂（カ

## インカの石壁

ようやく息も落ち着いてきた。もう少し歩いてみよう。私たちも高校の教科書で学んだことのあるインカの石壁が見られるはずだ。アンデスのさまざまな地域に今日も残存する稠密《ちゅうみつ》に組み重ねられた石の壁は、高度な政治・経済のシステムをつくりあげたインカ帝国の物質的なシンボルである。とくにクスコのそれは美しい。

クスコ市内で最も素晴らしい石組みが見られる場所は、少なくとも三つある。

ひとつは、旧太陽神殿コリカンチャ。広場から南東方向、ピューマの尾のほうへ降りていくと見えてくる。ここはインカの国家宗教の心臓部であった。神殿内の石組みの緻密さは呆気にとられるほどであり、一六世紀の前半、スペイン人の征服者《コンキスタドール》がはじめてここに足を踏み入れたときには、純度の高い金の帯が嵌《は》めこまれていて光輝を放っていた。黄金は直ちにスペイン人の欲望によって消化されて延べ棒となり、建物もその後はドミニコ会の修道院となった。ぴしっと組み上げられた石の塊が、ア

旧太陽神殿（コリカンチャ）　現在のサント・ドミンゴ修道院。土台の石組みはインカ時代のもの。著者撮影

ーチ型の土台の曲線の肌理《きめ》を滑らかに浮かびあがらせている。

帝国内から選び抜かれた乙女《アクリャ》たちを収容したアクリャワシとアマルカンチャと呼ばれる旧王宮に挟まれ、細長く続き、イエズス会教会の横から広場へと出る「ロレト通り」の石組みも見事である。整然と組みこまれた莫大な数の石が、力強い直線の幾何学を現出させている。

そして最後にどうしても見ておきたいのが、クスコを訪れる旅人たちの多くの心に静かな感動を呼び覚ます「一二角の石」を擁する「ハトゥン・ルミヨック通り」に面した石壁である。通りは大聖堂の裏手から、北東方面に延びている。いつ出かけていっても、必ず盲目のインディオの物乞いがチャランゴ（アルマジロの甲羅で作った弦楽器）をかき鳴らしていて、彼の奏でる哀調が緑白色の石に染みいる。たくさんの人々が「カミソリの刃すら通さない」こととして有名な石の組み合わさるさまを前にして、ようやく会えたといった面持ちで佇《たたず》み、川の奔流にも似たエネルギーを放つ石たちの動きに圧倒されて言葉を失っている。

キリスト教を唯一絶対の原理として奉ずるスペイン人たちは、征服の時代、各地に見いだしたインディオ文明の異教的痕跡を破壊し、その上にヨーロッパ的な建造物を構築し直すことを常としていたものだが、ここクスコでは、見ての通りインカ族の人々が組み上げた石の土台の多くは毀《こわ》されることなく、その上に修道院やスペイン人の住居がのせられていった。頑丈さゆえ破壊することができなかったのか、あるいは今日私たちが覚えるのと同じある種の崇高な思いを、往時の征服者たちも感じていたのかもしれない。

ハトゥン・ルミヨック通り　著者撮影

「一二角の石」　ハトゥン・ルミヨック通りの石壁に組み込まれている。著者撮影

ロレト通り　長方形に整えられた角石を積み上げた旧王宮の石壁がほぼ完全にのこっている。著者撮影

## 絵画の中のインカの末裔

私はこれまでこれらの遺構を見るたびに、インカの沈重な石組みと、その上に造営された華奢《きゃしゃ》なヨーロッパ風の建物とがつくりだす境界線こそが、先スペイン期の文明と植民地文化を截然《せつぜん》と分断しているという印象をもっていた。ところがハトゥン・ルミヨック通りのある建物に、しばしば足を運ぶようになって、それまでこの線に感じてきた「文明の切断」というイメージが一面的なものだったのではないかという反省の気持ちを感ずるようになってきた。

「一二角の石」の上に築かれた白壁の建物は、植民地時代にはスペイン人貴族の屋敷であり、その後はクスコ大司教が居住する御殿であった。建物の一角にはクスコ史を学ぶ者にとってての大切な研究拠点である「大司教座文書館」が併設されており、それゆえ私は何度か訪れたのだが、建物の中心的な役割は「宗教芸術博物館」であった。ここには植民地時代にクスコで制作された貴重な作品が保存・展示されている。だがある時、所蔵されている一連の絵画が、インカの歴史というものを考え直す契機を私に与えてくれた。その絵画は「サンタ・アナ連作（聖体祭連作）」（二八九頁参照）と通称されているもので、一七世紀の後半、一六八〇年前後に制作されたと考えられている。描かれているのは、植民地都市クスコで生活していたインディオであるが、彼らは先スペイン期のインカ王の末裔《まつえい》であることを認定された人々であった。彼らはインディオの「貴族」の地位を与えられ、その当時も残存した一二のインカ王家「パナカ」に属する有力者たちであった。各王家《パナカ》の代表たちが、古式ゆかしい衣裳を身につけ、カトリックの祭礼に繰り出した瞬間をとらえたのが、この一連の絵画なのである。

これらのインカの末裔たちは植民地時代を通じて「二四選挙人会」という団体をつくり、貴族としての集団性を誇示してきた。これは各王家から派遣された代表二名により構成されていたが、興味深いのはその存在目的であり、集まった王家の代表たちは、毎年七月二五日、スペインの、そして征服者たちの守護聖人である聖ヤコブ《サンティアゴ》をお祝いする祭りや聖体祭《コルプス・クリスティ》に際して、スペイン

クスコの市街図　増田義郎『アステカとインカ　黄金帝国の滅亡』（小学館、2002年）をもとに作成

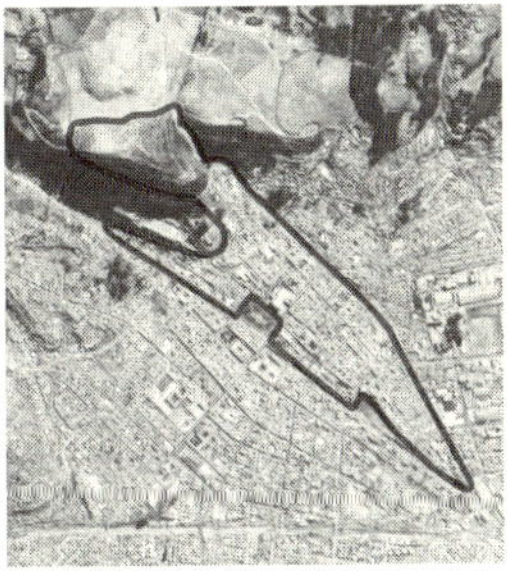
ピューマの形をしたクスコ市
頭部がサクサイワマンにあたる

王の旗をかかげて行進する「王旗掛」を選出することを主な目的としていた。王旗掛は、彼がインカ皇統に連なることを、その伝統的な衣裳や宝飾によって示す一方、スペイン王旗を恭しくたてることによって、アンデスの先住民が、今やスペイン王の忠実なる臣下となった植民地の現実を、彼らを見守る人々の眼前に示していたのであった。

すでに亡きインカの帝国と、現在のスペイン帝国、二つの帝国を、その身体において生き、それぞれに連なっていくという意志が鮮明に描き込まれたこれらの絵画を、先スペイン期の重厚な石組みの上において見ることによって、「先スペイン期」と「植民地時代」をすっきり隔てているかに見えた石組みと建物の境界線はぼやけ、にわかにとらえがたいものになっていった。

そしてまた、インカを想起していたのは、こうしたインディオのエリートたちだけではなかった。インカ族とは無縁の人々のなかにも、インカ帝国の輝かしい歴史に憧れ、あるいは植民地の抑圧からおのれを解き放つべく、インカという存在が放つ強いエネルギーに賭ける者がいた。この書物は、こうしたさまざまな意味を放射した「インカ」という存在を基調音にして、先スペイン期から一九世紀までのアンデスの歴史を書こうという試みである。

### 交錯・共生・乖離

インカとは何か。これは帝国の最高権力者である王をさす言葉であったが、スペイン人は、王が治めたその社会も、また王国の核を構成した民族集団についてもインカと呼んだ。

さらにこの言葉は、大地から湧く、石を動かすような力をも意味し、とても多義的な性格をもっていた。

このインカの歴史が書かれる時、これまでは普通、先スペイン期からスペインによる征服《コンキスタ》までのインカ帝国の歴史を叙述して終わることが一般的であった。あるいは一八世紀末、インカ王の末裔を名乗るホセ・ガブリエル・コンドルカンキ・トゥパク・アマルが率いた反乱周辺の事態にのみ焦点が当てられることも多かった。けれども本書で私は、植民地時代を生きのびていったインカ族や、あるいはインカをめぐる表象というものに着目することによって、先スペイン期から一九世紀にいたるまでの長い時間の枠組みの中を貫いているインカをとらえ、そしてそれを通してアンデス社会の多様性というものを書いてみたい。

しかしそのためには、アンデス世界と交錯したもうひとつの世界、スペインの歴史を考えることが大切だと思う。一五三二年、インカ帝国の最後の王アタワルパが率いる何万もの軍隊は、わずか百六十名余りの征服者の前に敗北した。征服者たちは興隆しつつあったスペイン帝国の尖兵であった。このもうひとつの帝国も、イスラーム勢力との対峙と共生、そしてユダヤ人という異者の文化との相克という長い歴史的経験を経て、ヨーロッパの歴史の舞台に登場し、そして今や海を隔てた新しい世界をわがものにしようとしていた。イベリア半島において鍛えられてきたスペインの特異な歴史的経験が、インディオたちの世界に挿し込まれたことによって、アンデスの歴史の道行きは歪《いびつ》に捩じ曲げられたのだが、しかし同時にそこに新しい可能性を模索する必死の生き様も現れてくる。

新しい帝国に、柔らかに順応し、包摂されることを試みるインディオの姿。他者としての先住民のつくり出した文化や価値を評価し、それを支配者たる自らの文化に接続させる方法を探求する布教者の姿。新しい帝国によって奪われそうになっている自由を取り戻すべく、武力的抵抗を組織する先住民の姿。被支配者の存在価値を矮小化し、帝国の従僕としての植民地社会を再構築しようとする為政者の姿……。帝国の交錯から生まれたこうした多様な切断面を描きだせればよいと思う。

まずは、アンデスに生みだされた先住民たちの帝国の姿を描いてみよう。そしてそこに到達するもうひとつの帝国の生成の歴史をイベリア半島に探ってみよう。アンデスとスペインが接《つな》がれたことによって生まれた海の世界にも目を遣らねばいけないであろう。それにこの歴史は、スペイン人とインディオだけを主役とするものではない。アフリカ大陸からはたくさんの人々が鉄鎖に繋がれてやってきた。この三者の間からはたくさんの混血の人々が生まれ、歴史に参加していく。さらにはイベリア半島から離散《ディアスポラ》の旅へと向かったユダヤ人たちもアンデス世界に深く浸透していった。また歴史に、不可視のエネルギーを注ぎ込んでいた女性たちの姿をこそ見定めなければいけないだろう。

だがやがて、インカとスペインは訣別の時を迎える。交錯、共生、融合、乖離《かいり》、訣別……。こうした歴史文化の動態を、アンデスという舞台において見てみたい。

# 第一章　インカ王国の生成

## 王朝史の確立

### 歴代王と王家

植民地時代盛期、クスコのインディオが住む教区にはインカ族の末裔《まつえい》と称する人々が大勢住んでいた。彼らはインカ王家《パナカ》に連なることを誇り、インカ貴族として特権的な身分にあった。彼らがいかにしてその地位を確立したかはやがて詳述したいが、歴代王家に連なると胸を張る彼らの矜持《きょうじ》には、歴史を遡っていくといささか疑問が沸いてくる。

次頁の表には、歴代王の名と、「はじめに」で紹介した植民地時代に「二四選挙人会」に代表を送っていた王家の名を記してある。ここでは一一王家をあげたが、ある時期から一二王家となり、各々二名の選挙人を送るようになる。

表を見ると、歴代王と各王家は対応していて、何も問題はないと思われるのだが、しかし実は、先スペイン期の王朝の連なりに関してはこれまでさまざまな疑問が示され、また議論も百出であり、通説とはいうものの、とても不安定な状態にある。

第一一代ワイナ・カパック王は間違いなく存在した。その前代のトゥパク・インカ・ユパ

| | インカ王 | 王家（パナカ） |
|---|---|---|
| 第1代 | マンコ・カパック | チマ・パナカ |
| 第2代 | シンチ・ロカ | ラウラ・パナカ |
| 第3代 | リョケ・ユパンキ | アウァイニ・パナカ |
| 第4代 | マイタ・カパック | ウスカ・マイタ・パナカ |
| 第5代 | カパック・ユパンキ | アポ・マイタ・カパック・パナカ |
| 第6代 | インカ・ロカ | ウィカキラオ・パナカ |
| 第7代 | ヤワル・ワカック | アウカイリ・パナカ |
| 第8代 | ヴィラコチャ | ソクソ・パナカ |
| 第9代 | パチャクティ | イニャカ・パナカ |
| 第10代 | トゥパク・インカ・ユパンキ | カパック・アイユ |
| 第11代 | ワイナ・カパック | トゥミパンパ・パナカ |
| 第12代 | ワスカル | |
| 第13代 | アタワルパ | |

インカの王統と王家

ンキ第一〇代王もその前々代の第九代パチャクティ王もおそらくは実在したであろうと考えられている。ところが第八代ヴィラコチャ王以前の王についての伝承は、にわかに神話的な雰囲気が濃厚になり、王たちの像が朦朧《もうろう》としてしまう。また王朝自体のあり方についても、一人の王が死ぬと新たに一人の王が立つという私たちにはなじみある「単一王朝《モナルキア》」ではなく、「双分王朝《ディアルキア》」という、一代に二人の王が並び立つアンデス独自の社会構造を反映していたのではないか、という説が唱えられ、最近では三系列の王が同時に統治をしていたという仮説すらある。

王をめぐる研究がこのように錯綜しているにもかかわらず、植民地時代のクスコでは、多くの人々が、私たちは第何代某王の末裔であります、と実在が疑われ、なかば神話の彼方にある王の子孫であることを自負しつつ闊歩《かっぽ》していたのである。

## キープに結われた王朝史

ならば「通説」となっている王朝史はどうやってできたのか？ それは、スペインによる征服が終了した後、アンデスの歴史を追求したスペイン人の記録者《クロニスタ》たちと、帝国の交替という激動の渦中にあったクスコのインカ族の生き残りたちの、いわば共同作業の結果生まれたものだった。よく知られているようにインカ帝国の人々は「無文字世界」を生きていた。彼らが有していた記憶のための媒体は、キープ（キーポ）と呼ばれる繊細な道具だった。

一七世紀のイエズス会士コボは次のように書く。「文字のかわりに、彼らは、われわれがロサリオを通すような細い毛製の縒《よ》り糸、紐をもちいた。これはキーポと呼ばれた。この道具をもちいて、彼らは偉業を記憶にとどめ、また執事や会計官は、受領・消費したものを報告した。これらのキーポを操ることが、本や帳面にひとしく、多色の紐にはいろいろな結節が編まれ、それがすべての事柄を意味する模様であり、数となっていた」。このキープと連繫《れんけい》するように、王たちの偉業を讃えるために祭礼などで披露された歌謡《タキ》や物語などの口頭伝承がつくられ、歴史はそうした媒体に繋ぎとめられていた。それゆえ歴史をめぐる知識や情報は、書字文化に支えられていた歴史記述と比較するととても不安定な状態で

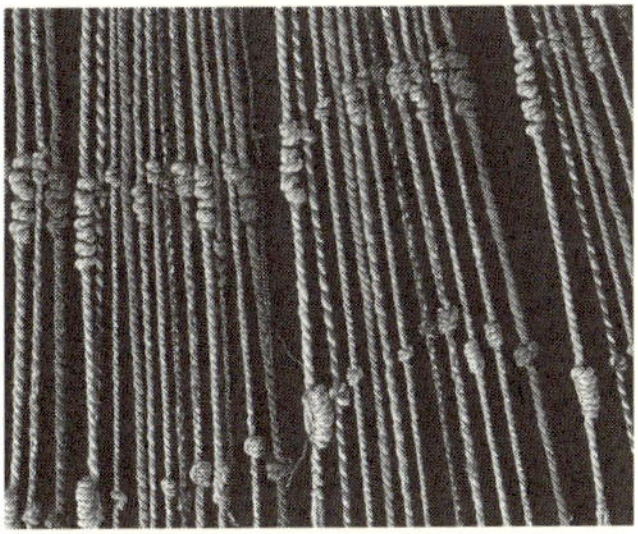

キープ　結節とその位置とで数と位を表す。インカは十進法を用いていた。義井豊撮影

保存されていた。

アンデスの新たな支配者となったスペイン人たちは、これから治めていく人々の歴史を見定めるためにも、この揮発性の高いインディオたちの歴史的情報を、急いで文字によって刻印する必要があった。そのため彼らは、インカ族の人々を情報提供者としてただちに歴史調査を開始する。一方先住民たちも、自らの歴史が文字を通じて刻まれるということ自体に、その刹那《せつな》の権力関係を確定する性質があることをすぐに理解したから、スペイン人に積極的に知識を供与するとともに、彼ら自身の利害関心を織り交ぜつつ、インカ帝国の歴史化のプロセスに参画していったと考えられる。

この共同作業から完成したのが、第一代から第一一代まで連綿と続く、ヨーロッパ諸王朝にも見劣りしない確固たる王朝史であり、そして征服後のクスコには、時間軸を垂直に貫くこの歴史系譜を、そのまま横に倒したような各王家が円滑に確立されたのである。

## インカ発祥の地

一見、とても自然に思えるこのプロセスは、スムーズであればあるほど、それを探求する者にある種の違和感を与えるのであり、じっさい研究者たちは、このなめらかなインカ史のところどころに聞こえる不協和音を手がかりに、王朝の物語が話したがらないものを何とか聞こうとする努力を積み重ねてきた。その意味では、インカ王朝創世神話の成立をめぐる事情も興味深い。通説王朝史によるならば、クスコ市の南方にあるパカリクタンボ付近の洞窟

「タンプ・トコ」に、インカの始祖であるマンコ・カパックを含む四人の兄弟と四人の姉妹が出現した。彼らはそこから旅を始める。紆余曲折を経たのち、マンコ・カパックが現在のクスコ市に到達し、その姉妹の一人と結婚して王朝を創始したとされる。

クスコで歴史調査をするために滞在していた三月のある土曜日、仕事場の古文書館も休みなので、私は知り合いの旅行案内人に同行を請い、そのパカリクタンボへ行ってみることにした。チャーターしたハイエースに乗り込み、いざインカ王朝誕生の地へ。雨期のクスコ地方の田舎道では、あちこちで土砂崩れが発生していて、通行には困難をきわめたが、四時間ほどの艱難辛苦《かんなんしんく》の末、アンデス高原に静かに佇《たたず》むパカリクタンボの村に到着した。この村から遠からぬところに「タンプ・トコ」の洞窟があるはずだ。しかし見つからない。インカ発祥の場所だ、さすがに何か案内標示があるだろうと探すも発見できず、途方に暮れていると、親切な村人が現れた。ついでがあるから洞窟までご一緒しましょうというその男性に導かれ、そこからさらに一時間ほどアンデスの道なき高原を跋渉《ばっしょう》する。「あそこです」と村人が指さすほうの崖に窪みが見えてきた。私たちの前に現れたインカ王朝創始の洞窟……たしかに洞窟には違いない。しかし帝国の創始者たちの誕生

タンプ・トコ　パカリクタンボにある洞窟。インカ王朝創始の場所とされている。著者撮影

マウカリャクタとプマウルク　インカ発祥の地とされる。マウカリャクタ（右）には石積みの建造物がのこり、プマウルク（左）には、ピューマを象った岩がある。義井豊撮影

を記念する場としてはあまりにも貧弱ではないか。「ほんとうにここですか」とぶしつけに問う私に対し、村人は胸を張り、「ここです」。後でペルー軍が発行した地図で調べてみるとたしかに「タンプ・トコ」はこのあたりである。

一九六四年、ペルー大統領に就任したベラウンデは、パカリクタンボにヘリコプターで飛来し、インカ帝国生成の場所と自らを結びつけることによって、新しい政府の歴史的正統性を誇示したと聞かされていた。ほんとうにそれほどの場所なのか……。案内の方には申し訳なかったが、訝《いぶか》しさを土産に悪路をクスコ市へと戻ってきた。しかし、調べていくと、このパカリクタンボをめぐる植民地時代のいろいろな事情がわかってきた。

実はあの近辺には例の洞窟の他に、もう

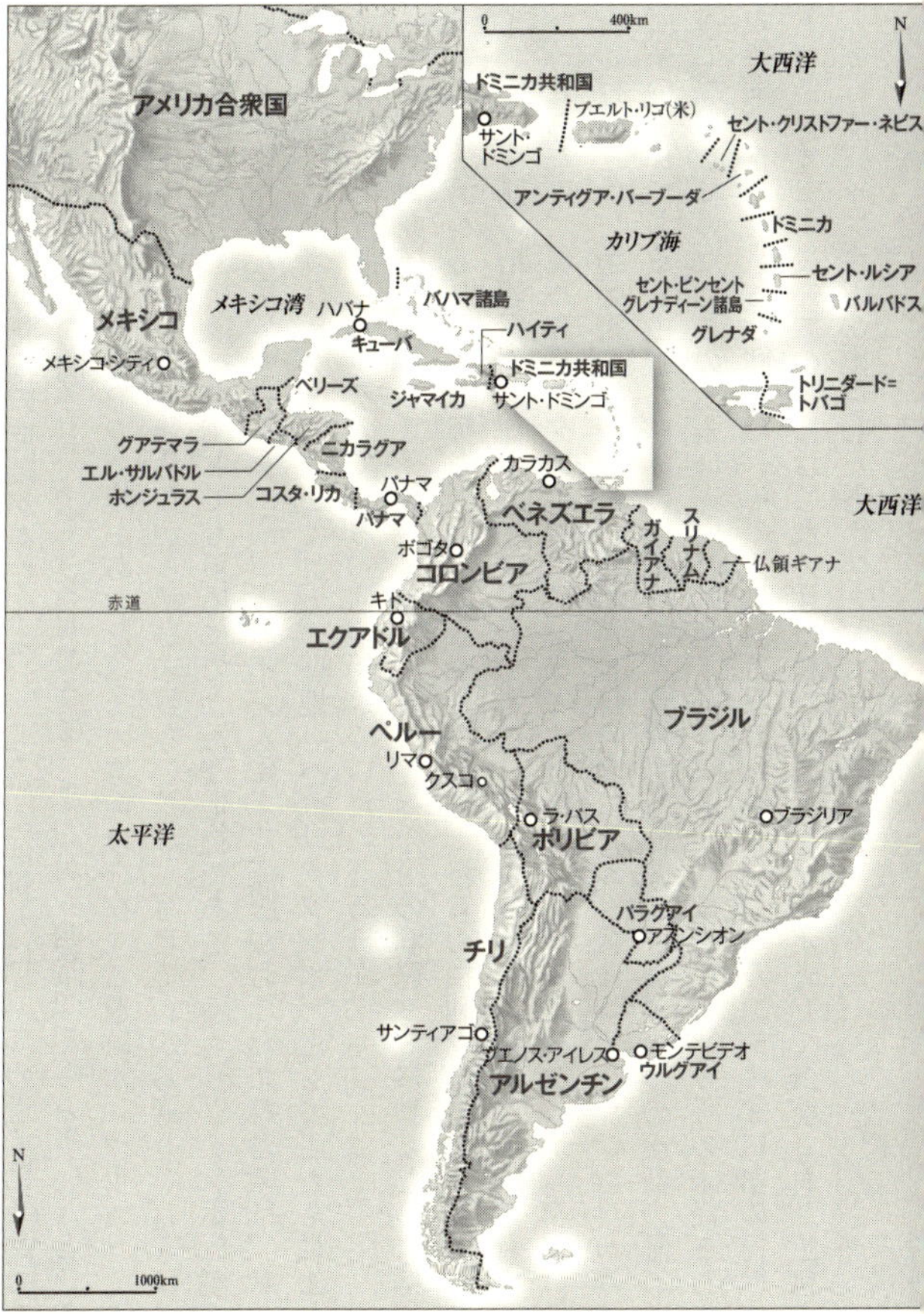

アメリカ合衆国
メキシコ
メキシコ湾
メキシコ・シティ
ハバナ
キューバ
バハマ諸島
ハイティ
ドミニカ共和国
サント・ドミンゴ
ジャマイカ
ベリーズ
グアテマラ
エル・サルバドル
ホンジュラス
ニカラグア
コスタ・リカ
パナマ
カラカス
ベネズエラ
ボゴタ
コロンビア
ガイアナ
スリナム
仏領ギアナ
大西洋
赤道
キト
エクアドル
ペルー
リマ
クスコ
ブラジル
ラ・パス
ボリビア
ブラジリア
太平洋
パラグアイ
アスンシオン
チリ
サンティアゴ
ブエノス・アイレス
モンテビデオ
ウルグアイ
アルゼンチン
N
0
1000km
400km
大西洋
ドミニカ共和国
サント・ドミンゴ
プエルト・リコ(米)
セント・クリストファー・ネビス
アンティグア・バーブーダ
ドミニカ
カリブ海
セント・ルシア
セント・ビンセント
グレナディーン諸島
バルバドス
グレナダ
トリニダード=トバゴ

現在の中央・南アメリカ

ひとつ重要なインカ時代の遺跡が存在する。そういえば村人に、「この近くにインカの遺跡などはありますか」と問うと、「ずっと向こうに。ここから四時間くらい歩いたところに」と山の彼方へまなざしをやった時があった。その方向に存在する遺跡が「マウカリャクタ」と「プマウルク」である。残念ながら私は未見なのだが、写真でわかる通りこれらはインカ石造技術の粋ともいうべき、とても精巧にできた建造物である。パカリクタンボ伝説を調査したアメリカの人類学者アートンは、スペイン人による征服がおこなわれた頃は、おそらくはこちらのマウカリャクタこそがインカの聖地「パカリクタンボ」として王たちにより顕彰されていたと推測しているのである。何が起きていたのだろうか？

インカ王朝発祥の地パカリクタンボが現在の村とその傍《そば》の洞窟へと移動したのには、スペイン人の統治がもたらした権力再編の機会を利用して、自らの権利を確立しようとしていたインディオ側の情報操作が作用していたのである。植民地社会が本格的に形成されつつあった一五六九年、現パカリクタンボ村のインディオ首長ロドリゴ・カリャピーニャが、クスコ市の行政官庁に請願書を提出した。この首長は自分こそが初代インカ王マンコ・カパックの直系の子孫であると主張し、その申し立てを支持する仲間のインディオの複数の証言を請願書に添付していた。この主張は当局に認定され、ロドリゴは初代インカ王の末裔として貴族の特権が与えられると同時に、その後におこなわれた大規模なインディオ村落の再編成（レドゥクシオン、後述）の際には、彼の住む村がパカリクタンボとして公認され、近傍の洞窟とともに、インカ王が出現したトポスとして確定した。

この例からもわかるように、柔らかい紐や歌謡に繋ぎとめられていたインカの王をめぐる記憶は、歴史を自分のために利用しようとする人々にとってはとても融通のきくものだった。インカの歴史を勉強しようとする時には、こういうことをよく心に留めておかなければならない。

## 帝国の始原とアンデス社会

### インカ道

人間の歴史がはじまって以来、これほど壮大な道についてついぞ聞いたことはない、と私は思う。それは、深い谷、高い山、雪をいただいた峰、沼地、岩盤をつらぬいて走り、激流に沿って進む。そうした場所を、平坦にし、石を敷きつめ、山の傾斜を大きく削り、山を壊し、岩をくり抜き、川に沿って絶壁を掘り通し、雪の峰々の間は階段と踊り場を作り、というぐあいである。そして道ぜんぶがきれいに掃き清められ、宿場、財宝用倉庫、太陽の神殿、駅舎などが、道に沿ってずらりと並んでいる。ああ、アレクサンドロスにせよ、世界を支配したほかの権力のある王たちにせよ、そのだれがあのような道を作らせたであろうか。また、あの道に設けられたような補給の設備を考え出したであろうか。私の読んだ限りでは、エスパニャやその他の地方に通じているローマ人の石畳の道も、あの道と比べたら問題にならない。しかもそれが、ほとんど想像もできないくらいの短期間のうちに作られてしまったのである。すなわち、インカたちが命令したと思ったら、臣下たちはもう作りあげてしまったのである。（増田義郎訳）

これは一五四七年から数年間、ペルーの地に滞在し、重厚なクロニカ（歴史をめぐる当時の諸記録をこう総称する）を遺したスペイン人シエサ・デ・レオンの文章である。アンデスの地を遍《あまね》く歩き、すぐれた観察と情報収集の能力によってアンデスの地誌、インカ王朝史、そして征服の歴史をめぐる大部の書物を執筆したシエサは、インカの作りだした道をこのように記述する。シエサがペルーの土地に足を踏み入れたとき、征服は過去の出来事であり、国家組織は完全に消滅していた。彼の眼前にあったのは王国の残骸でしかなかったが、征服によってなかば破壊されかけた遺構を分析するだけでも、かつてここにあった社会が、普通の王国などとは質を異にするものであったことを彼はとらえていた。

とりわけ彼は、王国をまっすぐに貫く「道」こそが、インカの作りだした社会に、アレクサンドロス大王の帝国や、ローマ人の帝国に匹敵するディメンションを与えていたことをはっきり認識していた。こうしたシエサの文章がヨーロッパで刊行されることを通して「帝国インカ」のイメージが形成されていったとも考えられているのだが、事実彼は、自らが加わった征服事業の最高指揮官である「スペイン皇帝」を凌駕《りょうが》する力量を、インカ王に見いだしていた。曰く「もし皇帝陛下が、キートからクスコに、クスコからチリにと至る王道をもう一本作るよう命令したいと思われたとしよう。そうした事業のためにインカが作るように命じたほどの大きな組織がなかったならば、陛下の総力をあげられても、そのような事業はむずかしかろうし、人力も足りないだろう。五〇レグアないしは一〇〇―二〇〇レグアの道ならば、もっと荒れた土地にでも道を作ることは、力をそそげばそんなにたいしたことではないと考えてよい。ところが、この国の道は途方もなく長く、そのあるものは一一〇〇レグア

インカ道　6000km以上にも及ぶ道路がインカ帝国を貫いていた。Hyslop, *The Inca Road System,* 1984をもとに作成

インカ道　クスコ市近郊に今ものこる。著者撮影

以上に達するのである」（増田義郎訳）。

一一〇〇レグア！　一レグアがだいたい五・五七キロメートルくらいだから、実に六〇〇〇キロ以上にも及ぶ道路が帝国を貫き、その領土は、現在のペルー、ボリビアを中心に南は現在のアルゼンチン、チリ、そして北はエクアドル、コロンビアまで延び、スペインによる征服《コンキスタ》の直前、帝国的膨張は極限にまで達していたのだ。インカ社会はいかにしてこれほどの帝国となり、そして滅びたのか。

## パチャクティの偉業

通説によれば、帝国の始原は次のように説明される。初代マンコ・カパックがパカリクタンボの洞窟から出現し、王都クスコを築いたのはだいたい一二五〇年頃のこと。けれどもインカの王朝が、言葉の本来の意味で「帝国」としての性格を帯びるのは、第九代パチャクティ王の治世であった。記録《クロニカ》をもとにした計算によって、パチャクティは一四三八年に登祚《とうそ》したという説がある。

パチャクティ以前の時代は「アウカ・ルナ」、兵士の時代と呼ばれ、アンデス諸地方は慢性的な闘争状態にあった。マンコ・カパックが創始したインカ王朝は、この時まだクスコ盆地周辺にのみ勢力をもつ一部族に過ぎない。

するとこの地方の富を狙って別の部族チャンカが襲来する。状況は切迫し、第八代王ヴィラコチャにクスコの命運は託されるのだが、老王に戦意はなく、溺愛する王位継承予定者ウルコ王子とともにクスコを離れ、別荘に逃げ込んでしまう。王都を守るべく決然と立ちあがったのは若き王子インカ・ユパンキだった。しかし近隣の諸部族に援助を断られ、孤立無援の苦境に呻吟《しんぎん》する王子。その夢にアンデスの創造神が眩《まばゆ》い光とともに現れ、神軍を送ることを約束する。

決戦の日、クスコにはチャンカ軍がなだれ込んだ。ところが敵の軍勢の前に、どこからともなく現れた二〇もの大部隊が立ちはだかる。「さあ、参りましょう、私たちの唯一の主君、敵は斃《たお》れ、本日主君の虜となりましょう」。こう王子に告げた兵士たちは壮絶な戦闘を開始し、チャンカ軍は壊滅する。勝利者の王子は「パチャクティ」と改名した後、第九代王として即位、その後アンデスの全域に向けての征服戦争を開始し、巨大な帝国を築くにいたった。チャンカ戦争、怯懦《きょうだ》な老王、若き王子の躍動、そして帝国の生成……。パチャクティとはケチュア語で「変革者」を意味するとされ、通説では、彼こそがアンデスの地に革命をもたらした文化英雄として称揚されているのである。

## クロニカに内在するバイアス

近年では、特定の人物に社会変革の動因を結びつける、こうした「英雄史観」を見直していこうとする兆しがうかがわれるが、これには、アンデスの歴史を研究するための「資料」をめぐる反省的な考察がなされるようになったことも関係する。通説がこれまで拠ってきた史料は、征服後にアンデス世界に入ったスペイン人が書き遺した記録《クロニカ》であった。記録者《クロニスタ》のなかには、シエサのように歴史家として一級の資質をそなえた人物をはじめ、聖俗さまざまな立場にあった人々がいたが、クロニカには書き手の意志や世界観、そして利害関心が強く投影されやすい。また彼らの多くは、旧都クスコで情報を得ていたから、必然的にインカ族を中心とした歴史観がその記述に反映してしまう。

たとえば先のパチャクティ王をめぐるエピソードは、一五五〇年代に叙述されたスペイン人記録者フアン・デ・ベタンソスの著作に基づいて紹介したものだ。ベタンソスは征服後の比較的早い時期に執筆したこともあり、その記録にはシエサとならぶ高い信頼性が置かれている。加えて、彼はインカ皇女と結婚していた。妻との生活で覚えたのであろう、彼はケチュア語の公式通訳になるほどこの言葉に熟達しており、彼女が属する王家《パナカ》のインカ貴族から多くの知見を得ていたと思われる。彼女との結びつきがベタンソスの叙述の価値を高めていたと考えられる反面、彼女の王家の価値と歴史をきわだたせて書く傾向も強まる。たとえば、彼の妻は第九代パチャクティの王家に関係していた。それゆえあってか、彼が扱うインカ期の叙述の多くが、パチャクティの偉業を讃えることに注がれている。王家の人々は、記録者たちの叙述を積極的に支えることによって、そこに自らの利害関心を添わせていった。

クロニカが内在させるバイアスを正しく認識し、より確実な歴史像をとらえることを可能にするのが考古学の知見なのだが、インカ社会をめぐる考古学的研究はこれまであまり進展してこなかった。華々しい発掘のニュースがアンデスから届けられるのをしばしば目にする私たちからすれば意外な気もするが、インカ期よりはるか昔の社会についての研究が大きく進展してきた一方、征服がおこなわれた一五三二年に近づくほど考古学的な知見は希薄になるともいわれている。ただ近年インカ期の遺構の発掘調査が精力的に進められており、貴重な学説も現れてきた。

たとえば、インカ王国の始期をめぐる議論においては、発掘と放射性炭素年代測定法を組み合わせた調査により、これまで紀元一二〇〇年頃とされてきた始期を、さらに遡らせて、紀元一〇〇〇年頃とする仮説が示された。さらに半信半疑で扱われてきた「一四三八年」というパチャクティ即位＝帝国創出の年にかわって、おおむね一四〇〇年頃からインカの帝国主義的な膨張がはじまったのではないかという暫定的な説も提示されている。考古学的な精査の深化により、インカ社会の成長の様子はもっとクリアにわかってくるだろう。

とはいえしかし、インカがアンデス全域に向けての拡大を開始したのが一五世紀初頭の頃であることは確かなようであり、その意味で、インカがアンデスの覇者たりえたのは一世紀強というとても短い時間であった。パチャクティの偉業の歴史的実在性をめぐる議論は、アンデスにおける記憶の質から考えてあまり意味はないかもしれないが、しかしそれを一四〇〇年頃に起きていたインカ社会の大きな変化を象徴するものとしてとらえると、帝国の形成局面をよく理解することができると思われる。

征服後アンデスに生まれ、一五六〇年までクスコで生活していた混血の記録者、インカ・ガルシラーソ・デ・ラ・ベガの書物によれば、クスコにはこの対チャンカ戦争を記念するモニュメントが存在したとされる。それは巨岩に描かれた二頭のコンドルであり、一頭は、羽根を閉じて頭を垂れ、クスコに背を向けた姿勢にあり、それと対になって、クスコに逞《たくま》しく顔を向け、今にも獲物に襲いかかろうと羽根をひろげる一頭が描かれており、前者が敵前逃亡した父王を、後者がクスコを死守した王子を表象していたのだという。

またシエサの著作にも、王はチャンカとの「戦いがおこなわれた場所に、墓所として大きな建物を作らせ、そこで、記念のため、すべての死体の皮をはぎ、その中に灰や藁《わら》を入れてふくらませ、それが何百ものちがった恰好で人間の形に見えるように作らせた」（増田義郎訳）とあり、チャンカ族との一回の戦闘が、瞬時にインカの社会を帝国に押しあげたのかどうかはわからないにせよ、それがインカ族にとって破格の重要性を持っていたことは確実であろう。それではこの出来事の周辺の状況を見てみよう。

## インカ族の擡頭

考古学的な調査によれば、一四〜一五世紀頃のアンデス社会では、大小さまざまな地方の諸部族が割拠する状況にあった。一〇世紀頃に、広範囲にヘゲモニーを及ぼす大規模社会による統一的支配の時代（中期ホライズン）が終わった。すなわち現ボリビアとペルーの国境に広がるティティカカ湖を起点にアンデス南部を支配したティワナク文化、そして現アヤクチョを本拠としてペルー北部に至るまでの広い領域に影響力を及ぼしたワリ文化が終焉を迎える。その後は、考古学的な時期区分では「後期中間期」にはいり、多様な地方勢力が各地に展開する。ペルー北海岸の強力なチムー王国、大商船集団を有し太平洋岸沿いに積極的な交易活動を展開していたという中部海岸のチンチャ王国、あるいは中部山岳地帯に盤踞《ばんきょ》するワンカ社会、そしてティティカカ湖畔のプーナ（高原）地域を支配し、リャマやアルパカの豊かな畜群の富を誇ったルパカ社会などがその代表的なものとしてあげられる。

たとえば肥沃なマンターロ川流域に広がったワンカ社会は、数万の人口を擁し、いくつかの大きな民族集団によって構成されていた。そしてそれぞれが、戦闘的指導者である首長《クラカ》によって統率され、自律性を求めて闘争状態にあったとされる。遺跡の様子から、一四世紀中葉、それまで低い谷に散在していたワンカの村々が、河床から三〇〇メートルも高いところ

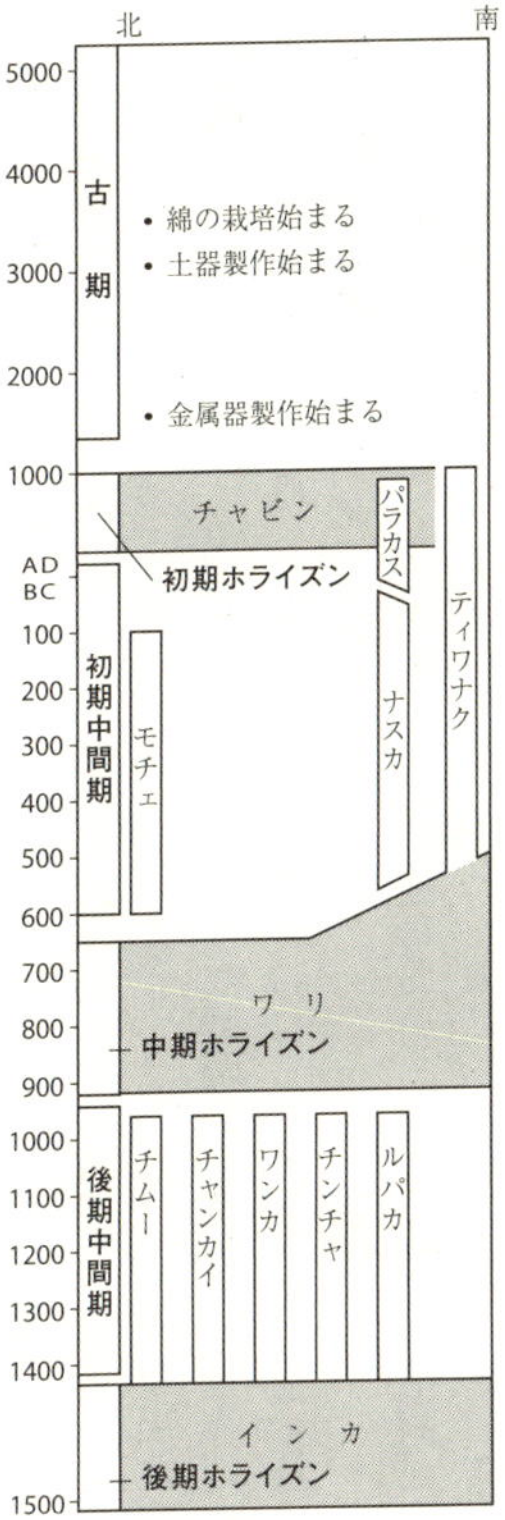

アンデス文明編年表　フランクリン・ピース、増田義郎『図説インカ帝国』（小学館、1988年）をもとに作成

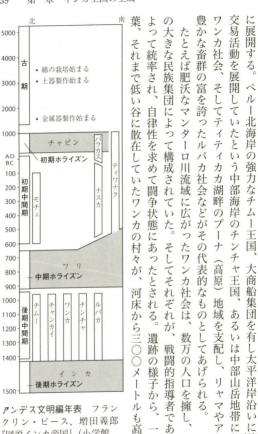

にある丘陵地帯におかれた集中的村落へと移動したことが知られる。それらは渓谷や丘によって守られた自然の要塞であり、集団間の経済的資源や政治権力をめぐる紛争がこのころ激化していたことを物語っていた。おそらくはインカ族もこのような慢性的な戦争状態の中で、権力を徐々に集中するパチャクティのような戦闘的指導者に統率されつつ、国家的社会としての形姿をより明確に整えていったと考えられる。インカ族も最初はアンデスの有力部族のひとつに過ぎなかった。

チャンカとの戦闘をめぐるクロニカの叙述においても、それは象徴的に表現されている。父王に見放された微弱なパチャクティを救ったのは「神軍」であった。諸クロニカは、この神軍の力を得てチャンカ族を撃退した後のインカが、何かふっきれたようにクスコ近辺の小宇宙を飛びだし、広いアンデス世界へ軍事的な侵攻を開始する姿を描きだす。地方の、普通の民族集団の、「帝国的存在」への変質の機縁には、「神の力」というファクターを導くことでしか説明できない何かがあったと思われる。しかしその変質の内実については、いくつかの事象を観察することによって、もう少し詳しく知ることができるかもしれない。

## インカ社会を貫く原理

### アンデスの生態系と垂直統御

そのためには、基本的な事柄だが、帝国化以前のインカ社会もそこに含まれていたと考えられるアンデス高地諸社会の「理念型」をまず描いておこう。アンデスの人々の生活の単位の核は、祖先（神）を共有するという意識によって結びつけられた血縁的親族集団「アイユ」と呼ばれる共同体であった。このアイユを統轄するのが首長であり、いくつかのアイユがあつまってひとつの部族を形成し、さらにそれがより大きな「首長国」や「王国」へと発展することもある。アイユでは、祖先神をはじめとする多様な神的存在と交流し、その恩恵を期待するための宗教的儀礼が日常的に営まれる一方、土地や畜群などは共同体的管理のもとにおかれていた。儀礼の執行や土地の分配などを統御したのが首長であった。

アンデス地方社会の特質として考慮すべきが、これら共同体《アイユ》の生態学的・地理的な布置という問題である。なぜならばアンデス世界は、コスタ（海岸部）、シエラ（アンデス山脈を中心に形成される山間部）、セルバ（アマゾン河流域へと広がる熱帯雨林地域）という三つの大きな気候帯により構成され、さらにこの帯の内部には海流や緯度、風、地勢などの差異によって細緻に規定された多様な生態系の世界が展開していたからである。一日の移動のうちに、地球上のあらゆる気候帯を体感することができるとも言われている。これらの帯が作りだすダイナミックな多様性を統御しながら、アンデスの諸社会は発展していった。

ローカルな諸条件を捨象して理念的に述べるならば、高地を拠点とする地方の諸社会は、だいたい二五〇〇〜三〇〇〇メートルくらいの地点に、中核的な村を置く。ここからはジャガイモとトウモロコシが栽培される地帯にアクセスがしやすい。ジャガイモはアンデスの人々の主食であり、トウモロコシは貴重な食糧であるとともに、「チチャ」と呼ばれる高い宗教性を蔵した発酵酒の原料となった。

しかしこの中核領域だけで完結しないところにこのシステムの特徴がある。つまり山の斜面をさらに登っていくと、リャマやアルパカの大きな畜群が牧草を食み、塩田が点在する高原が眼前に広がってくる。逆にセルバ方面へおりていくと、木材やトウガラシそして宗教的に高い価値をもっていたコカの葉畑の「島」が点在している。海岸部では、海藻をはじめ、

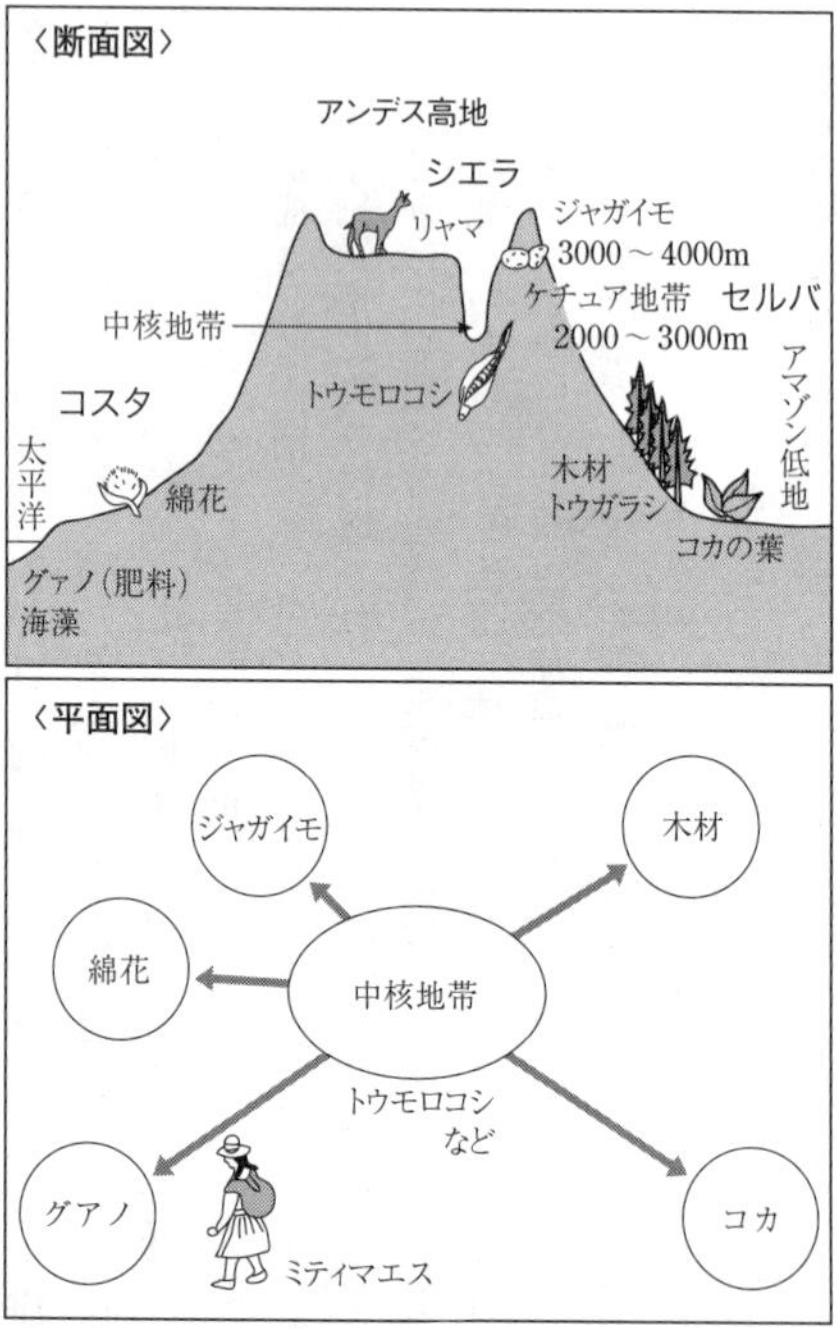


垂直統御の例　極端な高度差のある生態系を有機的に活用してアンデス社会は成立していた

海鳥の糞が長期にわたって堆積・乾燥し肥料として用いられたグァノが採集され、また綿花などが栽培されるゾーンを見いだすこともできた。アンデスの地方社会は、生態系群島ともいうべき空間を「垂直的」に統御することによって成立していたのである。そしてこうした一種の「飛び地」では、同じ共同体に所属する人々が「ミティマエス」と呼ばれる植民者として派遣されて開発にあたっていた。このアンデス世界に展開する、極端な高度差のなかに織り込まれている生態系利用を「垂直統御」と呼ぶ。

## 互酬の精神

こうした特質を有するアンデス社会を機能させる通奏低音となっていた社会原理が「互酬」という意識と実践であった。規模の大きい農作業や家の普請、屋根葺《ふ》きなどの日常的労働の諸局面において、家族同士、あるいは共同体同士、お互いに助けあい同等の労働力を交換した。この相互扶助の精神が生活を支え、また共同体の中核領域といくつもの飛び地を含む「生態系群島」においても、多様なモノは、互酬原理がポンプとなって流通していた。

一方互酬は、対等な関係の者同士で水平的に機能するばかりでなく、たとえば共同体の平民と首長との間で、垂直的にもはたらく。共同体を統轄するという義務にともなう特権によって、首長は成員から労力の提供を受けて農業生産にあたらせることができたが、その見返りには同じだけの労力を返すのではなく、むしろ反対給付として酒や食事を振る舞って饗《きょう》応《おう》したり、宗教的に高い価値をもつ織物などを贈与する。この場合、両者の間でやり取りされるエネルギーやモノはもはや必ずしも等価値のものではなくなり、非対称的な互酬関係が現れているのだが、一見すると優位な首長の立場も決して安定してはいない。たとえば共同体民からの労役提供に対して、うまくご馳走し損ねたりすると、たちまち彼の卓越性はぐらつき、権力を喪失する危険性が潜在していた。

それを示す興味深い例が植民地時代の記録に現れる。一六世紀のなかば、ペルー北部海岸を視察したスペイン人官僚は、首長が共同体民にチチャ酒を大盤振る舞いするというこの地域の慣行を、公序良俗に反するという理由で禁止したが、この措置に対して、首長たちは次々と抗議の声をあげた。それは、饗応が禁じられると、人々が共同体の土地の耕作や首長への奉仕をしなくなるのみならず、スペイン王への貢納や労役奉仕などの義務をも放棄するだろう、言い換えれば、酒宴を張らねば民は働かないからだ、というのだった。官僚は即座に饗応禁止令を撤回する。

## 互酬の力学の変質

こうした関係は地方社会相互の間にも形成されていたが、インカ社会の帝国的発展過程において互酬の力学に質的な変化が生じていたのではないかと最近では考えられるようになっている。対チャンカ戦争以前のインカと近隣部族との関係について、クロニカは、他部族に対してけっして卓越せず、対等なつきあいしかできないインカ王を描きだす。たとえば先代マンコ・カパック王の遺命にしたがい、理想としての姉妹婚を実現しようとしたにもかかわらず、他の部族首長から強制されてその娘を嫁に取らねばならなかった初期の王についての記述がある一方、記録者《クロニスタ》でもあったスペイン人能吏ポロ・デ・オンデガルドは、チャンカ戦争に際し、パチャクティが近隣の部族に「支払いを条件」に援軍を頼んだと記す。「支払い」とは西欧的な概念だが、これをアンデス的な考え方に翻訳すれば、まさしく互酬の謂《いい》であり、酒宴を開き、戦利品を分配することがインカには強く求められていた、ということになろう。

ところが、パチャクティを「革命者」として称揚し、この王をインカの帝国的変態の発露ととらえるベタンソスの叙述の質は異なっている。すなわち、この記録者が強調するのは、チャンカ族に対する勝利は「単独者」たるパチャクティが達成したものであり、周辺諸部族からの援助をいっさい得ることなく、いわば伝統的な互酬的関係を超越した次元において実現されたという点である。クスコにあったインカが、アンデス社会において一頭地を抜く存在へと変貌し、周辺部族との関係が水平的なものから、君主―臣下という垂直的な関係に変質するのみならず、王が伝統的な互酬制から「自由」になったことをベタンソスは示唆していると考えられる。王権をめぐる事態に、何か決定的な変化が生じていたことを、ここに感じとることができるのだが、その変化が具体的にどのようなものであったかはわからない。

## 断れない酒

アンデスの伝統的酒杯「ケーロ」をめぐる貴重な研究を上梓《じょうし》したアメリカの美術史家カミ

ンスの卓見は、この質的な変化を、インカと臣下との間の「杯のやり取り」の中に見いだしたところにある。それはインディオの記録者、サンタ・クルス・パチャクティ・ヤンキが書いたものだが、それによると第一〇代王トゥパク・インカ・ユパンキは、恒例の大祭「カパック・ライミ」に際して、招待された首長たちの間から「ご馳走やチチャ酒が少ないのではないか」という不平が漏れているのを耳にする。これにカチンと来た王は、翌年は大量のチチャ酒を用意させ、招かれた首長たちを巨大なケーロ（木製の杯）で一日に三度も饗応した。そして前年の不平を懲らしめるため小用に立つことすら許さなかったという。カミンスはこの王の行為にこそ、インカ王と被支配者の間につくられた互酬関係の変質を見る。つまり「客人を満足させるにたる十分な量の飲食を用意しない」ということ、そして「不平を漏らした客人を罰する」というインカ王のとった行動は、互酬の関係において、酒振舞を受ける側が主張しうる権利に対しての二重の意味での「侵犯」であり、もはや互酬は相互了解に基づくことなく、インカ王の側からの一方的な恣意によって制御されるものになったのである。

もちろん、インカと臣民の間には、依然として互酬関係が存続している。再びベタンソスの語りにしたがえば、王となったパチャクティは、同盟首長たちをクスコへ招集して「我々は太陽とともにある、少なきことに満ち足りていてはならない」と口火を切る。そしてクスコ市を囲繞《いにょう》する丘にたくさんの倉庫《コルカ》を建設し、あらゆる種類の糧食を備蓄する必要を説き、それを彼らに命じた。五年後には食糧を満たした倉庫群が完成する。

こうした倉庫群を、征服者《コンキスタドール》として王都クスコに最初に入城して目撃した時の驚愕の境地を、領袖フランシスコ・ピサロの従弟で記録者でもあったペドロ・ピサロは、率直に記している。「ひじょうに薄手の衣服やその他もっと粗製の衣服をおさめた倉庫がたくさんあった。椅子を収めた倉庫、食料、コカを入れた倉庫もあった。羽毛についていうと、最上質の金のように見える玉虫色の羽毛細工をおさめた倉庫があった……。竜舌蘭《りゅうぜつらん》で底を作ったはきものの倉庫もあった……。この王国で作られたあらゆる種類の衣服の倉庫について、私が見たものを語りつくすことはできない」（増田義郎訳）。インカ王は、無数の倉庫に満たされたこのような糧食や衣料を、臣民にふんだんに贈与し、あるいは御神酒《チチャ》を存分に飲ませることにより、王の威信を示し続けていったのである。

とはいえここで銘記すべきは、インカと臣民の互酬関係は、もはや相互的に規定されるものではなく、インカが随意に按配できるものになっていたということである。そしてインカ王にこのような恣意性を付与したもうひとつの要素として、インカ社会の帝国化と同時に進行する、インカの神聖王権化ということを挙げることができると思う。

## インカの神聖王権化

### 神聖王インカ

この世からあたかも超絶したかのようなインカ王たちの実質をとらえるには、彼らの実際の風貌を観察するのがよいだろう。ペルー北部カハマルカの町で征服者《コンキスタドール》たちによる奇襲作戦の前に敗北し、俘囚《ふしゅう》の身にあった最後のインカ王アタワルパを間近で凝視することができた征服者たちは、王の姿態、そして醸し出されるオーラについて次のように記している。

　俘虜となった王は年のころ三〇歳、大きな顔は美しく獰猛《どうもう》で、目は血走っていた。王には依然としておもだった者たちが傅《かしず》いていたが、彼らが王に呼ばれて居室に入るときには、必ず背中に荷を担ぎ、裸足にならねばならなかった。王は頭に「リャウト」と呼ばれる王冠のように編まれた紐を巻き、その正面からは、良質の毛で作られた臙脂《えんじ》色の「房飾り」が額に垂れさがっていた。これが「マスカパイチャ」と呼ばれる王徴であり、「サパ・インカ＝唯一の王」と呼ばれた者にのみ着用することが許された王権の究極のシンボルだった。王の視線はつねに地面のほうにやられ、何かを見るために持ち上げられるということは絶対にない。王の食事中、彼の着ている美しい衣裳に、食べ物が一滴落ちたことがあった。王はただちに自室に戻り、無数の蝙蝠《こうもり》の皮でできた絹のごとく柔らかい暗褐色のマント「ウンク」を身に着けて再び戻ってきた。日本のアンデス研究者増田義郎は、世界各地の伝統社会における王権のあり方と比較しつつ、インカ王の神聖性を夙《つと》に論究してきたが、神聖王インカの特徴のひとつはその「不可触性」にあったとする。

「太陽の子たる王」が触ったものは、誰の手にも触れることがないよう毎年焼いて灰にし、空中に撒かれ、また王は唾《つば》を側女の手の中に吐き、側女は王の体から落ちた毛髪を食べていたとも報告されている。髪の毛を通じて呪術をかけられることを恐れていたからとされる。

王は厚い毛織りの蔽《おお》いで外界と遮断された輿に担がれて移動し、道を掃き清める人々が先導していった。また輿を担ぐ人員も、貢納の義務などを免除された特定部族より提供されていた。ペルーの史家フランクリン・ピースは、「創造神」として汎アンデス的に信仰され、インカのパンテオンにおいても最重要の意味を持っていた「ヴィラコチャ神」は、動く時、すなわち地面と接触する時に災厄をもたらし、座して静穏な時には秩序を安定させるという属性をもっていたとし、それゆえに神となったインカも、大地と隔てられるべく輿に乗せられていたと論ずる。またアンデスの人類学者アルゲーダスは、「インカ」という言葉には、単に王という意味のみならず、「すべての存在の根源的祖型」という意味があったとする。現代アンデスにおいても「インカには力がありますか？」とたずねられたクスコ地方のインディオ農民は、「インカには石を動かす力があります、石を動かしながら、秩序づける力があります」と答えている。

第９代インカ王パチャクティ　額に王徴マスカパイチャを着けている。グァマン・ポマ『新しき記録と良き統治』より

### 遺骸崇拝と王家の誕生

大地の力を媒介する存在となりつつ、インカ王が神化されていくことと同時に進行したのが、王の遺骸崇

拝であった。クスコに足を踏み入れた征服者《コンキスタドール》たちは、「ミイラ」となった王たちが帝都を跋《ばっ》扈《こ》していることを不快感と驚きを込めて記述している。王たちは死ぬと香を塗られ、たくさんの薄い服地に包まれて頭髪も眉毛もそろい、目には金の薄板が嵌めこまれて、何十年も前に死んだにもかかわらず「まるでその日に死んだかのよう」に繊細な技術で保存されていた。王の遺骸には、食事が供され、輿に乗せられてクスコの大広場《ハウカイパタ》に姿を見せた。遺骸に対する崇拝はヨーロッパ人が到来して以降、偶像崇拝の最たるものだという理由で弾圧の対象となるが、一五五九年、官吏ポロ・デ・オンデガルドは、クスコ地方の各地に秘匿されていたインカ王の多くのミイラを探り当て、特に後代の王の遺骸と同定されたもののいくつかを、首都リマに送致している。首都に運ばれたとされる第九代パチャクティや第一一代ワイナ・カパック王のミイラについて、考古学者たちが、埋葬先と推定されるリマ市内にある植民地時代の病院跡にて発掘を試みたようだが、手がかりはつかめていない。

いずれにしても、やはりパチャクティによって創始されたという故王の遺骸への崇拝は、インカ帝国イデオロギーの根幹となる。祖先を神と見なしその遺骸を崇拝すること自体は、インカ登場以前から広くアンデス地方においておこなわれていた。ケチュア語でミイラは「マルキ」というが、これは「樹木・苗木・作物」など植物的な意味をも持ち、豊饒信仰と結びついていたことは確実である。インカ王は、生前は太陽神のイデオロギーを背景に「戦士王」として帝国領土の征服・拡張に邁進し、死して後は、その姿を帝国儀礼の中心であるクスコにおいてつねに顕現させつつ、帝国の発展の歴史的連続性と豊饒を約束する存在となっていったと考えられる。

しかも重要な点は、この遺骸崇拝が王家《パナカ》の誕生と結びついていた点である。パナカは、故王が遺した妻たちや子供などの親族によって構成されるものであった。故王の親族のうち、唯一このパナカに属さないのが、王位を継承して新たに「唯一の王《サパ・インカ》」となった亡き王の子供だけであった。残された王の親族たちは、在りし日の王が遺した王領地で遺骸とともに生活し、大勢の従僕《ヤナコーナ》の労働によって給養されながら遺骸の世話をし、その崇拝を取り仕切っていた。

また興味深いのは、ミイラと同時に作られる王の「似姿」である。王は生前、自分を象徴する「グァウケ（兄弟）」と呼ばれる塑像を作っていた。これは王自身の完全な代替として扱われ、遠征の前線や儀礼において不在の王を表象したとされるが、王が死ぬと、グァウケには没前の王の髪や爪が結びつけられ、遺骸とともに安置されていた。髪や爪など、自然に成長していくものをグァウケに結びつけることによって、植物性、そして王の不死性を表象していたとも考えられるが、ミイラ自体が、公的な意味をになって帝国の行事にしばしば参加しているのに対して、髪や爪が結びつけられたグァウケは、各王家の「家紋」のような意味を持っていたとされる。

## 太陽の御子

自らを太陽の御子と位置づけ、大地と宇宙とを結びつける存在となったインカ王は、国家主神「太陽」への信仰に大きなエネルギーを注いでいた。インカは太陽の運行を司った。その様子は、ヨーロッパ人による征服《コンキスタ》から二年ほどが過ぎた一五三五年四月、まだアンデスの異教的儀典に対するキリスト教徒の弾圧がさほど厳しくなかった当時、ピサロの傀儡《かいらい》として即位させられたマンコ・インカという王がクスコ市で挙行した祭礼をめぐる記述に如実に描き出される。

それは王が太陽の動きを見据える儀礼であった。市外のある地点、ちょうど太陽の出る方角に、王と正装したオレホン総勢六〇〇名が参集した。インカ族の人々は、その貴性の証《あかし》として、耳に穴を開けて金などの円板を嵌めこんでいたから耳が大きくなり、スペイン人たちは彼らのことを「オレホン＝大耳《オレホン》」と呼んでいた。さらに霊廟からは、歴代王のミイラが搬出され天幕の下に鎮座した。貴族たちは二列をなし、静かに太陽の出現を待つ。日が昇らんとする時、彼らはゆっくりと、整ったハーモニーで、一つの歌を詠じはじめ、前へと歩んでいった。最初は座していた王も、歌が始まると起立し、行列の先頭で朗詠を導いていく。太陽が上昇するのに合わせるように、彼らの声はますます大きくなっていったが、午後には太陽の下降とともに、その声を鎮めていく。日が沈むと、人々は太陽の不在を嘆き、歴代王の遺骸も各自の住処《すみか》に帰宅する。祭礼はこうして八日間にわたって続き、その最後の日、インカ王、そして貴族たちは手に鋤《すき》をもって現れる。まず王が率先して鋤を地面に打ち込み、インカ貴族たちがその後に続く。これがインカ帝国領内における農耕の開始の合図となった。

ここに明瞭に見られるように、インカ王は太陽神と人間社会との媒介となり、自然のもつ創造力を神聖王としてその一身に体現し、それを社会に還元する存在となった。さらに太陽の動きを体系的に把握し、それを「時間」として秩序化し、被支配者に強制するようになる。これもやはりパチャクティの業績として記されるのだが、王はクスコの周囲の丘に、数本よりなる大きな石柱のセットを建立させた。市の中心からも観察可能であったこの柱は、地平線を移動する太陽の運行を観察するためのものであった。インカ王は、太陽の動きに導かれ、アンデスの時間の支配者となる。

# 第二章　古代帝国の成熟と崩壊

## 征服とその極限

### 「四つの地方」への拡大

ヨーロッパから来た記録者《クロニスタ》たちは、眼前《がんぜん》に広がるインカ社会の規模に驚愕し、彼らにとってのいわば文化的遺産であり、理想的社会像としてまっさきに想起される「ローマ帝国」像を「型紙《かたがみ》」のようにしてもちいながら、インカが達成したものを記述していった。その結果、精緻《せいち》に構築された上部・下部構造をもつ国家と、そこに有機的に統合された多様な諸部族のありさまが描きだされ、現代の人々はさらにそれらを「福祉的国家」とか「社会主義的国家」といった馴染《なじ》みのモデルに還元した。しかしインカ社会の実質は、こうした均整のとれた帝国像にすっきり収まるようなものではなかったこともわかりつつある。

東西南北の四つの地方《タワンティンスーユ》へ激しい遠心力によって拡大する帝国。地図を見れば如実にわかるように、一五世紀以降にアンデスを統治したとされる三代の王の治政下、インカの帝国は南米大陸を広く覆う。それはほんの瞬《またた》く間の出来事であったといってよいだろう。一方、宇宙の中心たるクスコへと向かって収斂《しゅうれん》する求心力も確実にはたらいている。遠心力と求心力が均衡している時には、インカ社会には安定感がもたらされているであろうが、帝国的成長が進めば進むほど、二つの力のバランスは崩れていく。拡大と統合。インカの歴史は、帝国につき纏《まと》うこの難題の前に苦吟する社会の姿を私たちに伝える。

## インカ社会の日常的風景

二つの力が均衡している時のインカ社会の日常を、ひとまず次のように記述することも可能かもしれない。王土を南北東西に貫通するインカ王道。道には、宿駅《タンボ》が、人の進む一日の行程を規矩として一定間隔で設けられ、そこを中継して、クスコからの王令を結わえた「結縄《キープ》」をリレーする飛脚《チャスキ》が韋駄天のように走る。その横を、首長《クラカ》によって率いられ、十進法によって人数を調整された一団の家族が、美しい織物に包んだ簡単な家財道具を背負ってゆっくりと王都に向けて歩いていく。王に命じられたクスコでの輪番労働《ミタ》に従事するため、地方から移動していく労働者たちだ。村が見えてきた。土地の首長の統率下、晴れ着の男女が、インカとその神を讃える歌に唱和し、畑で汗を流す。その脇では仕事の手を休めた仲間が、インカ王から賜った特別の御神酒《チチャ》で喉《のど》の渇きを潤している。インカが征服地に設定した「国の土地」「神の土地」での労働の光景である。一方村の一角では、堅固な造りの特別な建物に出くわす。中に目を遣《や》ると、厳しい監視の下、たくさんの見目麗《みめうるわ》しい女性たちが働いている。帝国各地から選別された乙女《アクリャ》たちだ。彼女たちは上質な衣を織り、またトウモロコシの酒を醸造することに専心している。しかし建物の傍には、処刑された男女が吊られている。貞操を汚した男女に対しインカの厳法は惨めな末路を与えていた。

さらに歩みを進めると、肌理《きめ》細かい石壁が美しく組み合わさった建造物から煙がたなびいている。切り裂かれたリャマなどの動物からは血がほとばしる。神官がコカの葉を神火のなかに投じ、御神酒を撒きながら太陽神との対話に没頭している。神殿わきの畑では、神に生涯仕える従僕《ヤナコーナ》の男たちが土くれに鋤をやり、トウモロコシの播種《はしゅ》の準備に余念がない……。

だが帝国の現実は、こうした静謐《せいひつ》な風景を裏切るものであっただろう。南北に日々延びていく帝国の前線では、そろそろ限界点に達するであろうというのに、インカの兵士と地方部族の激しい戦いが継続されている。さらにインカ王のもとにひれ伏したはずの部族が、派遣されていたインカの役人を殺害し、叛旗《はんき》の烽火《のろし》を各地で上げはじめる。インカの精鋭は、前線から踵《きびす》を返し、あわてて反乱軍の鎮圧に向かわねばならない。一方帝都クスコでは、有力な王家《パナカ》が、土地や人民を集積しつつ権力を充実させ、インカの玉座をコントロールせんとしている。帝国の現実はつねに変化し続けていた。それを具体的に見てみよう。

## 征服の最前線

クロニカは、クスコでこまめに指示を出しながら、甲斐甲斐《かいがい》しく帝都の整備に努め、それが一段落すると、何かに憑《つ》かれたように、大軍を率いて征服に繰りだす王たちの姿を描きだす。インカ王権は安逸をむさぼることを嫌い、あたかも拡張することにその存在根拠を見いだしていたかのようであった。インカによる帝国的拡大とはいったいどのようなものであったか？

インカの拡大に「軍事的征服」が大きな重要性を持っていたことはもとより確実であるが、征服戦争の切っ先にあったのは武威だけではなかった。「強制的説得」。インカの征服をこのように性格づける研究者もいる。すなわち「破壊の恐怖」と「恩賞への誘い」の融合として征服は遂行されたというのである。たとえば先にインカの到来以前、慢性的戦闘状態にあった社会の一例として、中部山岳地帯のワンカ社会を取り上げた。この社会は帝国にどのように包摂されたか？　その征服の模様を、スペインの征服《コンキスタ》後におこなわれた調査で、ワンカの住民たちが語っている。証言を聞いてみよう。

本証人が父や祖父から聞いたところ、インカが征服する前は、ワンカの住民はそれぞれの村で独立独歩、誰に臣従することもなく生活していました。そのような状況にあった時、インカが進攻してきます。インカはこの地域の丘に一万人の兵士とともに陣を構えました。当地の軍事的指導者であった本証人の曾祖父は、わずかな兵士だけを伴ってインカのもとに赴き、臣従の意を示して儀礼的な挨拶《モチャ》を奉じました。ほかの住民は、どうなることか、と隠れて様子をうかがっていました。するとインカ王は、曾祖父に美麗な上着と毛布、そして「アキリャ」と呼ばれる酒杯を贈与しました。潜んでいた住民たちは、首長が無傷で戻ってきたので喜び、皆でインカ王のもとに馳せ参じて臣従を誓いました。聞けば、インカは抵抗したり挨拶を捧げなかった者たちに対しては、虐殺し、土地を横奪したといいます。

ここに明瞭に述べられているように、インカはまず自ら贈与することによって、征服の対象を懐柔し、臣従の意志を確保した。すでに見た「互酬」という伝統的原理の延長線上でインカの征服は実行されていた。だがしかし互酬への誘いに乗らなかった当該民族集団を待っていた運命には酷薄なものがあった。クスコ市で同様の調査がおこなわれた時、ある証人は次のように語る。

ペルー全土を征服したのは、トゥパク・インカ・ユパンキだったと父から聞いたことがあります。父は王の従僕でしたが、王は父が住んでいた地を征服して勝利した際、父を召し上げました。その土地では、インカに抵抗したがゆえに全住民が殺戮《さつりく》されたのですが、父は幼かったのでその命を救われたのです。

ワンカの人々の判断は、決して間違ってはいなかった。しかし、先にも述べたように、インカ王と臣民との間には、ある種、歪《いびつ》な互酬関係が形成されており、征服の最前線においてそれははからずも露呈していた。その歪さを、インカ王と被征服者との間に交わされた「酒杯」のやり取りのなかに明らかにしたのが、美術史家カミンスの研究だった。

## 交わされる酒杯

インカの時代に用いられた「ケーロ」と呼ばれる木製の酒杯がある。ケーロはわりにありふれた考古学的な遺物であるが、いくつかの図像や写真を見てみよう。

一六世紀から一七世紀にかけて植民地時代を生きた先住民、グァマン・ポマ・デ・アヤラは植民地社会の先住民がおかれていた窮状を嘆じ、その改善を求めて時のスペインの国王に長大な「建白書」を送付した。グァマン・ポマは叙述に加えて、たくさんの絵を手ずから挿入しており、これらの挿絵こそが、アンデスの民衆の生活の諸様相に接近するためにいまや欠かすことのできない扉となっている。そのなかに、額の房飾《マスカパイチャ》りからインカ王と判別される人物が、アンデスの神性である「ワカ」を媒介にして、太陽神にケーロを用いて献酒している様子を描き出した挿絵がある。地面に座る女性は御神酒《チチャ》がたっぷりと入った大徳利《ウルプ》を手に、てきぱきと杯を用意している。一方、パチャカマックと呼ばれる神殿から出土した先スペイン期の土偶を見ると、ウルプを毛製の紐で背負い、ケーロを手にする姿は、グァマン・ポマの絵ときれいに重なる（六一頁）。このケーロとウルプ

**ケーロと呼ばれる木製の酒杯**　インカ時代のケーロの多くには幾何学模様が刻み込まれている。著者撮影

という酒器こそが、アンデス社会においては神と人間、そして人間同士の関係を強化・構築する時に重要な意味を持っていた。

古代アンデスでは、訪問の際の礼儀として、主客双方が、一組のケーロを用意して、酒を酌み交わして関係を密にしていったとされる。この相互対称的な杯のやり取りのなかに、対等な者の間の互酬関係が構築されていくのだとしたら、インカの征服の際にクローズ・アップされる酒杯にはまさしく関係の非対称性が刻み込まれていた。先のワンカ地方の証人は、インカから贈与された物の中に「アキリャ」と呼ばれる酒杯があったことを証言している。ケーロが木製であったのに対し、金や銀でできた酒杯はアキリャと呼ばれていたが、対等な者同士の杯のやりとりとは異なり、インカによる一方的な杯の押しつけには、支配―被支配の関係が潜在していた。いくつかのクロニカからわかることは、インカはクスコから持参した杯で征服地の首長と酌み交わした後、その杯を臣従の誓いの徴としてその地に残していった。酒杯を保管するためにわざわざ建物を造らせたともいう。事実、植民地時代に入り先住民首長《クラカ》たちがのこした遺言書の財産目録に「その昔、インカ王から贈与された一組のケーロ」という項目に出会うことがある。酒杯を受け入れたことによって、当該社会はインカによる徹底的な破壊を免れた。とはいえ、その「杯」は、インカを想起させる記憶の媒体として、その地にむりやり押しつけられていたのである。しかも、とりあえずは中断されて、潜在的な状態にあるインカの破壊性・暴力性が、酒杯自体に刻印されていた。

ケーロを手にした土偶　ウルプを背負っている。パチャカマック神殿出土

インカ王と太陽神　王はワカを媒介にして献酒している。グァマン・ポマ画

## 彫り込まれた首、手、足

インカ時代のケーロの多くには、規則正しくならんだ幾何学模様が刻み込まれている。同時代の上質な織物などにも現れるこの模様はトカプと呼ばれ、インカの「ブランド」のようなものとして機能したのではないかと推定されている。だがカミンスは、ケーロに刻み込まれている、これとは異なった文様に注目する。その代表的なものが六二頁に掲げたアキリャとケーロだが、いずれの杯にも、歯をむき出した人間の顔のようなものが彫り込まれていることがわかる。これはいったい何なのか？

記録《クロニカ》を読んでいるとしばしば、インカが戦争で捕虜になった敵将や、支配下におかれながら叛逆を試み、インカ王を裏切った者たちに対して、惨たらしい身体

ケーロ　歯をむき出した人間の顔のようなものが表されている

金属製の酒杯アキリャ

刑を執行する場面が出てくる。グァマン・ポマによれば、インカ王に対する大逆罪を犯した者については、その犬歯や奥歯をもちいて「首飾り」が、骨からは「笛」が、皮膚からは「太鼓」が、そして頭蓋からチチャ酒を飲むための「酒杯」が作られたのだという。インカたちは、敵の肉体から生み出されたこれらのモノをもちいて、音楽を奏で、踊り、歌い、美酒に酔いしれた。

やはりグァマン・ポマによる、敵の切断された首をかざすインカの軍人と思われる者の姿を描いた絵がある。グロテスクなその絵を見る者の視線が集中するのは、半開きにした口から歯をむき出しにする敗れた者の首である。カミンスの卓見は、この絵に見られるような斬首された敗者の肉体こそが、ケーロやアキリャに刻み込まれた文様であった可能性を指摘したところにある。トウモロコシの醸造酒チチャの酔いが首長の体の中にうっすらと染み渡っていく。しかし彼の脳髄だけは、しん、と冷たく醒めていたであろう。目の前で睥睨《へいげい》するクスコから来たこの人物の軍門に降ることによって、彼らの共同体としての自律性は消滅してしまうのだ。たしかにこれからは圧倒的な豊かさを誇負《こふ》するインカ王の倉庫から、物質的な恩顧も期待できよう。とはいえ、と彼の掌中の杯は彼に冷徹な警告を発している、もしも、王に叛旗を翻《ひるがえ》した時には、彼らの肉体は、杯の文様になるだろう、と。中断されている暴力をつねに想起させ、王権と地方社会の間に結ばれてしまった非対称的な互酬関係を彫り込んだ酒杯を残して、インカ王はその地方をあとにした。

## 支配の実質

こうして地方社会はインカ国家に包摂され、その統治のシステムの中に組み込まれていった。インカ帝国が登場する以前は、慢性的な闘争状況にあり、自然の要塞となっていた丘陵に居住地を設けていたワンカの人々が、インカ支配下、それまでの居住地を放棄し、低地へと移動させられたことも考古学的に明らかにされている。将来の反乱の可能性を見越した、あらかじめの武装解除であった。逆に言えば、インカがローカル社会に対して紛争調停者として立ち現れる

インカの軍人　切断された敵の首をかざす。グァマン・ポマ画

ことにより、それまでの無秩序状態に終止符が打たれ、「インカの平和《パックス・インカイカ》」が達成されたということもひとつの現実であった。また被征服地は、ただちにインカの政治・経済・宗教的な構造に組み込まれ、帝国を機能させる歯車として回転させられる。

非対称的な互酬関係に包摂された首長《クラカ》や臣民には、たしかに王権から上質な織物や女性、精巧な什器《じゅうき》など、さまざまな贈与がまずもたらされた。しかし、このような「与える者インカ」というイデオロギーが覆い隠しがちなのが、帝国の経済的動脈に送り込まれていった「臣民」の人的エネルギーである。王都クスコから六〇〇キロほど離れたペルー中部チュパチュ地方では、征服後、スペイン人巡察使による綿密な住民調査が実施され、インカ帝国に包摂された地方社会の実情を克明に伝える貴重な記録が遺された。それを見ると、「臣民」たちの経済的負担の重さがよく理解される。巡察使の調査に回答した首長は、植民地時代に入ってからも依然としてローカル世界の大切な記憶装置としてもちいられていた結縄《キープ》を手に、結い込まれていた情報を解きほぐし、役人に伝えたが、貢納の実態は次のようなものであった。

クスコには四〇〇名の男女が常駐し「壁」の建設にあたっていた。さらに四〇〇名がクスコにて食糧生産にあたっていた。ワイナ・カパック王の従僕《ヤナコーナ》を一五〇名。トゥパク・インカ・ユパンキ王亡きあと、その遺骸の世話のために一五〇名。ペルー北部地域の警備のために二〇〇名。キトの警備のために二〇〇名。ワイナ・カパック王亡きあと、その遺骸の世話のために二〇名。羽根細工のために一二〇名。蜂蜜採集のために七〇名。クンビ（最上質の毛織物）織りに四〇〇名。染料生産のために四〇名。リャマ・アルパカの畜群の世話のために二四〇名。この谷の畑《チャカラ》でのトウモロコシ生産のために四〇名……収穫物はクスコ、あるいは行政センターに運ばれた……インカの女たちを警護するために四〇名……。

この他にも、この地の人々は、塩やコカの生産、草履《ぞうり》や木製の什器製造のための人員提供、宿駅《タンボ》間の荷役夫の供出などの義務を負った。これまでインカの貢納システムの基本的理念型として考えられてきたのは、被征服地の三分割であった。すなわち、タワンティンスーユに包摂された地方社会には「国領」「神領」、そして「民領」が劃定され、インカ王に負った貢納義務の根本は、主に、国と神の土地での労働奉仕だと考えられてきた。だが史料からもわかるように、帝国への奉仕はもっと多様であり、厳しいものであった。私たちが今日、クスコの街角で目にする壮麗な石壁は、王都から遠く離れた地方から、家族ともどもやってきた男女の汗の結晶だったのであり、また死して後もインカ王たちは、ミイラとなった自らの肉体に対し、地方の労働者を傅《かしず》かせていた。

## 地方社会の宗教的統合

インカによる地方社会の統治の理念は「間接統治」であり、それまでに地方社会に形成されてきた社会システムを可能な限り温存し、帝国的組織に接ぎ木していった。帝国領内には、インカ族出身の高級官僚が派遣され、各地方の統治にあたったが、しかしローカル社会の実質的な統治は、自らの首を差しだすことなく杯を押し戴いた、それまでの首長たちによって担われ続けていた。

こうした事態は他の側面でも観察される。たとえば宗教。国家の最高神「太陽」への信仰を波及させるべく、征服地には太陽神殿が建てられ、また選別された乙女《アクリャ》や神官層によって日常的に儀礼が営まれていた。しかしながら、アンデスの各地には多様性に富むローカルな信仰実践が存在した。共同体《アイユ》の祖先神の遺骸に対する儀礼がおこなわれ、また自然の神妙なる力が生み出した場所（高峰や湖、泉、海）やモノ（岩や巨木）、奇形を伴って生まれてきた子供などが、ワカ（聖なるもの）とされ、供犠の対象となっていた。インカは土地生え抜きのこれらの宗教的実践を否定することは決してなく、むしろインカの信仰体系に積極的に取り込み、帝国にさらなる神的強度を与えようとしていた。このことは、やはりワンカ地方の宗教的統合でも見られる。インカ到来以前、ワンカでは原初の時代に征服した勇者が残していったと口伝されてきた異体《いたい》の境界石がワカとして崇拝されていた。征服者インカは「父なる太陽、母なる月」への崇拝を強いる一方で、この境界石についても、太陽神を媒介するものとして敬うよう命じて去っていったという。

また、クスコの広場ハウカイパタにおいて挙行された儀典であるシトゥアの祭典からも、地方社会の宗教的統合の様子はよく理解される。ハウカイパタは、帝国儀礼の中心となる場であったが、ここにあった土は、クスコの聖性を分与する目的で各地に運ばれ、一方、広場には、遠い海岸からわざわざ運ばれた砂が敷き詰められ、金銀の什器が埋められていた。このようにして海がインカの宗教に統合されたと考えられている。シトゥアの祭典は、雨期の到来と農耕の開始とに結びつく儀礼であったが、それは帝国を「清める」ことを目的としていた。祭典に際しては、インカの支配下に置かれたすべての地域から、首長や祭司とともにワカが運ばれてくる。儀典がはじまると、これらワカや首長は、クスコに住む病人などとともに、市から離れた場所に追いやられる。クスコが悪から清められたことが、このようにして象徴された。市内に残った王とインカ族の人々は、ハウカイパタにおいて儀礼を続け、犠牲にされたリャマの血を混ぜてつくったトウモロコシの団子《サンク》を食べ、神々と唯一の王《サパ・インカ》への忠誠を誓った。

クスコ市内にあるインカ時代のワカ　中央に見えるのが聖なるもの「ワカ」として崇拝された岩。著者撮影

　四日後には、市から遠ざけられていた人々やワカが呼び戻され、ハウカイパタに参集すると、四つの地方《タワンティンスーユ》ごとに分かれ、太陽神に仕える最高神官から、サンクをいただいた。二日間の酒宴の後、地方からやってきた人々は皇帝や神々にいとまごいを告げたが、彼らは帰還の条件として、伴ってきたワカをクスコに残して

いかなければならなかったという。地方の神々は、こうしてインカによってその身柄を拘束されたのである。

## 支配の極限

インカ王権の支配力は被征服地において、実際どれくらい浸透していたのだろうか。先に見たチュパチュ地方では、巡察の史料と照合させつつ興味深い考古学的調査がおこなわれている。それによると、旧村落跡の遺物や遺構の分析の結果、ほとんどの村ではインカ的特徴を有する建造物や土器などは見いだされなかった。ところが例外的に「台形の壁龕《ニッチ》」をもつインカ独特の建築物や多彩色《ポリクローム》インカ土器が豊富に出てくる地帯がある。それはチュパチュの最高首長が居住し、インカにとって重要な戦略的拠点となっていたと考えられる村落であった。このように、インカの実効的な支配の及ぶ範囲は限定され、征服地の末端隅々《すみずみ》まで深く浸透してはいなかった可能性が高い。

とはいえ、チュパチュ社会にもインカ支配の楔《くさび》は着実に打ち込まれている。それはインカの命令でこの地に送り込まれていた移住者集団の存在であり、インカ族の首長によって統制された二〇〇世帯もの家族が、はるばるクスコから派遣されていた。実はこの帝国内移住者集団は「ミティマエス」と呼ばれていた。前章でアンデスのローカル世界で営まれていた「垂直統御」の様子を見たが、多様な飛び地の開発にあたっていた植民者たちが「ミティマエス」であった。インカは、いにしえのアンデスで営まれてきた垂直次元での人間移動・開発を、領域の水平方向にむけて拡げていったとも言えるだろう。帝国の成熟とともに、こうした強制的な住民の移動は、このチュパチュのみならず、アンデス各地で大規模に実施された。一見すると、大きな拒絶反応もなく汎アンデス的な伝統に移植されたかのようにみえるインカの王国であるが、しかし白い色をした異人が海の彼方から接近しつつあった頃、その

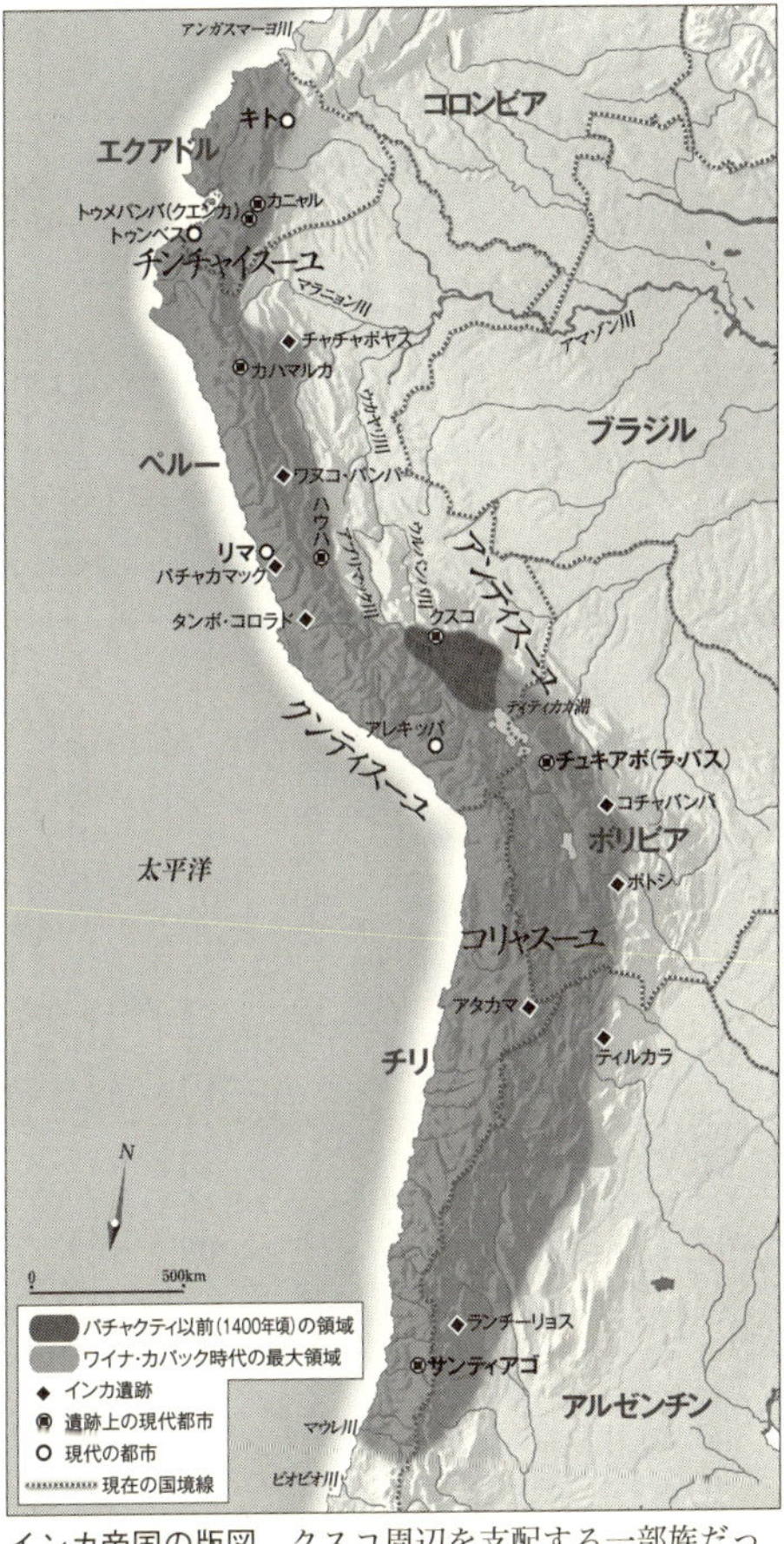


インカ帝国の版図　クスコ周辺を支配する一部族だったインカ国家は、その勢力をアンデス全域に拡大した

内部には深刻な変化が生まれつつあった。それを象徴しているのが、このようなかたちで帝国各地に鏤《ちりば》められた移住者集団《ミティマエス》と、王と王家《パナカ》が集積しはじめていた「私領」の存在であった。

第一一代ワイナ・カパック王の治政下、おそらくインカ帝国は領域的には極限状態に達していたと考えられる。北部地方《チンチャイスーユ》のエクアドルでは、キト、トメバンバ（トゥミパンパ）に重要な拠点が設けられ、クスコと匹敵するような求心力を持った新しい中心が生まれつつあった。だがキトの北方では、シエサ・デ・レオンが「無軌道・無秩序」と表現するような諸部族がインカ族の行く手を阻んでおり、彼はアンガスマーヨ川を「帝国の限界」と叙述している。実際インカ軍はこの地方で壊滅的な打撃を受けた。大敗に対するワイナ・カパック王の怒りは激しく、最後に勝利した時には、王の命で斬首された敵兵たちの首が近傍《きんぼう》の湖に投げ込まれたといわれ、今日も「血の湖《ヤワルコチャ》」という名で知られている。実際この帝国の限界地域で見いだされた部族は、インカ族から見ると野蛮な人々であり、彼らには貢納をする能力すらないことを知った王は、納税義務として「虱《しらみ》を毎月管《くだ》に入れて納めよ」という教育を試みたというエピソードがのこされている。

一方、帝国の南部地方《コリャスーユ》においても、インカは行き詰まっている。インカはチリ中部マウレ川まで領域を拡げるが、この地方に住む優れた軍事的機動性を誇るアラウコ族が障壁となって、ビオビオ川の南には入ることはできなかったとされる。そして東部地方《アンティスーユ》には、大蛇がうねり、巨蜘蛛が潜むアマゾンの大きな熱帯雨林《セルバ》が広がる。アンデス高地の環境に身体的適応をしている人々は易々《やすやす》とは近づけない。そして西部地方《クンティスーユ》には大海……。帝国《タワンティンスーユ》の四方はすでに定まりつつあった。松浦寿輝が言うように、帝国というものが「絶えず辺境《フロンティア》を拡張し続けようとする絶え間ない闘争の別名であり……可視的なかたちで確定した外縁をもった時、その『帝国』はすでに死んでいる」のだとしたら、インカの帝国はこの時すでに限界的な様相を呈していたのかもしれない。外縁部ではそうであったからこそ、帝国の内部における流動は、ワイナ・カパック王の頃、その強度をいや増していた。具体的にその変化を見てみよう。

## 末期の徴候

### インカ王の土地

旧帝都クスコ市の海抜は、低地から飛行機などで一気に上《のぼ》ってきた人間の多くに、深刻な身体的反応を惹起することがある。激しい頭痛や嘔吐感、あるいは呼吸困難……こうした肉体的な不調はけっして現代人だけのものではなく、インカ帝国を首尾よく征服し、王都の新しい主人として君臨しはじめたヨーロッパ人にとっても堪《た》えがたいものであったようだ。

征服が終わって二〇年ほどが過ぎた一五五二年、クスコ市に住むスペイン人たちからある請願書が行政府に提出された。その文書は、クスコ市中で生を享《う》けるスペイン人の赤ん坊の多くが市の不健全な環境のゆえ亡くなり、スペイン人たちはこの町にとどまることを忌避し、市の衰退を招いているという事態をまず報告するものであった。請願の本題は、それゆ

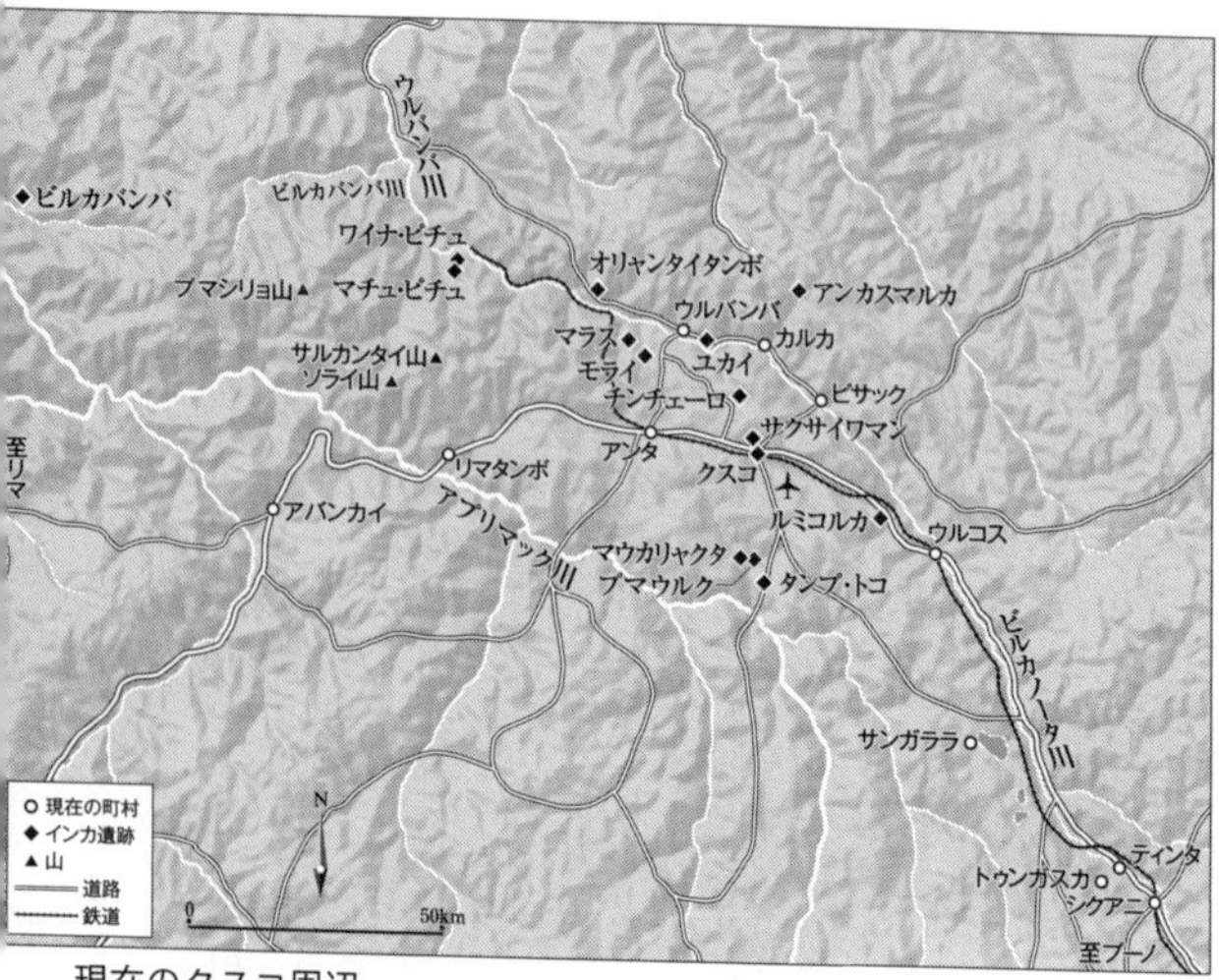


現在のクスコ周辺

え、市中から二〇キロほど離れ、高度二七〇〇〜二八〇〇メートルに位置する「ユカイの谷」の土地を分配して欲しい、さすればそこにスペイン人住民は別宅を設けることができ、女たちはそこで子供を出産し、安心して育てることができる、というものであった。スペイン人たちが、その分配を切望していたこれらの地所は当時「インカ王の土地」と呼ばれていた。

　ウルバンバ川の流域に広がるユカイの谷は、「聖なる谷《バリエ・サグラード》」とも呼ばれ、豊かな緑に包まれた快美な空間である。潤沢な川の水で洗われた河畔は、今日でもアンデスにおいて最も上質なトウモロコシが生産される地帯といわれ、高い農業生産性を誇っている。インカ王たちは、この聖なる谷を、王権にと

ピサックの段々畑（アンデーネス）　高度な灌漑技術によって作られ、現在も利用されている。著者撮影

って特殊な場として育て上げていった。すでに述べたように、タワンティンスーユの王土は理念的に国領、神領そして民領と三分割されていて、国家の再分配経済の中に統合されていた。しかしながら当時の史料では、ユカイの土地は「タワンティンスーユのどの地方にも属していなかった」と明言されており、谷がインカ王国の「公的なシステム」の埒外にある特殊な空間となっていたことがわかる。ここはすなわち、インカ王権のプライベートな領域であり、王や王家《パナカ》の人々の憩《いこ》いの場、別荘となっていた。

歴代の王は優れた灌漑《かんがい》技術をここに投入し見事な段々畑《アンデーネス》を組み上げたが、それらインカ技術の粋は、今日も、川沿いを走るマチュ・ピチュ行きの鉄道の車窓から眺めることができる。請願書を提出したスペイン人たちは、この豊饒の空間に目をつけたのである。征服《コンキスタ》後、スペイン人にはインディオの共同体《アイユ》が保有する土地に手をつけることは法的に許されていなかったのだが、すでに無主状態となっていた「神の土地」そして「インカ王の土地」については、事情次第ではスペイン王権が恩恵としてそれを下賜したのだった。

天空都市マチュ・ピチュ　インカ王の「別荘」であったのではないかという説が有力になってきた。著者撮影

## マチュ・ピチュの歴史的意味

このようなインカ王領は、ユカイの谷のみならず、美しい遺跡で知られるクスコ近郊のチンチェーロやピサックをはじめとして各地に点在していたとされ、四つの地方《タワンティンスーユ》には代々の王の土地がパッチワーク状に嵌《は》め込まれていく。とりわけ私たちの関心を呼ぶのは、これまで神秘のベールをかぶり、不思議な魅力で世界の人々の好奇心を刺激し続けてきた空中楼閣、マチュ・ピチュである。

一九一一年、北米の研究者ハイラム・ビンガムは、ユカイの谷の遥《はる》か下流、まもなく密林地域がはじまろうとする緑多き山塊《さんかい》の隙間に、大きな先スペイン期の遺跡を発見した。一九八三年に「世界遺産」にも指定されたマチュ・ピチュの歴史的意味については、オカルト的なものを含め、さまざまな推測がなされてきた。発見者ビンガム自身は、マチュ・ピチュがインカ帝国崩壊後、スペイン人支配に叛旗を翻したインカ族が立て籠った最後の抵抗拠点ではないか、あるいは第一章で述べたインカ始祖伝説の洞窟タンプ・トコがここに見いだされるのではないか、といった推論をたてていた。しかし近年考古学的な遺物に対する再精査や古文書との照合の結果、湿気の多い温暖な場所に作られたマチュ・ピチュも、インカ王と王族の憩いの場、すなわち「インカ王の土地」に分類されていた空間であったのではないかという説が有力になってきた。人口収容能力は最大でも七五〇名くらい。また多くの人骨が見つかっているが、この人々はおそらくはマチュ・ピチュで王族に奉仕していたと考えられている。

一方、ペルーの史家グラーベとレミイの二人は、クスコの文書館で、一六世紀の史料のなかに「ピチョ村」の存在を突き止めたが、パチャクティ王の征服によってその支配下におかれたピチョ村こそが、今日のマチュ・ピチュであり、第九代王の「私領」となっていたと推定されている。密林地域のとば口に位置するため、いつも柔らかい霧に覆われている「空中都市」のミステリアスな雰囲気は、これらの探求の結果少し薄れてしまったかもしれぬが、インカ帝国の内的成長によってもたらされた変化の重要な徴候として考えれば、その歴史的な価値はけっして減ずるものではない。

## 増えゆくミティマエス

そもそもこのような「インカ王の土地」はどのようにして生成したのか。これはインカ王権の継受と、王家《パナカ》の形成という問題に深くかかわっている。王位継承のあり方については、単一《モナルキア》／双分《ディアルキア》王朝論とも絡みあいながら、今日もいろいろ議論されているが、一般的には、インカ王が複数の妻との間にもうけた男子のうち一名が選ばれて王徽《マスカパイチャ》の房飾りを額に垂らしたとされる。しかしすでに見たように、新しい唯一《サパ・インカ》の王には、王国の統治権が与えられるも

輿に乗せて担ぎ出される王の遺骸
グァマン・ポマ画

のの、亡き前王の財産や土地は継承できず、すべて、王の遺骸《マルキ》や遺族に委ねられた。それゆえ自分を中心に生み出される王家の将来のために、新王はまったくの空乏な状態から、土地や財を求めなければならなかった。財産だけではない。シエサは「インカ王道」について興味深い観察をのこしているが、それによると、王たちは自らの権力を誇るため、先代の王よりも大きく幅の広い道を自分のために作らせたという。実際彼はペルー中部高原ビルカスの地で、パチャクティ王道、トゥパク・インカ・ユパンキ王道、そしてワイナ・カパック王道を目撃し、すでに使われなくなった故王の道を行って迷ってしまったことを告白している。

王は死んだ後にも私領に戻った。ワイナ・カパック王は遥か北方のエクアドルのキト地方で他界するが、彼の遺骸はクスコに戻り、その後ユカイの谷に安置されていた。王の亡骸には、五〇名の特殊な従僕《ヤナコーナ》が指定されていた。大祭に際しては、これらの人々が遺骸を「輿」に乗せて担ぎ出したという。

重要な点は、この五〇名のような、いわばインカ王の私的領域に統合されていた人間集団の存在である。帝国が成熟し「インカ王の土地」が形成されていくとともに、伝統的な共同体から切り離されてインカ王権に包摂されたこうした人々が加速度的に増加していく。王の命令によって、共同体から分離された人間集団としては、帝国領内から選別されてインカ王や神に仕え、後宮に入ったり御神酒《チチャ》や儀礼用の織物などの生産に携わった乙女《アクリャ》たち、王や貴族層などの家産において生涯奉仕することを運命づけられた従僕《ヤナコーナ》、そして別の土地に移り住まわされたミティマエスが知られている。特にユカイの谷のような「インカ王の土地」において終身働いていたのは、帝国各地からやってきたミティマエスであった。

帝国の成熟期には、インカ国家への確かな統合が果たされていない諸地域でしばしば王権に対する反乱が発生するが、こうした地域から「インカ王の土地」などへ、大勢の人々が家族ともども強制的に移住させられた。特殊王領であった「ユカイの谷」には、北部地方《チンチャイスーユ》と南部地方《コリャスーユ》から計二〇〇〇世帯もの人々が移り住んでおり、谷の段々畑《アンデーネス》がそれを耕作する民族集団の名称で呼ばれていたこともわかっている。

## カニャル人と「聖なる石」

なかでも注目すべきは、クスコから一六〇〇キロも離れた現エクアドル・カニャル地方から帝国各地に移植された人々である。植民地時代にはいっても、ペルーの各地に散らばって生活する同地方出身者の姿を古文書に認めることができるのだが、シエサによれば、この地方が征服された際、一万五〇〇〇人もの男が、妻子を伴ってクスコに移動させられたとい

インカが切り出した石　運搬途中にサラグロに放置された。Ogburn, “Power in stone”より

う。事実ユカイの谷においても、最も重要な勢力となっていたのはカニャルからやってきた人々であった。インカ族の血をひく記録者《クロニスタ》インカ・ガルシラーソは、後に見るように、カニャル人たちに深い怨恨《ルサンチマン》を抱いていたが、その根源には、帝国末期のインカ社会の大きな変化と、その変化に直接かかわったカニャル人との関係性があった。

　第一一代のワイナ・カパック王は、このカニャル人の土地で生を享けた。彼はこの地のトメバンバを愛し、そこに壮麗な宮殿を建てるにいたった。ワイナ・カパックはトメバンバを王都とするもうひとつの王国をキトに造りだす意志をもっていたとされる。その意味で、近年アメリカの考古学者オグバーンによって発見された事実は大変興味深い。記録者たちは、インカ帝国の想像を絶するディメンションを強調するために、しばしば「途方もない」エピソードを披露することがある。私たちが、本当かな、と首をかしげてしまうような挿話のひとつに、トメバンバの神殿や王宮の「石」をめぐるものがある。シエサは記す。

　太陽の神殿は、きわめて巧妙に整形された石でできており、それらの石のうちあるものは、たいへん大きい。中には黒い粗い石もあれば、また、碧玉のように見える石もある。あるインディオたちは、これら宿泊所や太陽神殿を作っている石の大部分が、グァイナカパとその父トパインガの命により、クスコから太い綱で引っぱってこられたものだ、と言いたがっている。これは（もしほんとうだとしたら）、石の数や大きさ、それに道程のひじょうな長さなどを考えたとき、大いに驚嘆すべきことである。（増田義郎訳）

シエサの叙述と連動するように、一七世紀の記録者ムルアによれば、ワイナ・カパック王は精巧に加工された石で二軒の館をクスコで造らせた後それを解体させ、石塊ひとつひとつをキトにまで運ばせ、そこで再び造り直すことを命じたという。ところがすべての石材がカニャル地方まで来た時、トメバンバの南方のサラグロで石に雷が落ち、建物の楣《まぐさ》になるべき石材が割れてしまった。これは凶兆ではないかと畏れたインカ王は、すべての石をその場に抛擲《ほうてき》させ、石はムルアの時代にもそのままにされていたという。オグバーンは、サラグロで実際にこれらの石群を見いだし、いまは町の教会の礎石などに使われている合計四五〇個もの石のブロックを丁寧に分析した。「エックス線蛍光分析」による試験結果は、インカ帝国の途方もなさをまたひとつ明らかにした。すなわち、これらの石の出自は、まさにここから一六〇〇キロ離れたクスコ市の近郊にある採石場「ルミコルカ」だったことが判明し、王都クスコにおいて高い聖性を具備した太陽神殿《コリカンチャ》やアクリャワシなどに使われていた石の塊と同祖であったことが判明したのだ。ひとつの重さは二〇〇キロから七〇〇キロ。インカ王と同じように「輿」に乗せられて運ばれたとも推定される。いったいどれだけの労力が必要だったのか？　それにこの当時、インカの人々が、鉄器も車輪も、その存在を知らなかったことを想起しなければならない。四五〇個の石を、ミニマムでも四五〇〇人の運搬夫が、一日二〇キロメートル、合計八〇日間運び続けなければ、クスコとエクアドルとを隔てる一六〇〇キロメートルを踏破することはできなかった。のべ三六万人の労働力！

ではなぜこれほどの人間の力が「石の移動」という至極単純な運動に投じられたのか。クスコの神聖な建物群を構成する「聖なる石」と同じ出生の石を動かすことによって、クスコの聖性そのものをキト地方に移植することが目論まれていたのである。四五〇個の石の塊は、インカ帝国の内部に充溢したエネルギーの証左といえるかもしれない。

## 王家の戦い

### 二つの中心とワイナ・カパックの死

こうしてキト地方はクスコ地方と同量、いやそれ以上の光輝と聖性を発出する帝国の中心となっていく。東西南北への遠心的な拡大の運動性は飽和し、帝国が秘める爆発的なエネルギーは行き場を失い、激しく内向する。その最大の表出が、この二つの地方の間に生じた王位継承をめぐる内戦である。

ワイナ・カパックはエクアドルで息を引き取る。偉大なる第一一代王の死は、一五二五年前後に起きたらしい。身体には疱瘡《ほうそう》ができ、譫妄《せんもう》状態での最期であったとされることから「天然痘」が原因だったと考えられているが、もとよりこの病原菌はアンデス世界には存在しなかったのだから、その死は、インカ帝国の人々とそれまで無縁だった何かが近づいていることの見えない予兆であった。この頃、白い異人たちはパナマ地方に進出していたが、この人々がもたらした病原菌が、彼らが姿を現わす前から、先住民の間で伝染しつつ南下していた。

すでに王の存命中から次王の選定をめぐっては混乱が生じていた。前に述べたように、インカ社会にはヨーロッパ的な長子相続の規則は存在せず、インカ王自身の姉妹を含めた複数の女性たちとの間に生まれた多くの男子のうちから、一人が選ばれることになっていた。ここに、王子たちの母親が属する王家《パナカ》の権力への欲望が流れ込み、事態は複雑化する。

ワイナ・カパック王　輿に乗って戦闘に赴くようす。グァマン・ポマ画

二人の有力な王子が現れた。一人はワスカル、その母は父王の姉妹で、第一〇代トゥパク・インカ・ユパンキ王家に属し、クスコを拠点としていた。もう一人は、アタワルパ王子。やはりクスコで生まれたとされるが、ワスカ

ルよりは年長で、父に伴ってエクアドル地方への遠征に同行し、北方戦線でワイナ・カパックを支えた。母はパチャクティ王のパナカに連なる女性であった。王の姉妹の子ということで、クスコにいるワスカルが第一二代インカ王に即位するが、それに異議申し立てをするかのように、キトからアタワルパが立つ。

### ワスカルとアタワルパ

二人の王子の房飾り《マスカパイチャ》をめぐる悲惨な抗争は、二つの王家による歴史をめぐる闘争でもあったが、それぞれの王家と関係が深い記録者《クロニスタ》が施した歴史的修飾を削りながら、出来事を簡潔に記していこう。

王の遺骸はクスコに帰還する。だがアタワルパをはじめ、故王に従っていた有力者はキトにとどまる。このことがワスカルの怒りに油を注ぎ、対立・抗争は不可避となった。さらに事態の推移を複雑にしたのが、かのカニャル人たちの動静と、海の向こうから接近しつつあった「異人」たちの存在であった。

まずアタワルパはカニャル人に協力を要請したが、ここで彼らはその後長きにわたってつきまとう「変節漢」という汚名の根源となるような動きを見せる。最初のうちはアタワルパの支援者として、ワスカルの軍勢の情報を与えていたカニャル人だが、ワスカル軍が接近すると今度はアタワルパの情勢を漏らしはじめ、ついにクスコ派のインカに忠誠を誓うにいたる。しかも隙を見てアタワルパを一時は捕虜にしたとも伝えられ、この時アタワルパが

「蛇」に変身をして脱走したという伝説も残っている。カニャル人に対する無限の憎悪を抱いたアタワルパは、血の復讐を果たした。記録者シエサはカニャル地方を訪れた際に、男の数が圧倒的に少なく、女性の数が一五倍もあることに驚き、その原因を探ったが、それはワスカル軍敗退後に、変節の部族に対して向けられたアタワルパの残虐行為によるものであったという。

クスコ派インカが送りだす大軍は連戦連敗、そしてまもなく頭領ワスカル王もアタワルパ派の将軍によって捕縛されてしまう。クスコに入った将軍たちは、敵対した王家への激しい粛清を開始する。実際このことは、植民地時代のクスコに生活していたインカ族の末裔《まつえい》たちの数的統計からもうかがわれ、トゥパク・インカ・ユパンキの王家に属する人々の数はとても少ない。それ以前も、王の交代をめぐっては、継承システムが不安定であったこともあり、少なからぬ血が流されたことは事実であったが、このワスカル派への暴力には常軌を逸しているところがある。外へ外へと遠心的に向けられていたエネルギーが鬱屈するや、一挙に帝国内部に向け噴出し、同族相殺しあうという凄絶な事態を招来した感がある。

一連の出来事の中には、帝国の変質を示唆する史的エピソードを見いだしうる。強大なクスコ軍に支えられたはずのワスカル派が、一地方勢力に過ぎないアタワルパ派にどうしてたやすく敗滅してしまったのか。ワスカルを愚弄するアタワルパ系の記録者ベタンソスは、次のような興味深い情報を記している。

ワスカルは王になるや広場に出てこう宣言した。太陽神や彼の父ワイナ・カパック王を含めたすでに亡き王たちの遺骸《マルキ》が所有するコカやトウモロコシの畑を彼らから剝奪《はくだつ》し、我が物にする。何となれば、太陽や死者、そして今は亡き父は、もはや食べることはできない。さすれば、彼らが土地を持つ必要などない。

王家に直接の利害関心を持たない記録者ペドロ・ピサロも、ワスカル王が「ある日これらの死者たちに対して腹を立て、彼らを全部埋葬するよう命令し、これからは死者ではなく生者だけが存在すべきだ、彼らは王国の最良のものを所有しているのだから」と述べたことを記している。父の家を出て、彼自身の王家《パナカ》の主として、その物質的基盤を一から構築しなければならなかった新王の苦衷が、ここに表明されているともいえるが、別の観点から見れば、さらなる拡大の可能性が乏しい帝国において、ワスカルが見いだすことができた処女地はすでに限られていたことを示しているのかもしれない。いずれにせよワスカルの発想は、当然、王家の家産に依存するインカ貴族層にとって好ましいものではなかったはずだ。ペドロ・ピサロは、「死者をそのままにしておきたい」有力者たちはそれゆえワスカルを憎悪し、また彼の武将たちもアタワルパ派と内通し、敗局へと導いたとする。アタワルパの武将に拘束されたワスカルは、甚しい虐待を受けた。

既成の秩序を破壊し、新たにやり直す。この思考はしかしまた、ワスカルだけのものではなかった。インカ国家の諸事象を結縄《キープ》に記録していた官吏キープカマヨを情報提供者とする調査が、植民地時代に実施されたが、この人々によれば、ワスカル派粛清のためにクスコに入城したアタワルパの将軍たちは、手当たり次第にキープカマヨを殺害し、これからはアタワルパの「新しい世界」がはじまると言い放ったのだという。実際、キトに新しい「クスコ」を創出すべく、アタワルパがクスコ市周辺三〇レグアの範囲に住む全住民を、エクアドルに移住させるよう命じていたとベタンソスは書いている。

## 異人たち

クスコからアタワルパのもとへと連行されてくる俘囚《ふしゅう》ワスカルを随喜の境地で待ちながらも、しかし彼は一方で、北方の海から彼のもとに迫りくる一団に妙に神経質になっていた。北部の海岸から、何者かが、海を、「家」に乗って渡ってきて、陸に上がった、という情報がもたらされていたからだ。

これらの人々は「海の子」と呼ばれはじめていた。肌の色はとても白く、長い髭を生やしている。そのうえ彼らは土地のものよりもはるかに大きなリャマの背に乗って移動するが、人とその動物はどうも一体化しているようだ。一息で火が吹かれ、雷鳴のような音がすると、遠くからでも人々が殺されてしまう。そのリャマは銀の靴を履き、走ると雷のような音がする。また彼らが手に白布を持ってなにやら呟いているのも目撃された。とにかくこの人々は金や銀に異常な執着を示していて、彼らやリャマは、金や銀を食べるのではないか。アタワルパ王が集めた情報によると、白い人々を率いているのは、「カピト（カピタンの訛、スペイン語で「隊長」）」と呼ばれる男で、リャマは「カビリョ（カバーリョ、スペイン語で「馬」）」と言うようだ。最初の頃は、異人たちを、創造神《ヴィラコチャ》と見なす人々もいた。かつてアンデスを創造し、海の向こうへと消えたあの神の再来ではないか。それならばきっとアタワルパの新しい革命に幸いをもたらすかもしれない。

　異人たちがトゥンベスを経て、タンガララの町に入ったという情報が届く。アタワルパは、あるインカ貴族《オレホン》を平民の姿に扮装させ、斥候として彼らの陣営へ送りだす。この男によれば、一七〇～一八〇人ほどの白い人々はヴィラコチャでも何でもないこと、我々と同じ人間であり、食べ、水を飲み、衣服を着て、女とも寝る、山や人を作りだしたり、水をわき出させたりする偉業をなすわけでもない、何となれば、乾燥地帯を進む時には、瓶《かめ》に水を蓄えて行くのだから。悪事を働く彼らは創造神でも何でもなく、むしろ悪霊《スーパイ》であろう。だがアタワルパは、依然として異人たちの実態を見定めかねていて、斥候に「彼らは金を欲しているのだから」と一組の黄金の杯《アキリャ》を届けさせている。インカ王から発出する互酬関係に、異人たちを取り込むひとつの戦略であったと考えられよう。

　しかし、この異人集団に近づこうとしていたのはインカ族だけではなかった。ごく早い時期から、アンデスのさまざまな部族がこの異人たちとの接触を試みていたが、その中でも積極的だったのがインカ族にひどく痛めつけられていたカニャル人であった。カニャル人たちはトゥンベスにいた白い異人たちの一行のところに自ら赴き、アタワルパの武将たちの迫害から救済して欲しいと嘆願した。援軍としての協力を要請されたカニャル人たちは、それ以降、異人たちにとって必要欠くべからざる重要な支持者となる。

## アタワルパの捕縛

大きなリャマに乗った一行は、様子見に終始するインカ王アタワルパを尻目に、王が滞在するカハマルカめざしてアンデスの山を登ってきた。しばらくすると、異人たちの陣営から二名の使者が、三〇名ほどの仲間と彼らのリャマに乗って様子をうかがいにやってきた。彼らがこの前来た時に連行され、海の向こうにある彼らの土地に行ったという海岸部に住む男も一緒で、彼が異人の言葉を伝えた。アタワルパは二名の使者を大歓迎し、黄金の杯に愛飲している御神酒《チチャ》を注いで差し出した。ところがその男が酒をぶちまけたので王は憤怒する。一方使者らは彼に白布のようなものを見せ、神と彼らの王のことが記されていると言ったが、アタワルパは酒の件で激昂しており、その布のようなものを投げ捨て、その場から追い出した。連中の一人は、王の面前で彼らのリャマに跨《また》がり、リャマの大きな顔を王の間近にまで近づける。リャマの強い鼻息で、王の額に垂らされた房飾り《マスカパイチャ》が一、二度吹き上げられた。王は微動だにしない。使者を見送ったあとアタワルパは、彼の言葉で「理解することが不可能な連中だ」と言ったという。杯を介した王の側からの互酬関係の構築は、不首尾に終わった。

翌日、アタワルパは白い人々の待つ広場へ輿に乗り、巨大な軍勢とともに向かった。異人たちの姿は見えない。広場にある「ワイナ・カパック王の館」、「太陽の館」に潜んでいるのだという。「私がいるべき場所はもうない」とそれまでかなりの御神酒を飲み、深く酔っていた王は嘆ずる。その時一人の男が近づいてきて、彼らの土地に行ったことがある例の男を通じ、「私は太陽の子である、太陽は、インカが戦うべきではない、カピトに従うべきであるということを伝えるために、私を派遣した。カピトも太陽の子である。これらのことはここに記してある」といって白布を見せた。これがおまえたちが太陽の子だと言っているものか？　私も太陽の子だ、とアタワルパが言うと「彼こそが唯一の王《サパ・インカ》」と臣下の叫びが唱和する。アタワルパは「私こそ太陽からきたのだ」と叫びながら、白布を宙に放り上げる。男が白い人々の隠伏するほうに戻ると、その瞬間、雷のような音が轟き、彼らのリャマに乗った人々が、何かを叫びながら躍り出て、インカ王の乗った輿に突進してくる。彼らの武器で、担ぎ手の腕が飛んだ。しかし別の担ぎ手が、輿を地面に落とさぬようしがみつき、手を落とされた者も、残った胴体で支える。しかし担ぎ手たちはどんどん命を落とし、輿は傾き、半分地面についてしまいそうだ。その時王の腕はカピトに摑《つか》まれ、アタワルパはカピトたちの陣営に連行されていった。大勢の王の臣下は、狭い広場に突如湧き上がった狂乱状態の中、折り重なり、窒息し、死んだ。

# 第三章　中世スペインに共生する文化

## 帝国の端緒

### 白い人々の帝国

一五三二年一一月一六日。征服者《コンキスタドール》フランシスコ・ピサロの航海に随行した唯一のカトリック聖職者、ドミニコ会士ビセンテ・デ・バルベルデは、輿の上のインカの首領の前に立つ。がっしりとした体軀をもち、充血した目で彼を睥睨《へいげい》するインディオに向かって、修道士は彼らがこの地にやってきた歴史的な使命をこう宣言した。

唯一にして三位の神により、天と地とすべてが創造された。最初の人間であるアダムが創られ、あばら骨から女エバがとりだされた。私たちの祖である彼らは罪に落ちたが、贖《あがな》い主キリストが乙女より生まれ来たりて、私たちを救済するために受難された。その栄光ある復活の後、再び天に召されたが、その代理としてローマにおられる聖ペテロとその後継者をお残しになった。彼らが教皇様である。教皇様は全世界の土地をキリスト教徒の王にお分けになり、征服を任された。汝の地方は、我らが君、ドン・カルロス皇帝陛下に分け与えられた。陛下は、これを伝えるべく、その代理ピサロ総督を派遣された。汝がキリスト教を信じ、洗礼を受け服従するならば、陛下の庇護を受けることができ、この土地には平和と正義がもたらされよう。だがそうしない場合、総督は汝に厳しい戦いをしかけるであろう。（抄訳）

この時の説教の内容については、諸説あり、はっきりしたことはわからないが、国王役人であった記録者《クロニスタ》サラテは、このように伝えている。この説教は異教徒の王に動揺を与えた。王は、彼の領土は亡き父王や祖父たちが獲得したものであり、なぜ聖ペテロとやらがそれを誰かに委譲できるのか理解しがたい、またイエスなる者が天や人を創造したことなど聞いたこともない、「太陽」の他にかかることはできまい、と反駁《はんばく》する。またなぜ修道士がそれを知っているのか、と問うたインディオの首領に対し、バルベルデは手にしていた聖務日課書を示し、これが神の言葉だ、と言う。興味を示し手に取るものの、開け方がわからず、異教徒の王は地面に抛り投げてしまった。問答無用の神への冒瀆《ぼうとく》。バルベルデは潜伏していたピサロら征服者に合図をする。その瞬間、フランシスコ・ピサロは「聖ヤコブ《サンティアゴ》！聖ヤコブ《サンティアゴ》！」と叫ぶ。ファルコネット砲が雷鳴のような音を立てて発射され、馬の嘶《いなな》きが広場に反響した。インディオたちはスペイン人に攻撃を加えてこない。激しい恐慌を来しているからだ。豪奢《ごうしゃ》な輿に担がれていた王は、担ぎ手たちの腕が征服者たちの振るう剣によって切断されてしまい、地面に落ちる。領袖フランシスコ・ピサロはその身柄を確保した。輿上の皇帝から、瞬《また》く間に虜囚の身となってしまったインカ王は、征服者たちの幕舎に連れて来られて後も、事態がよくのみこめず、憮然として不機嫌な様子をしていた……。

　前章では、できるだけアンデス世界に生きた人々の視点に寄りそって、インカ帝国が立ち上がり、征服《コンキスタ》によって破綻を迎えるまでの過程を描いてきた。しかし本章の冒頭では、征服という同じ出来事を、ヨーロッパ人の視点から叙述した。それは「世界史の本流」から孤立無援の空間にありながら、瞬く間に南米史上最大の帝国的存在へと成長した社会が、「世界史の本流」のただ中で成長し、ヨーロッパ最大の帝国的存在となった社会の前に敗北した瞬間であった。その時、「杯を通じた互酬」という他者との関係構築の原理は、唯一絶対神に捧げられた宗教に由来する支配―被支配の原理に圧し潰された。もちろん首領が捕縛されただけでは帝国は消滅しない。その後もインディオたちは、懸命に新しい帝国によって呑み込まれることに対し抗《あらが》うであろう。しかし新しい帝国のふるう暴力とイデオロギーは、最終的にアンデスの先住民たちを植民地体制に包摂し尽くす。

スペイン人に捕らえられたアタワルパ　グァマン・ポマ画

　本章からは、しばし、この力とイデオロギ

ーが、ヨーロッパの南方イベリア半島を拠点として生まれた「スペイン帝国」において、どのように生成していったかを見てみたい。その出発点は一四世紀の終わり頃。大西洋の向こう側の南米大陸において、クスコの地方部族であったインカが、そろそろ帝国的な爆発に点火しようとしていた頃であった。

## ラ・フデリーア

あと四年で万国博覧会が始まるのに、そのころのセビーリャに、その気配はまったくなかった。博覧会のためのインフラ整備に着手された痕跡は見られるが、一九九二年に予定されているスペイン国家を挙げての大祭典――アメリカ「発見」五〇〇周年記念――に間に合うのかと、日本からきた学生をも不安にさせるのんびりとした風情が漂っていた。一方、中南米史に関する古文書の宝庫である「インディアス総文書館」で、十ヵ月も勉強できるという僥倖に恵まれた私は有頂天であり、アンダルシアの熱い風にも煽《あお》り立てられて、毎日文書館への行き帰り、古都セビーリャのさまざまな歴史的遺産を求めては街の隅々を経巡っていた。

そんな日々が数ヵ月も続くと、セビーリャの市街地は規模も小さいし、目的地にはなんなくたどり着けるようになったな、と自惚《うぬぼ》れて街を闊歩《かっぽ》しはじめたが、そんな私がいつも方向感覚を失い、迷子になって、通行する人々にすがらなければならない空間があった。まるで朽ち木にうがたれた白蟻の坑道のようにうねる街路のある部分などは、二人の人間がかろうじて通れるほどに細いのだが、格子状の鉄扉から覗かれる白い建物の暗い奥には、美しい花々を湛える植木鉢が壁一面に飾られ、生活者たちの息遣いがひっそりとかぎとれる。

サンタ・クルス街と呼ばれるその地帯は、またラ・フデリーアとも呼ばれ、「旧ユダヤ人居住区」であると聞いていた。その頃もむろん、中世から近世にかけてスペインにはたくさんのユダヤ人が生活していたこと、そして彼らに対するキリスト教国家の抑圧が、一四九二年、クリストバル・コロンが新世界に到達する少し前に施行されたユダヤ人の国外追放令として帰結したことなどもぼんやりとではあったが知っていた。ただ中南米史研究に足を踏み入れたばかりの私には、セビーリャを植民地の歴史形成の原点として把握する余裕しかなく、その薄暗い空間で暮らしていたであろうユダヤ人たちの歴史を注意深く考えるだけの知的なゆとりはなかった。けれども、アンデス植民地社会におけるインディオたちの歴史的痕跡を求める年月を過ごしながら、ペルーの歴史の深みに少しずつ目を凝らせるようになると、征服後のアンデス史にも、ユダヤの人々の歴史的影響が刻印されていることに気がつきはじめた。セビーリャの薄暗い旧ユダヤ人街と、アンデス世界とを結びつける、確かな道筋も存在していた。

中世スペインは、その特異な歴史的事情により、キリスト教、イスラーム教、ユダヤ教というアブラハム的伝統に基づく三大宗教を信仰する人々を、八世紀以上にもわたる長いあいだ、同じ空間の中に包摂していた。そしてその「共生」の過程で生まれた、他者に対する排除と宥和、拒絶や理解、強制や説得、憎しみと愛といったさまざまな思想や感情は、イベリア半島という場所に限られることなく、スペインの帝国的発展によって、地球のさまざまな場所へと送り出されていったのであり、それらは本書の中心的なテーマであるアンデスの歴史にも反響していた。それゆえ私は一四世紀の末、アンダルシアのセビーリャの地に生起したある出来事から語りだしてみようと思う。でも何故一四世紀末なのか。

## ポグロム

セビーリャ、一三九一年。この地で活動する一人の聖職者の民衆向け説教が、このところ、異様な熱を帯びはじめていた。その標的はユダヤ人であった。フェラント・マルティネスという名のこの助祭長は、ユダヤ教の会堂《シナゴーグ》は打ち毀《こわ》されねばならぬ、ユダヤ人たちはキリスト教徒と交わってはならぬ、とけしかけていた。デマゴーグは弁舌を加速させながら、民衆を煽っていく。六月のある夜明け、マルティネスによって駆り立てられたセビーリャのキリスト教徒民衆はついにユダヤ人の居住区に襲いかかり、人身・家屋への未曾有の破壊活動を展開した。その結果、何千もの男性が血祭りに上げられ、婦女子は奴隷として売られるべく、捕縛されていった。災厄を免れえたのは、騒動が起きるや、ただちにキリスト教への改宗の意志を示した人々で、彼らは群をなして洗礼盤へと向かっていく。このポグロム（組織的におこなわれるユダヤ人に対する迫害行為）は、セビーリャの地に留まることはなく、時をおかずしてスペインの各地へと飛び火していき、ユダヤ人に対するはなはだしい狼藉がはたらかれた。

現在のスペイン・ポルトガル

ポグロムはなぜ発生したのか。この頃の急激な社会変化にその遠因が求められている。悪化する経済事情、玉座をめぐる内乱、そしてそこから帰結する社会不安である。さらに伝染病の発生とユダヤ人をめぐる流言蜚語《ひご》の蔓延があった。ヨーロッパにおいてユダヤ人に対する組織的な迫害がはじまるのは一三二一年頃とされるが、それ以降、ユダヤ人とハンセン病患者の共謀による、毒をもちいたキリスト教徒殺害計画や、そこにグラナダ王が関与しているなどといったことが喧《けん》伝《でん》される。ハンセン病患者、グラナダ＝イスラーム、ユダヤ人という「異者」たちの陰謀の包囲網にからめ捕られつつあるキリスト教諸国、というイメージはその強さを増し、全体的な「反ユダヤ主義」がヨーロッパで醸成していく。それはヨーロッパの北の国々では、ユダヤ人の国外追放というドラスティックな政策に帰結した。

イベリア半島もこの動きから無縁ではなかった。一三四八年に発生した黒死病が、地中海から半島に上陸すると、この病の猖獗《しょうけつ》をユダヤ人の存在と結びつける民衆的想像が強まった。また疫病の蔓延により多くの人口が消失し、農村は荒廃、貧民が急激に増加した。彼らの怒りは、高利貸しや徴税請負人として肥え太っているという固定観念のもとにあったユダヤ人に向けられる。こうして社会不安が高まるなか、それを加速させたのがカスティーリャにおける王位をめぐる権力闘争であった。時の王ペドロ一世に対抗し、一三五四年、庶子で異母兄弟のエンリケ・デ・トラスタマラが蜂起し、内戦がはじまる。エンリケ側は、政治的宣伝を巧みにもちいたが、とりわけ反ユダヤ主義の言説が有効であった。「残忍王」と渾名されたペドロが、キリスト教徒を犠牲にしつつユダヤ人を富ませているという風聞が流布しはじめる。

これが一般に論じられている一四世紀末のポグロム発生の背景にあるとされる要因である。そしてこのユダヤ人大迫害こそが、それまでイベリア半島において維持されてきた異文化の相対的共存の終焉を告げた出来事であると考えられてきた。帝国的存在が持つ文化的特質のひとつが、自己の存在を至高と考え、他者に対して、自己が創出する世界から物理的に排除されるか、あるいはその世界に暴力的に同化されるかという選択を強要することにあるとするならば（インカの王たちは、したたかにもまず杯を差し出したのだったが）、ユダヤ人に対して殺戮《さつりく》か、改宗かという二者択一を迫ったこの一三九一年の出来事を、一六世紀に帝国的存在として立ち現れるスペイン形成のひとつの起点として考えることも許されよう。キリスト教の歴史と、それに基づく絶対的な支配を受け容れるか、あるいはそれを拒絶し破滅するか、とアタワルパにせまった人々の思想は、このポグロムと結ばれているといってよい。

## 三つの宗教そして文化

### 共生のはじまり

だが、この排除のイデオロギーにのみ目を奪われて、スペイン社会、そしてそれが創出したアメリカの植民地空間を見てはいけない。なぜなら中世スペインには、異宗教・異文化に属する人間が共生した長い歴史的経験があり、他者の存在を、他者のままで認める精神、あるいは、力ではなく、対話を通して他者を自文化へ同化しようとする精神が一方では維持されていたからだ。この精神（中世スペインの異文化共生をめぐる、魅惑的な書物を著したマリア・ロサ・メノカルにならって「寛容の文化」と呼んでもよい）は、ポグロムの後も消滅することなく一五世紀以降も生き長らえ、いやそれのみならず、排除のイデオロギーと拮抗しながら、アメリカのインディオに対するキリスト教布教事業や植民化計画の深部において保たれていた。イベリア半島という空間で展開されていた異文化・異宗教の共生の具体的様相はどのようなものであったか。

ムスリムの請負業者がユダヤ人の家を建て、ユダヤ人の職人がキリスト教徒の親方のために働く。ユダヤ人の弁護人が異宗教の徒のために法廷で弁論する。キリスト教徒の宗教的な祭礼にイスラーム教徒の楽隊や芸人が欠かせぬ存在として参加する。そしてキリスト教徒がユダヤ人医師に愛息の身体を委ねる……。たしかに当時、悪意あるユダヤ人がキリスト教徒に危害を加えることを恐れ、その投薬を禁じたり、ともに食事をとったりすることを禁ずる法制が実効力を有していたことも事実だが、社会の実際の場面では三者の密接な関わりは日常的にみられた。

キリスト教徒と最初に空間を共有するのはユダヤ人であった。彼らがセファラードと呼んだイベリア半島との関係は古い。ユダヤ人の半島への移住は、東方世界からの離散《ディアスポラ》の後にはすでに進んでいたとされる。その姿は紀元後、ローマ帝国によるイベリアの属州統治下で顕在化し、ラテン的世界の中に統合されつつも、ユダヤ人としての自己認識は確立していった。

しかしやがて、ゲルマン民族である西ゴート族の支配がはじまると、ユダヤ人に対する抑圧的政策が強化されていき、キリスト教徒との通婚や奴隷を所有することなどが禁じられ、さらに七世紀にはいるとキリスト教への強制的な改宗も命じられた。ユダヤ人たちは、この抑圧からの解放者として、新しく東方世界に勃興したイスラーム勢力に期待を募らせるようになる。

そしてついに七一一年、イスラーム教徒は半島に侵入、北西部の山岳地帯をのぞく広大な半島の領域――その後アンダルスと呼ばれるようになる――が瞬く間に制圧された。軍事的には過激であったにもかかわらず、イスラーム勢力は原則として異宗教を暴力的に排除することはなかったから、その後七世紀以上に及ぶユダヤ教・キリスト教・イスラーム教という三大宗教を奉ずる人々がひとつの空間に「共生」する、特異な歴史が生みだされる。

昨今、「世界貿易センタービル倒壊」以降の、三つの宗教が全面的に敵対し渾沌とする世界状況の対蹠点にあるものとして、中世期スペインの三文化共存の状況をひとつの理想郷として語る傾向が見受けられる。だがムスリムの支配のはじまりは、一方では半島北方に駆逐されたキリスト教徒たちの失地回復の企図たる再征服《レコンキスタ》運動の端緒でもあり、三つの文化の関係には、歴史の局面に応じ、美辞麗句におさまることのない多様なかたちがあった。

トレドのトランシト教会　14世紀にイスラーム教徒の職人に依頼して建てられたシナゴーグ

とはいえしかし、アンダルス世界の主役として、しばしイスラーム教徒が君臨したことが、共生の在り方を規定したことは強調されるべきである。イスラームの法理論において、キリスト教徒とユダヤ人は、イスラーム教徒に対しては劣った存在とされるものの、アブラハムの一神教を奉じ、聖書を持つ「啓典の民」として庇護されるべき存在である「ズィンミー」と規定された。両教徒は人頭税《ジズヤ》を納める義務を負ったが、ズィンミーの身体・財産は保護され、職業の選択や移動・居住の自由、さらには固有の宗教実践を維持することをも認められていた。この庇護《ズィンマ》の思想が、三つの宗教・文化の共生の背景となる基調音を提供していた。

## アンダルスのイスラームとユダヤ

アンダルスは、ウマイヤ朝の属州としてその歴史をスタートさせたが、アッバース朝によるクーデタによってウマイヤ朝が打倒されると、その系譜を継ぐアブド・アッラフマーンが迎え入れられ、彼を王とする「後ウマイヤ朝」がコルドバを首都として成立する。七五六年のことである。九一二年になると、アブド・アッラフマーン三世が即位し、やがて「カリフ」を僭称《せんしょう》、コルドバのカリフ国は西地中海世界の中心として、政治的・文化的に君臨することになった。

舗装された道路や灌漑《かんがい》水路が貫き、何百もの浴場、何千ものモスクを有する首都コルドバは、また最先端の文化センターでもあって、四〇万巻もの蔵書を誇るカリフの図書館がそれを象徴していた。この地は、そこに栄えた豊饒な文化によって「世界の宝飾」と謳われたが(メノカル)、それを象徴する空間がまた、アブド・アッラフマーン三世がコルドバ郊外に建造した王宮都市マディーナ・アッザフラーであった。今から一五年前、この故宮を訪問する機会を持った。それは「考古学遺跡」でしかなくなってしまった王宮の残骸ではあった。しかし目を凝らすと、美しい線を描き出す柱やアーチの陰に、緻密かつ繊細に編み上げられたモザイクの断片がほのかに輝いて浮かび上がり、この地に展開した知性の質の高さを語っていた。

イスラーム体制下、「二級」の存在と見なされていたキリスト教徒に比し、西ゴート支配の抑圧から自由になったユダヤ人は、庇護《ズインマ》を与えられて、解放感をおおいに享受した。この時期、半島では、東方世界、すなわちアッバース朝の中心バグダードから流入したさまざまな文化財、たとえば『聖書』や『タルムード』をめぐる知識、哲学・科学思想などがアンダルスの宮廷に蓄積されていったが、それを吸収する触媒となったのが、ユダヤ人を中心とする知識人であった。

マディーナ・アッザフラーの遺跡　コルドバ郊外に10世紀に建造されたイスラームの王宮都市。著者撮影

共生が最も実りあるかたちで現れ、ユダヤ人の知性が輝いていたのが「翻訳」の領域である。とりわけ一〇八五年、カスティーリャのアルフォンソ八世の手に落ちたトレドは、あたかも翻訳センターの様相を呈していったと言われている。アラビア語に翻訳されてこの町に蓄積されていた古典古代の叡知を求めて、ヨーロッパの各地から知識人が参集していた。アリストテレスの論理学、ユークリッドの幾何学などが、アラビア語からラテン語

にどんどん翻訳されていく。

翻訳は以下のようなプロセスでおこなわれたとされる。中心軸になるのは語学の才溢れるユダヤ人である。彼らがアラビア語文献を土地の言葉、すなわちカスティーリャ語に翻訳し、それを声高に読みあげる、するとその口語版をキリスト教徒がラテン語に翻訳する……。こうした手の込んだ変換プロセスを経て生産された翻訳書によって、それまで古典古代の叡知に飢えていたヨーロッパの知識欲はようやく癒され、一二世紀ルネサンスと呼ばれる知的運動へと結びついていった。そしてこうした翻訳を核とする知的活動は、再征服運動が強度を増した一三世紀になってもけっして止むことはなかったのである。とりわけ「賢王《エル・サビオ》」というニックネームを冠されたアルフォンソ一〇世の都セビーリャでは、ユダヤ人をはじめとする知識人による熱心な翻訳活動が維持されていく。

## 再征服運動の激化

アブド・アッラフマーン三世の歿後、後ウマイヤ朝は、宰相として支配権を揮ったマンスールのもと最後の光輝に包まれるが、その死後、コルドバのカリフ国は滅亡、各地方に独立した大守《ターイファ》が割拠する時代を迎える。一一世紀は、それまで北方に押し込められていたキリスト教徒たちが、活力を取り戻しつつ南進をはじめる時代でもあり、イベリア半島中北部を支配するカスティーリャ＝レオン王国、そして半島東部から地中海世界へと勢力拡大をはかるアラゴン王国がとりわけ存在感を顕著なものにしつつあった。こうして、アンダルスに割拠するイスラーム勢力と、南へと動き出したキリスト教王国との間に、いよいよ再征服運動《レコンキスタ》の境域が生成する。またアフリカから、ムラービト朝、ムワッヒド朝という急進的なイスラーム教徒が侵入すると、北アフリカからアンダルスの広大な地域に彼らの支配権が及び、この状況は一三世紀の前半まで続く。

北アフリカから到来した王朝は、ともに非常に強い聖戦意識に支えられ、また原理主義的傾向を顕著に有していたから、それに呼応して、彼らと対峙するキリスト教徒のレコンキス

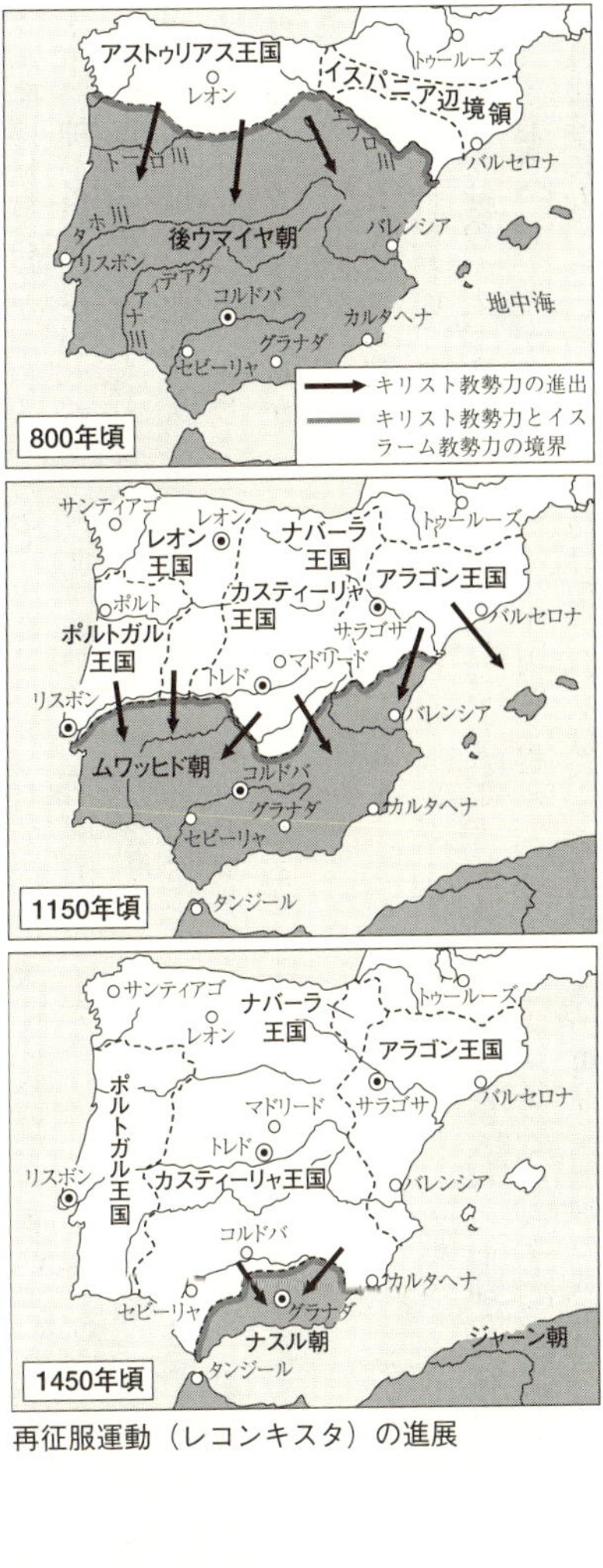

再征服運動（レコンキスタ）の進展

タの動態にも変化が現れる。時あたかもヨーロッパでは、異教徒からの聖地奪回をめざす十字軍精神が露骨になっており、再征服運動にもこの戦闘的なイデオロギーが注入された。この十字軍イデオロギーの究竟《くっきょう》ともいうべき瞬間が現出したのが一二一二年であった。この年、ハエン地方の北部ラス・ナバス・デ・トローサにおいて、中世教皇権力絶頂の象徴インノケンティウス三世、そしてアラゴン、ナバーラ、ポルトガルなどに支援されたカスティーリャ王アルフォンソ八世が、ムワッヒドの軍勢を敗北させ、多くのイスラーム教徒を殺戮した。

このレコンキスタの興隆期に、戦闘的なエネルギーを備給していたのが、聖ヤコブ《サンティアゴ》信仰であった。九世紀初頭、スペイン北西部のサンティアゴ・デ・コンポステーラの地で、キリストの一二使徒の一人、聖ヤコブの墓が発見されたことによって、この聖人への信仰が急速に人々を惹きつけ、やがて信仰はピレネー山脈を越えて、ヨーロッパの多くの人々を巡礼へと誘《いざな》うようになっていった。とりわけ聖ヤコブは、一一世紀以降の再征服運動の戦場において、キリスト教徒たちの守護聖人と見做されるようになっていく。兵士たちは「サンティアゴ」を鬨の声としてムスリムたちに突進し、また聖ヤコブは、キリスト教徒たちが苦境に陥ると、白馬に跨り、天から降りてきて、彼らを窮状から救い出してくれるとも信じられていた。「サンティアゴ」の名はカハマルカでも叫ばれたのであり、白馬の聖ヤコブはアンデスの世界においてその後も跳梁するだろう。

ラス・ナバス・デ・トローサの出来事は、キリスト教徒とイスラーム教徒との間に保たれてきた力のバランスを決定的に変化させるものであり、再征服運動はさらなる強度を得る。すなわちカスティーリャ王国は、一二三六年にはコルドバ、そして一二四八年にはセビーリャを陥落させ、アンダルスの支配権の帰趨を決した。これ以降イスラーム教徒がかろうじて確保することができたのは、このカスティーリャの攻勢に際して、軍事的援助を提供した見返りとしてナスル朝が支配することを認められたグラナダ王国を残すのみとなる。

こうして見てくると、八世紀のイスラーム教徒侵出を契機に現出した三つの異なった宗教文化の共生状態は、再征服運動の前線の形成とともに中絶したかの印象を与えるかもしれない。たしかに再征服運動の高潮は、自文化の優越性を絶対化し、宗教的な他者を認めようとしない狭量なキリスト教的イデオロギーを強化したことであろう。しかしそれは、異文化に属する人々を排除する力学を直ちには作動させない。日常的な生活の領域において、異なった宗教文化に属する集団の共生状態を調整するため、さまざまな努力がなされていた。たとえばそれを、一三世紀に編纂された法典に認めることができる。

## 共に生きる人々

### 『七部法典』

知的領域での「共生」関係はよく理解できるとしても、民衆が生活する日常的世界での事情はどうだったか？　再征服運動《レコンキスタ》の進展の結果、キリスト教世界に包摂されたユダヤ人・ムスリムのおかれた状況を伝える興味深い史料が『七部法典』である。これはカスティーリャ王国の法的な統一をめざす「賢王」アルフォンソ一〇世が一三世紀半ばに編纂させたものだが、同法典第七部には「刑法」がおさめられており、そこには「ユダヤ人について」、「イスラーム教徒について」という条項があって、再征服運動のさなかに異教徒がいかに処遇されたかが丁寧に論じられている。

まずユダヤ人については『七部法典』第二四条において規定されているが、そこではまず彼らが「モーセの律法」に固執する戒律を守る存在であると定義される。そしてユダヤ人は、かつて神の民としての栄誉が与えられていたものの、イエス・キリストを辱《はずかし》め、死に追いやったがゆえにすべての名誉と特権を失い、王を持つことも禁じられ、虜囚の状態を強いられた民となってしまった。それゆえ彼らには、キリスト教徒に対して支配的な立場や職に就くことは禁じられるが、キリスト教徒の宗教生活を乱すことなく、静穏である限りにおいて、キリスト教社会でひき続き生活することが認められた。しかしながら、キリスト教徒をおのれの宗教に引きこもうという行動に出た場合には「死罪」と「全財産没収」という厳罰が提示されていたし、またユダヤ教に改宗したキリスト教徒は処刑されるとも規定されていた。共生下における他宗教への寛容は、あくまでも三宗教それぞれがもつ、自己の絶対的優越性についての認識を大前提としていた。それゆえ最も嫌悪されたのは、信徒が他宗教の領域に脱逸してしまうことであった。

実際、現実世界では、異宗教の間を棄教・背教しながら往還するという現象が、再征服運動が厳密な宗教戦争としての様相を呈するようになって以降も頻繁に見られた。たとえばムスリムとキリスト教徒の武力的対峙の場となっていた「前線」では、キリスト教徒軍の有する軍事技術における優位性を吸収しようとするアンダルスのイスラーム勢力が、戦時の論功行賞などに不平を抱く異教徒兵士を積極的に取り込んでいた。その結果、多くのキリスト教徒戦士たちは、イスラーム側の提示する褒美に誘われて、軽々と異文化のフロンティアを越境していったのだった。イベリア中世史の碩学《せきがく》バーンズによれば、この時期、イスラーム教⇅キリスト教⇅ユダヤ教という各宗教の間を改宗を通じて行き来することもあり得た。

こうした事情があったからこそ、『七部法典』はキリスト教徒とユダヤ人との接触については厳しい制限を加えている。すなわち、キリスト教徒に対しては、ユダヤ人と共食することや、一緒に入浴することは禁じられ、またユダヤ人が製造した葡萄《ぶどう》酒、彼らが調整した薬や瀉下剤を摂取することも禁じられていた。ユダヤ人男性がキリスト教徒女性と性的な関係を持つことも死罪に相当すると定められていた。キリスト教徒の女性は「神の花嫁」であると認識されていたからである。

さらに法典は、それ以降のユダヤ人の歴史を考える上で見過ごすことのできない事柄に言及している。「我々が仄聞するに、ユダヤ人はある場所で、我らが救い主イエス・キリスト様の受難を想起する聖金曜日にそれを侮辱すべく、子供を掠《さら》ってきて十字架に括りつける。もしも子供が入手できない時には蠟人形を拵えて磔刑《たっけい》に処するという」とあり、もしも王国内でかかる行為が発覚した場合は、関係者は王の面前にて取り調べを受け、極刑が適用され

ユダヤ人のバッジ　ユダヤ人はそのしるしとして胸につけることを強いられた

るという内容であった。この「幼児の模擬的磔刑」こそが、その二世紀の後、イベリア半島からのユダヤ人放逐令発布の引き金のひとつとなったともされるいわゆる「儀礼殺人」と呼ばれるものであり、キリスト教徒側が捏造したユダヤ人をめぐる代表的な表象であった。

　このようにユダヤ人が王国内に存在することについての「不快」さを示す筆致で書かれる『七部法典』ではあったが、その一方で、彼らがユダヤ人としてあり続けることを「我慢」する度量を、まだキリスト教社会が維持していたこともうかがえる。たとえばユダヤ教信仰の拠点であるシナゴーグの存在についても、新たに築造することは禁じられるものの、「神の名」が讃えられる空間であるがゆえに、現存するものは保護され、キリスト教徒にはそれを毀損《きそん》することが禁じられた。また後世、ユダヤ人迫害の根本因のひとつとなる「安息日」についても、「土曜日は彼らが礼拝をする日であるがゆえに、彼らを法廷に召喚したり、連行してはならない」と、ユダヤ人が安らかに過ごすことが許されていた。儀礼殺人を王の御前にて裁くとした規定も、ユダヤ人が故無く、風聞などによって迫害されることを阻止するためであったと考えられている。

第二五条では、イスラーム教徒について扱われる。イスラーム教徒の宗教は愚劣であると決めつけられる。しかし法の基本精神は、ユダヤ人に対してと同質であり、キリスト教社会に害悪をもたらさぬ限りは、その生活の安全は保障され、彼らの財産などをキリスト教徒が侵害することは厳罰をもって禁じられていた。そして両教徒に対する適切な講話といたわりの言葉による改宗こそが、強制や暴力を嫌う神の御心にかなうものとして推奨されている。先に見たようにイスラーム教徒のズィンマの伝統を、キリスト教諸王も継承していたと言えるのかもしれない。

劣った存在と見なされるものの、害悪が及ばない物理的・精神的距離を確保しつつ、他者の生存を保障すること。自宗教への改宗が究極の目的であったとしても、相手の知的能力への信頼を基礎におく「対話」をもってすること。『七部法典』に示されたこの異教徒への距離感が「三文化共生」の基調であった。そこに必ずしも現実世界が反映されていたかはわからないものの、「矛盾」に耐え、非決定の状態を甘んじて受け容れることのできる精神を「寛容」と呼びうるのならば、実利と実務の世界を司ろうとするこの一三世紀の法書には、それが伏在していた。

## 布教と改宗

『七部法典』に示された緊張感ある共生の精神が、異教徒同士が対峙しあう現実的世界で発揮されたのが、「布教・改宗」という局面であった。イベリア中世期、布教の前線にあったのは、フランシスコ会とドミニコ会のような修道会であったが、これらは、数世紀後には「新世界」におけるインディオ布教の中核にも据えられることになる。ここでは、特に一六世紀以降、アンデス世界において、インディオへの布教の機動力となるドミニコ会について見てみよう。

千年王国主義に衝き動かされ、熱狂的に布教を展開したフランシスコ会士に対し、より知性的・理知的に異教徒との対話を試みていたのがドミニコ会士であったとされる。彼らの知力の背景には、当時ヨーロッパで隆盛しつつあった大学における高度な教育があった。彼らはそこで鍛錬した論理の力を武器に、異教徒に対して言葉での戦いを挑み、とりわけイスラームの知的指導者を説得していった。その代表ともいえるドミニコ会士にラモン・デ・ペニャフォルトがいる。

彼は偉大なる法家として、会の総長まで務めたのだが、イスラーム教徒やユダヤ人への福音伝道に献身すべく敢えてその職を辞し、対話の現場に向かっていく。「甘美にして理路の通った言説」を媒介として異教徒を惹きつけた彼に、イスラーム教徒たちはいわば「唯一の避難所」としてすがっていったという。また彼が布教に携わる者たちに示した方針は、公的な場での論争を控えて「殉教」を回避し、むしろ習慣や衣服を取り入れて、現地の社会に同化することを要請するものであった。

ドミニコ会の布教方法の特徴として、他者の言語の習得という点もあげられる。すなわち異教徒と高度な神学的対話を実現するために、修道士たちの語学校を整備していった。バレンシア地方をセンターとする同会の学校運営を考察したバーンズによると、一三世紀の末までに、学校はバレンシアをはじめ、バルセロナ、ハティバ、そしてムルシアに創設されていた。アラビア語の学校で二〜三年にわたって学び、修了時には辻説法をおこなう資格を認める免状が授与されたという。

この対話を礎におくドミニコ会士による布教の実際については、ムルシアで彼らと接触したあるムスリムの談からよく理解される。彼は教会で学ぶ聖職者の集団と遭遇する。彼らは「信仰に生き、研究に専念していると称する人々で、とりわけイスラーム学の研究と、それらを彼らの言語に翻訳することに没入していた。……彼らの目的は、ムスリムとの論争を通じて、弱き者を彼らの側に引きこむことであった」。彼は、そこでマラケシュ出身のある修道士を知る。弁舌巧みにして該博な知識を持ち、静やかに語るこの修道士は、アラビア語を完璧にものにしていたのみならず、コーランや文学にも通暁していた。自制の能力があり、闊達な精神に満ちたこの修道士との対話の印象を、このムスリムは感慨深く想起している。イベリア中世史に生まれた寛容の文化は、この修道士の精神と思考の中に確実に宿っていた。

## 共生の終焉

### コンベルソ問題と血統の思想

しかしながら一四世紀の末、本章冒頭で見たセビーリャのポグロムを契機として、異文化との関わり方は「対話」から「強制力」の行使へと重心を移していった。結果としてユダヤ人・イスラーム教徒問題は、根本的に変質する。最大の変化は「コンベルソ問題」が生じたことである。ポグロムの蛮行がもたらす脅威に晒《さら》され、多くのユダヤ人がキリスト教に改宗し、「コンベルソ」と呼ばれるようになる。このことは結果としてユダヤ人社会に、大きな亀裂をもたらした。同時代の史料的断片からも、そのありさまはよく理解される。一四四三年、アラゴン地方に住むあるユダヤの未亡人は、遺言書を通じて「二人のキリスト教徒の息子、三人のキリスト教徒の娘、そして二人のユダヤ教徒の娘」に彼女の財産を遺している。ポスト・ポグロムの時代、夫婦、そして兄弟たちは、二つの宗教によって、その絆を切断された。

だがその一方、「新キリスト教徒」とも呼ばれるようになったコンベルソたちは、宗旨替えによってもたらされた新しい可能性を貪欲に開発していく。ポグロムが発生した頃、問題となっていたのはユダヤ人の「宗教」であり「血」ではなかった。それゆえ、彼らは父祖の教えを捨てたことによって、逆説的にも、キリスト教徒と等しい社会的権利を手に入れることができたのだ。『七部法典』において、キリスト教徒に対して支配的な立場にあることを禁じられていたユダヤ人は、キリスト教徒となったいまや、国家・都市、そして教会などのさまざまな公職に進出していく。豊かな財源をもつコンベルソたちは、都市参事会の役職を購入しつつ行政権を掌握していったし、またカトリック教会においても、出世の階梯をのぼっていった。最も著名なケースはユダヤ名をサロモン・ハレヴィという人物であろう。

代々、ブルゴスの徴税請負を生業とする家庭に生まれた彼は、若くして同地方の首席ラビ（ユダヤ教の聖職者）となり、カスティーリャのユダヤ人代表とでもいうべき地位を確立するが、その後キリスト教に改宗する。パブロ・デ・サンタ・マリアというキリスト教の洗礼名を得た彼は、教会のヒエラルキーを上昇していき、ついにはブルゴス司教、そして教皇特使にまで成り上がる。さらに金融、医療の分野での改宗ユダヤ人の活躍も目覚ましく、彼らは婚姻を通じて貴族層の中にも溶融していった。だが容易に想像されるように、コンベルソの急激な社会上昇は、彼らのせいで政治的・経済的な機会を不正に奪われていると感じる旧キリスト教徒（先祖代々、キリスト教徒であることを自負する人々）の怨恨《ルサンチマン》を惹起するようになっていった。

## 血の純潔という観念

旧キリスト教徒の忿怨は、一四四九年、都市トレドにおいて噴出した。当時のカスティーリャ王フアン二世の寵臣アルバロ・デ・ルナがトレドに入城し、戦費調達のための臨時税の徴収を要請すると、トレドの住民は強く反発する。税徴収の背景には、トレドの裕福なコンベルソ商人が策動していると信じた民衆は、商人を襲撃し、その財産を奪い、コンベルソ富民の居住地区で掠奪をほしいままにした。

この暴動の渾沌のただ中で、トレドの旧キリスト教徒指導層は、その後のスペイン帝国を特徴づける政治的イデオロギーの萌芽ともいうべき「法」を設けた。『判決法規』と呼ばれるそれは、ユダヤ人問題が「宗教」から「血統」へと変質したことを告げるものであった。すなわち『法規』では、コンベルソの改宗の真実性が疑われ、また彼らの社会進出が、旧キリスト教徒の社会を転覆させる陰謀の一環と認識されていた。さらには、コンベルソ＝ユダヤ人＝反社会的存在という単純化された図式のもと、トレドの管轄域内のすべての公職から、コンベルソを排除することが規定されていた。ひとつの法として胚胎したこの考え方こそ、一六世紀以降のスペイン帝国を通底する「血の純潔」という観念である。

一五世紀半ば、トレドにひとつの端緒をえた異文化排除の思想は、少しずつイベリア半島を覆っていく。それは次章に見るように「異端審問」という、民衆の心性を支配する国家的装置を誕生させ、またムスリムやユダヤ人のみならず、新世界の先住民たちをも巻き込むイデオロギーへと化していった。

# 第四章　排除の思想　異端審問と帝国

## スペイン国家の誕生

### フダイサンテ

異端審問。帝国スペインを彩る「黄金世紀」、「陽の沈まぬ国」といった華やかな社会像の陰影の部分に、負のイメージを産出する源のひとつとなっていたのが異端審問であった。スペインの政治的・経済的な光輝を妬《ねた》む西欧諸国は「黒い伝説」というものを捏《こ》ねあげ、攻撃をしていたことが知られているが、スペインの低劣な国家的個性を象徴するものとして、この伝説の材料にされたのが、インディアスの人と大地に向けられた破壊行為であり、そして、無慈悲な宗教的冷酷さを体現するものとしての異端審問であった。多様な文化的要素が融けあい、世界の宝飾とも謳《うた》われたスペインの中世的世界は、近世以降の帝国的発展の過程で、実際にどのようになっていったのか？　近世スペイン国家が生まれるのとほぼ時を同じくして起動するこのシステムの歴史を通じて、一六世紀スペイン社会の諸相を見てみたい。

一五世紀半ば、「血の純潔」の観念に基づく排除規定が生まれてしばらくは、半島において異教徒をめぐる問題はしばしば沈静化するが、ユダヤの血統に対する民衆的な憎悪は発酵の度合いを強めていた。

　そしてこの時期、ある執拗さを帯びてもちいられるようになるのが、フダイサンテ＝隠れユダヤ教徒という言葉であった。すなわち、教会関係者や民衆は、コンベルソ（キリスト教に改宗したユダヤ人）たちが秘かにユダヤ教の悪習に回帰しているという疑惑の目を向けはじめていたのだ。旧キリスト教徒たちは、何食わぬ顔をしてキリスト教徒のように振る舞うコンベルソからユダヤ的なものを嗅ぎ取ろうとした。たとえば、当時の年代記作者ベルナルデスは、ユダヤ人の「臭い《におい》」について次のように綴る。すなわち彼らは玉葱や大蒜《にんにく》を料理し、また肉を忌避するがゆえに、豚油ではなく植物油で調理し食べる。だから彼らの息はひどく臭うし、家や門からも悪臭が放たれている。コンベルソもユダヤ教の慣習から離れないから、やはり同じような臭いがする……。ユダヤ教の食事規定《カシュルート》は厳密なもので、鱗《うろこ》とひれのある魚は食することができたが、甲殻類やイカ、タコなどは不浄とされていたり、動物では、牛や羊、鶏など、蹄《ひづめ》が分かれていて反芻《はんすう》する動物は清浄とされたものの、豚は不浄にして食べることができなかった。

　このようにして、強い偏向がかかったユダヤ表象が増産されていく。連中は皆、悪知恵をはたらかせながら喜々として蓄財に励み、けっして額に汗して土くれを耕したりはしない、彼らはイスラエルの末裔であるがゆえに、世界で最も優れた利発な民であるなどと傲慢にも自惚《うぬぼ》れている……。そしてこのような反ユダヤ主義の沸騰の結果が、制度としての異端審問であった。

## エンリケ王とユダヤ人

異端審問誕生の背景には、一五世紀後半のスペインにおける国制史上のラディカルな変動があった。同世紀初頭に即位したファン二世の頃から、有力貴族が王権に揺さぶりをかけはじめていたが、世紀中葉、その息子のエンリケ四世が即位すると、反発した貴族は王位継承者としてエンリケの異母妹イサベルを支持、一方別の派閥はエンリケの娘ファナを推挙した。両派の対立抗争によってイベリア半島には内乱状況が生まれる。

エンリケ四世には「不能王」という芳しくないあだ名がつけられている。内乱の後即位したものの、脆弱な正統性しか確保しえなかったイサベル陣営の記録者《クロニスタ》たちが、前王権を腐し、その非正統性を言い立てるために、エンリケ四世の不名誉な称号を捏造したと考えられている。さらに、王の性的な偏向が問題にもされており、王は「邪悪な罪」すなわち男色《ソドミア》という行為に耽《ふけ》っていると主張する人もいた。それゆえ、その王位継承者である娘は、彼の子供ではない、のだとも。興味深いのは、男色云々といったことがらの真偽ではなく、こうした性的なイメージが、エンリケ王の「宗教的マイノリティ」との親和性に結びつけられていた点である。

ある者はエンリケを「イスラーム文化愛好者」であると揶揄《やゆ》した。エンリケ四世は、歩き方や食事の際の所作の点でイスラーム風であったと囁《ささや》かれた。王の批判者たちはまた、エンリケのユダヤ人やコンベルソに向けた「甘い顔」をも攻撃する。実際彼は、御典医や法官として、あるいは徴税請負人としてもユダヤ人を重用していた。とはいえ、宮廷周辺のこうした重職にユダヤ系の人々を配することは、けっしてエンリケ四世の独創ではなく、それ以前の王も、いや、ユダヤ人を国土から追放する令を発したカトリック両王の周辺ですら普通に見られた現象であった。

エンリケのコンベルソ贔屓《びいき》の例として挙げられるのが、ディエゴ・アリアス・ダビラである。この元ユダヤ教徒は、行商人という貧しい出自から成り上がり、王室の収入徴取人として過酷な取り立てをして蓄財に励んだ。彼は、宮廷にはいるや出世の階梯を駆け上がり、王室会計官、そして王室顧問会議のメンバーとして、エンリケ四世から最も厚い信頼をおかれるにいたる。当時カスティーリャ随一といわれたディエゴの富と名声は、しかしながら、民衆の怨嗟《えんさ》の的であって、俗謡では「お大尽の男色家」と歌われて侮蔑され、民の血を吸う人物として憎悪されていた。このダビラ家の人々とは、また別のところで、再び出会うだろう。

エンリケとコンベルソとの関係において確かなことは、エンリケの宮廷には、異宗教に属する人々との宥和的共生を求める空気が認められたことだ。宮廷において強い影響力を持っていた人物に、アロンソ・デ・オロペサというヘロニモ会修道士がいた。彼は、寛容の精神をもって異教徒を諄々《じゅんじゅん》とキリスト教に改宗させる必要性を説いていた。またコンベルソを公職から排除するような傾向を否定するとともに、根拠のないコンベルソに対する中傷を批判した。新旧キリスト教徒は一体でなければならない、とオロペサ師は思考していた。

この宮廷の雰囲気を伝えるのが、ある興味深いエピソードだ。ある時、コンベルソを攻撃する熱狂的なフランシスコ会士が、王の面前にて「自分は割礼を受けたコンベルソの少年たちの『証拠品』を一〇〇以上も所有している」と豪語してみせたことがあった。修道士はキリスト教に改宗したユダヤ人たちが、依然として割礼というユダヤ教の秘儀に固執していることを強弁しようとしたのだ。これに対しエンリケ四世は不快感を示し、ならば実際に見せてみよ、と修道士に迫った。結局この反ユダヤ主義者は物的証拠を提示することはできず、逆に王は、オロペサ師に命じ、無根拠なデマに基づくコンベルソに対する攻撃を窘《たしな》める説教をさせたという。

エンリケ自身も、彼独自の異端審問制度を構想していたと言われるが、その周辺には、このように、中世期を特徴づける、共生を持続させようとする心性が流れていた。しかしながら、一五世紀後半の時代状況は、こうした態度のありかたを、不能者＝非・男性的存在＝宗教的弱者、という負の価値をもつ円環をつくりながら、そこに閉塞させていった。

## アビラの笑劇

王権の失墜が決定的になり、この「負の円環」があらわになったのが、内乱の最中の一四六五年、スペイン中部アビラで起きた出来事であった。これは後世、「アビラの笑劇《ファルサ》」と呼ばれる奇妙なパフォーマンスである。笑劇と呼ばれる所以《ゆえん》は、エンリケが存命中であるにもかかわらず、わざわざ王の似姿が作られ、それを主人公とする葬送儀礼、そして新王即位の儀が営まれたからであった。アビラの市壁外部に設えられた舞台には、王の木製の似姿が玉座に据えられている。それには冠、笏《しゃく》、そして剣など、王権の象徴が装着されていた。まもなく反国王派の大貴族が王の罪状を読み上げ、「王徴」がひとつずつ剝《は》がされていく。そして最後に、似姿は舞台から蹴落とされ、その後、新王アルフォンソが呼び出され、即位させられた。

現国王エンリケはこの時、アビラからさほど遠からぬサラマンカにて時を過ごしていたから、件の出来事はまさに茶番だったが、しかし私たちも似たような風景を同時代のアンデス社会で見てきた。インカ王の「似姿」には王の髪の毛や爪が付けられてその代理表象として戦場に姿を現し、あるいは遺骸《マルキ》は生者と神を媒介するものとして王都クスコを跋扈《ばっこ》していたではなかったか。新・旧両世界をまたいで、王権をめぐる思考がつながる点は興味深い。

しかし笑劇には「性」をめぐる要素と、それがもつ政治性がからみついている。エンリケの像が舞台から蹴落とされる時、貴族たちは王の男色性を揶揄しつつ「土でも喰らえ」という罵詈雑言を浴びせかけていた。またフェミニズム史家のワイスバーガーは、王の似姿からの笏や剣の剝奪は、去勢によって王を「女性化」する象徴的行為であるとする興味深い解釈を提示している。いずれにせよ、「男性」性を剝奪され、矮小化されたエンリケと対比をなしつつ屹立するのは、逆説的にも「王女」イサベルであった。

## イサベルとフェルナンド

笑劇のあと王となるはずであったアルフォンソは急逝した。しかしイサベル派は、反対派を掣肘《せいちゅう》する後ろ盾を求めて、王女とアラゴン連合王国の王子フェルナンドとの婚姻を画策し、それは一四六九年に実現する。スペイン史家関哲行が指摘するように、この結婚は内乱が頻発し不安定なカスティーリャ王国と、当時深刻な経済的危機の状況下にあったアラゴン連合王国双方の安定にとって転換点を画すものであり、また一四世紀後半以降に進められてきた王権強化政策のひとつの到達点であった。七四年エンリケ王が死ぬと、イサベルはセゴビアにおいて、ただちに国王として即位する。

興味深いのは、この即位の儀礼が、アビラの笑劇と鮮やかな対比をなしている点である。即位したイサベルはセゴビアの城内を練り歩いたが、その際、衆人が注視したのは行列の先頭に掲げられた「抜き身の剣」の存在であった。アビラの笑劇でも示されていたように剣はすぐれて「男性的」なシンボルであり、詰めかけた人々のなかには「本来は夫君が掲げるべきものを、妻たる身でおこなうとは心得違いでは」といぶかしがる向きもあったという。いずれにせよ、カスティーリャ女王となったイサベルを描き出す年代記作者たちの筆致は、彼女の「雄々しさ」を強調することにより、エンリケ四世の治世が損なってしまった王国の「男性」性を回復させようとしていたとも論じられている。

汚名を着せられた先王エンリケとの対比という点で興味深いのは、一四九七年八月にメディナ・デル・カンポにおいて両王が発した「おぞましき罪」である「男色行為」を処断する王令である。「自然に反する」忌むべき行為でありながら、寛容な罰しか与えられていない現状を憂える両王は、今後このおぞましき罪に耽る者は、焔の中で焼かれなければならない、と命じている。火刑とはまさしく、後に見るように、隠れユダヤ教徒に対して適用された極刑であった。男色者とユダヤ人といった反社会的存在を、地上から焼き清められるべき罪の地平に追いやろうとする観念がそこにはあった。

しかし一方、長い間混乱の状況下におかれていたカスティーリャの民が、強力な安定王権を求めていたことも間違いなく、力強い女王のイメージは、フェルナンド王との共同統治を通じて彼女が実施した断固たる諸政策とともに、人々の期待に呼応するものだった。内乱に乗じてカスティーリャの王権をねらうポルトガルに対しては、それをトーロの戦いで破り、アルカソヴァス条約を通じて和平を結ぶ。この時カスティーリャは、カナリア諸島の領有を正式に認められたが、同諸島はその後、スペインのアメリカ大陸進出のための中継基地として、大きな重要性をもつ。

### 諸王国より成るスペイン

こうしてスペイン国家は誕生した。しかしカスティーリャ、アラゴン両国が中世より維持してきた国制や経済のシステムは改変されることはなかったから、スペイン国家といっても、異質な二つの国家システムが、その統領どうしの結合によって、緩やかにまとまったといった感があった。統合の特異性がうかがわれるのは、彼らが勅令に施した署名である。先に引用した「おぞましき罪」をめぐる王令の冒頭は、こうはじまる。「ドン・フェルナンドとドニャ・イサベル、神の恩寵により、カスティーリャ、レオン、アラゴン、シチリア、グラナダ、トレド、バレンシア、ガリシア、マリョルカ島、セビーリャ、セルデーニャ、コルドバ、コルシカ、ムルシア、ハエン、アルガルベス、アルヘシーラス、ジブラルタル、カナリア諸島の王、女王にして……」。このように、スペイン王権は、「王国」というカテゴリーのもとに位置づけられていた各地域を統合する存在という理解がなされていた。この称号の形式は、その後の王たちにも継承され、諸王国の緩やかな連合体としてのスペインという性格を規定し続けていく。しかしその一方でイサベルはカスティーリャの市町村に警察権力としてサンタ・エルマンダと呼ばれる組織を導入し、また各都市には、国王直属の官僚コレヒドールを常置し、「強力な王権」を領域内に浸透させていく。特にこのコレヒドール職は、後にアメリカに導入され、植民地後期の動乱の根本因になるのだが、それはもっと先のところで述べよう。

カトリック両王　カスティーリャ女王イサベルとアラゴン王フェルナンド。グラナダ王室礼拝堂蔵

だがカスティーリャ、アラゴンの力関係は平等ではなかった。中世後期は、商業帝国として地中海を制覇し、織維製品の輸出を通じておおいに潤っていたアラゴンであるが、ジェノヴァとの覇権闘争に敗れたこと

などにより、明らかに衰退の局面に入っていた。一方カスティーリャでは、独占的な牧羊組合メスタの統制の下、北アフリカから導入された新種のメリノ羊たちが、夏には北部、冬には南部へと牧草を求め、農民の嘆きを尻目に傍若無人に半島を縦断して肥え太った。羊毛生産はカスティーリャの基幹産業に成長し、その輸出を通じて北ヨーロッパの市場と密接に結びつき繁栄していた。

領域面積はカスティーリャが四倍、また人口は五倍もあり、国力という面でもアラゴンを圧倒していた。それゆえ、王国の統合後、二人の王の権限については、基本的には対等であるという原則が認められていたものの、たとえば、これからスペインに包摂されていく新世界アメリカの人と富に対する支配権はカスティーリャが独占するなど、二つの王国の領分ははっきりと差異化されていた。

しかしながら、両王の共同の業績として特筆すべきは、グラナダ王国に対する軍事攻撃と一四七八年に国制として導入された異端審問であった。当時グラナダは人口三〇万を擁する豊かなイスラーム王国であった。侵攻は異教徒に対する十字軍的な性格を有しており、重要な拠点マラガの侵攻に際しては、多くのイスラーム教徒が虐殺され、生き残った人々も、男女を問わず奴隷とされた。だが一方では、中世の対異教徒関係を規定した庇護《ズィンマ》の思想も依然として脈を打っていた。

一四九二年一月、両王がグラナダ市に無血で入城し、最後の王ボアブディル（ムハンマド十一世）からアルハンブラ宮殿の鍵を渡された時、グラナダ王国はその終焉を迎える。この

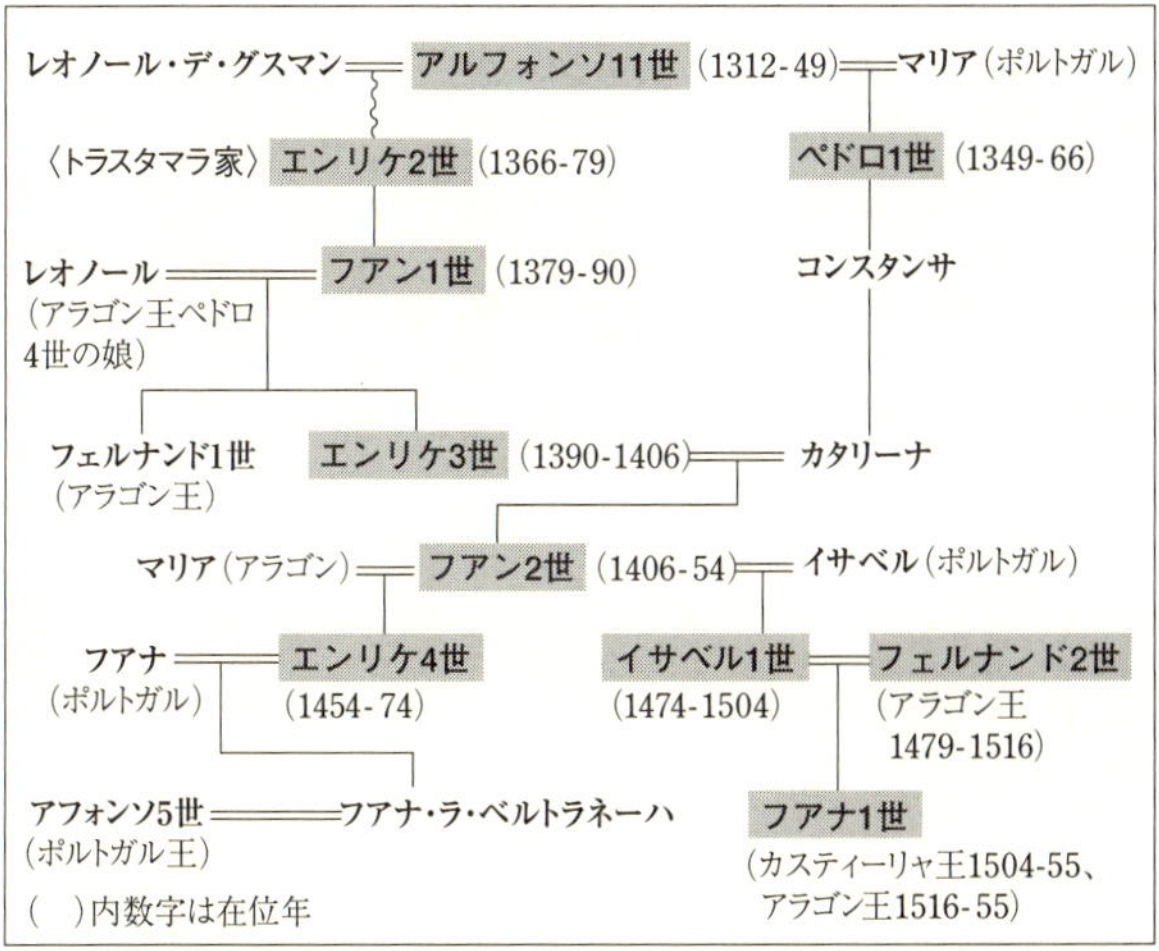


スペイン王家系図　立石博高編『スペイン・ポルトガル史』(山川出版社、2000年) をもとに作成

静かな降伏の前提は、両者の間で交わされた協定書であり、そこではイスラーム教徒が従来からの習慣、法、宗教を維持し、動産・不動産財産を保有することが認められ、アラビア語やアラビア風の衣裳の使用、イスラーム寺院の維持なども許されていた。十字軍精神と中世期の共生の精神とがいまだ混在している様子をかろうじてうかがえる。しかしやがてこの両義的バランスは、ある方向にはっきりと傾く。

　コンベルソ問題についても同様である。先に引いたオロペサ師のように、改宗者たちの宗教的誠実さに信をおき、弱きコンベルソを説得によって嚮導《きょうどう》することを責務と考える「対話派」の言葉が聞かれる一方では、新キリスト教徒の進出と成功を憎悪する民衆的怨恨《ルサンチマン》の潮流に乗り、信仰疑わしき者＝コンベルソの存在こそが、キリスト教社会の統合性を損なっている、ゆえに、彼らは排除されるべきだ、とする「浄化派」の人々がその勢いを増しつつあった。

浄化の炎がまずあがったのは、やはりアンダルシアであった。

## 排除の思想

### 異端審問の誕生

セビーリャ市を流れるグアダルキビル川は、新・旧両世界を結ぶ大動脈のいわば起点となる河川だが、その畔に「インキシシオン小路」と呼ばれる一区画があった。近所に住んでいた私は、しばしば通りかかったが、そこは湿った川の空気を湛えた、背の低い建物の連なりに囲まれた静かな空間であった。このあたりが、一四八〇年、スペインで最初に異端審問《インキシシオン》が活動を始めた場所であったということを知ったのも、迂闊《うかつ》なことにやはり帰国後、この時代のスペインの歴史を学びはじめてからだった。

カトリック両王は対コンベルソ強硬派の圧力のもと、一四七八年、ローマ教皇シクストゥス四世に、異端審問の設置を要請した。それを受けて同年一一月、セビーリャ管内において、審問・調査に従事する二〜三名の聖職者の任命権を両王に与えた教皇勅書が発布された。必要に応じて他地域にもそれを拡大することを認めたこの文書が、以降約三五〇年間にわたり、イベリア半島のみならず、世界各地のスペイン帝国領内に生きる人々の信仰と思想の在り方を監視し、裁きつづける機関の誕生を告げた。

一四八〇年、二名のドミニコ会士を審問官として活動を開始した異端審問は、ただちにセビーリャの隠れユダヤ教徒《フダイサンテ》の摘発にかかり、翌八一年には、ユダヤ教に回帰した六名のコンベルソに対する最初の処刑が執行された。異端審問とは、あくまでも、聖なるキリストの教えに抱かれたにもかかわらず、そこから意識的に逸脱した人々を訴追する機関であったから、ユダヤ教の世界にとどまった人々は、この時点においては審問の対象ではなかった点に留意すべきである。

セビーリャ市を流れるグアダルキビル　右に見える建物は「黄金の塔」と呼ばれる。著者撮影

訴追はたちまち本格化し、八一年春だけでも、一〇〇名もの命が奪われた。セビーリャにはじまった異端者糾問の規模は日々拡大していき、審問所はスペイン全土に満遍なく設立されるにいたる。異端審問は中世の時代、すでにアラゴンには存在していたが、これは教皇庁が組織する教皇主体の制度であった。しかし両王は、異端審問を国家的制度として確立すべく画策した。その結果、国事を扱う諮問会議のひとつとして「スプレーマ」と呼ばれる異端審問会議が設置され、それを主宰する最高長官に各地の異端審問官の任免権が与えられた。こうして異端審問の実質的な運

営権を掌中に収めた両王は、重要な政治的手段をも手にしたことになる。すでに見たように、両王が共同で統治したスペインとは、異質な法や慣習をもつ多様な地域の緩やかなまとまりに過ぎなかったから、斉一な法制と人員構成を伴ってカスティーリャ・アラゴン各地に創出されていった異端審問所は、全国土を均質に統制することができる数少ない国家的機関となった。

異端審問が訴追の対象としたのは、生者のみではない。他界した人々や別の土地へと逃げた者たちも、法規に則《のっと》って律義に裁かれ、有罪が確定すると遺骸は墓から暴かれ、あるいは不在者の「似姿」が焔の中に投じられた。たとえば先に挙げた、「成り上がりコンベルソ」ディエゴ・アリアス・ダビラの場合、その死後、彼およびその一家に異端審問の嫌疑がかけられた。ディエゴの子ペドロは、幼少時よりエンリケの宮廷に祗候《しこう》し、いくつもの軍事的な要職に就いた。ペドロは内乱の最中に落命するが、国王諮問会議のメンバーともなったその弟、セゴビア司教フアンは、女王の右腕的存在として彼女といつも行動をともにするまでになった。

しかしこのような王権と親密な関係にある者に対してすら、女王自らが導入した異端審問は容赦しない。一四八六年、セゴビア市に異端審問所が設置されると、ただちに一族が疑われた。ディエゴ夫妻が、キリスト教への改宗後に、暗々裏にユダヤ儀礼を実践していたという容疑であった。女王にも見放され、万策尽きた司教フアンは、ありたけの財宝を手に教皇に直訴する。彼は墓地から、両親の亡骸を掘り出して隠滅したのち、ローマに向かったのだという。葬儀がユダヤの教説に基づいておこなわれた痕跡を消し去るためだったと説明されている。ファンはローマに死すが、セゴビアに最初に印刷機を導入し、スペインにおける揺籃期本《インキユナブラ》の刊行を推進したという初期ルネサンス人であった司教は、その遺財のすべてを兄の子ペドラリアスに託す。このコンベルソの系譜に連なるペドラリアスこそ、後にアンデス社会の征服行《コンキスタ》の起点となる役割を果たすことになる。

異端審問誕生の背景に、コンベルソ問題があることは間違いないし、実際に一四八一年以降、たくさんの新キリスト教徒たちが処刑されたことからも、深刻な事態が生起していたことは確実なのだが、その内実については、現代の研究者たちの見解は必ずしも一致を見ていない。裁かれたコンベルソたちは、ほんとうにユダヤ教に回帰していたのか？　コンベルソとは、名のみのキリスト教徒であり、実際はユダヤの教え、信者と深い絆で結ばれていた、訴追された彼らはまさに殉教者であると論じる研究者がいる一方で、コンベルソ問題とは、幻想にすぎないと考える論者もいる。新キリスト教徒はまったき改宗を果たしており、「隠れユダヤ」とは、ユダヤ教に敵対する人々が捏造した虚像だと考える。異端審問は、無辜《むこ》の血を流したというのだ。

しかし近年主張されるようになってきたのは、民衆の宗教実践は、その純粋性によってクリアカットに区画できるものではなく、コンベルソたちのユダヤ教、そしてキリスト教との関わりにおいても、濃淡・強弱をともなったスペクトルがありえたという観点である。人々の宗教とのそうした多様な向き合い方を、「カトリック絶対」というイデオロギーによって裁断したものこそ異端審問所であったが、その様相をスペイン中・近世史を象徴する場のひとつであり、のちにアメリカ世界に深く刻まれるひとつの信仰の起源となる場において見てみよう。その場所とはエストレマドゥラ地方の山奥の村、グアダルーペである。

## グアダルーペの僧院

一度、エストレマドゥラ地方を旅したことがある。アンデスの征服を遂行した男たちの多くは、この貧しい地方に生まれ、富と栄光の幻を追って大西洋世界を雄飛した。とくに訪ねたかったのが、征服者の領袖ピサロの生地トゥルヒーリョだった。アンデスから莫大な富を持ち帰ったペルー成金たちの屋敷が壮麗に並び立っていた、といわれる往時の面影はすでになかったが、ピサロ一家の男たちに翻弄されながら、スペインにまで渡ることになったインカ王の孫娘の美しい横顔を彫り込んだ建物を見つけることもできた。この王女についても、のちに触れよう。

さてそのトゥルヒーリョから数十キロ先の山中に、グアダルーペの僧院がある。一六世紀前半、はるか遠くメキシコの大地、アステカの地母神を祀るテペヤックの丘で、インディオ、ディエゴの前に尊い姿を現し、その後のメキシコの人々の精神的シンボルとなるグアダルーペの聖母の、いわば出身地もここなのである。きついカーブばかりの道を猛スピードで走るバスの旅に酔い疲れて到着した町には、堅い石を積み重ねて建造された、それこそ要塞のような僧院が聳《そび》えていた。

中世から近世にかけてのイベリア半島において、聖母マリアへの信仰は、民衆的カトリックの核となっていたが、その中でも最も強い磁場をつくっていたのがこのグアダルーペの僧院であった。今日、僧院の大祭壇に安置された「黒い聖母像」は、奇蹟譚によると、もともとセビーリャにあったが、八世紀の前半、イスラーム軍が侵入してきた際、この地に運ばれ、洞穴に蔵匿《ぞうとく》されたのだという。それから数世紀の後、ちょうど再征服《レコンキスタ》運動の盛んなりし頃、ある迷い牛を探す牧夫の前に聖母マリアが出現し、聖母像が発見される。そしてこの像から数々の奇蹟が放射されると、たちまちこのマリアへの信仰は、スペイン全土に拡がった。

聖像の由来にもあるように、このマリアへの信仰は対イスラーム再征服運動と密接に結びついていた。奇蹟の中には、イスラームとの戦役で俘虜の身となったキリスト教徒の奇蹟的な救出譚や、イスラーム教徒のキリスト教への改宗譚などが含まれ、マリアの加護によって助け出されたキリスト教徒の元俘囚たちは、彼らの身に食い込んでいた鉄鎖の断片を、グアダルーペの聖母に奉献したともいわれる。その中にはレパント海戦で捕虜となった後に

現在のグアダルーペ修道院　黒い聖母像が祀られ、スペインの聖母信仰を象徴する。著者撮影

解放された、あの『ドン・キホーテ』の作者として知られるセルバンテスの姿もあったという。

## 聖母の町の異端審問

この聖母の町に一四八四年、異端審問官が到着し、新キリスト教徒に対する厳しい訴追が展開される。いったいなにが起きていたのか？　この僧院は当時、ヘロニモ会と呼ばれる修道会によって運営されていたが、一五世紀半ばの同会の最高実力者が先に見たアロンソ・デ・オロペサ師であったことからも理解されるように、この修道会はコンベルソに対して宥和的な姿勢を示していた。だがこの時代に強まるコンベルソ迫害の動きに、僧院も無縁ではありえなかった。

奇蹟の聖母像をもつグアダルーペの小さな町は、一五世紀、スペイン最大の巡礼地であり、一年を通じて、聖ヤコブの墓があるサンティアゴ・デ・コンポステーラよりも多くの参詣者を迎えていたともいわれる。巡礼者向けの宿屋業者、職人、呉服商などが急増する住民のなかには見られた。この町にはユダヤ教徒の居住は禁じられていたものの、住民の一〇パーセントをコンベルソがしめていた。以下で紹介するグアダルーペにおけるコンベルソとその迫害の実態を精査したスタールボの研究によると、異端審問の過程で明らかにされていく町の日常生活の様子などからも、多少の諍《いさか》いはあったものの、コンベルソが町の社会に十分に包摂されていたことがわかるという。

ところが一五世紀後半のカスティーリャの内乱の時代、保たれてきた両教徒の間のバランスに綻びが見えはじめる。経済的に成功を収めたコンベルソが、町の支配者でもあった修道院の一部権力者と癒着し、商業的な影響力を確保しようとした。町の中でも、僧院の中でも、新キリスト教徒に対する不快感が醸成されていく。そして一四八三年、新しい修道院長に、反コンベルソの姿勢を明確にする人物が選任されると、事態は急変した。

一四八四年一二月二六日、グアダルーペに異端審問所が開設された。僧院長を首席審問官とし、二名の法務に通暁した審問官や検事などによって構成された法廷がただちに活動を開始する。審問所はまず、ひと月の「恩赦期間」が設定されたことを町民に公示した。この期

異端審問判決宣告式（アウト・デ・フェ）　審問の結果、多くのユダヤ人が極刑（火刑）に処せられた。プラド美術館蔵

間に、ユダヤの教えに耽っていたことを自白した者は赦される、というのがその趣旨であった。二二六名のコンベルソの男女が、口頭で、あるいは書面をつうじて赦免を求める。同年二月、宥和された者たちは蠟燭を手に、裸足になって教会まで行列をつくり、そこで正式に赦免された。

だが審問所が活動をほんとうに開始したのはこの時からであった。この時点から、悔悛の真実性が疑わしい者に対し、本格的な捜査がはじまったからである。すなわち検事は、証人を召喚し、被疑者のユダヤ教的実践との関わりを明らかにするための罪状を蓄積しつつ、機が熟したところで起訴をおこなった。被疑者は監獄に拘留された。こうしてコンベルソたちは異端審問所のなかに墜ちていった。第一回審問では、被告人に起訴状が朗読され、弁護人任命権が認められた。審問官は、検事側、弁護側双方の主張に鑑みて、本格的な審問を開始する……。

グアダルーペの異端審問所は制度としては揺籃期のものであり、未成熟であったといえるが、一六世紀以降は審問の形式もより整備されていく。一瞥して注目されるのは、「狂信的な宗教裁判」という私たちが抱きがちなイメージとは異なり、異端審問が実に近代的な司法機関として振る舞っている点だ。たとえば審問所選任であったとはいえ、弁護人が被告人を公的にサポートする体制ができあがっていたことも注目される。

だが一方、異端審問の特異性を際だたせている要素のひとつに、冷酷なまでの「秘密主義」というものがある。すなわち被告人側には、検事が提示した証人の素性を知ることが認められてはいなかった。これは告発者に対する復讐の危険性を避けるものだったとされるが、逆にこの秘密主義によって、個人的な怨みを晴らそうとする人々にとり、異端審問が格好の報復装置として機能した場合もしばしばあった。

双方の証言が出そろうと、いよいよ審問は結語を求めはじめるが、その前にもう一つ重要な局面が挿入されることがあった。それが「拷問」である。スペインをめぐる「黒い伝説」の文脈では、異端審問の残虐性の代名詞のようにあつかわれる制度ではあるが、これは常時実施されたわけではなく、証言と被告人の供述に重大な齟齬《そご》が存在した場合などに採用された。しかしながら審問所が一貫して保持した厳格な文書主義のもと、拷問具が被告人の肉体を嘖《さいな》みはじめると、彼女、彼の苦悶の言葉や表情の変化を、書記官たちは細大漏らさずに速記していく。それらは、異端者の肉体にふるわれた国家的暴力の紛れもない証《あかし》であった。

## 審問の実態

コンベルソたちのどのような行為が訴因を構成していたのだろうか。グアダルーペに、共通の儀礼実践に基づく隠れユダヤ教徒の確固とした共同体のようなものが存在したわけではなかった。ユダヤの教えへの、コンベルソたちの回帰の仕方には、多様なありかたがあった。とはいえ、日々の過ごし方、食事作法、そして教会での所作などのさまざまな点において、コンベルソと旧キリスト教徒との間にはたしかに「ずれ」が存在し、審問所はまさにこの違いを異端的差異として抽出し、それを増幅させることによって、訴追の波をつくっていった。ここでは、あるコンベルソ女性の審問を通して、ユダヤ的実践のありさまを見てみよう。

「恩赦期間」に出頭した未亡人マリ・サンチェスは、素直に、モーセの律法に従ったユダヤ人としての生き方を自白した。その供述によれば、彼女は金曜日の夜から蠟燭に火を灯し、清潔な衣服に着替え、そして土曜日は安息日としていっさい働かなかった。ユダヤ教の食事規定《カシュルート》を遵守し、重要な贖罪《しょくざい》の日「ヨーム・キップール」を守る一方では、カトリックで定められた断食をしばしば忌避した。またその供述で特筆すべきは、ユダヤ人との交流であった。前述のようにグアダルーペにユダヤ人が定住することは禁じられていたが、近隣のトゥルヒーリョの町にはユダヤ人の大きな共同体やシナゴーグがあり、グアダルーペのコンベルソも彼らと接触していた。

他のコンベルソとともに公開で赦免をされた後、しかし彼女はその半年後、再び異端審問に出頭を命じられる。検事は独自に情報を集積し、マリの供述にはなかったより深刻な訴因を構築していた。すなわち、食事規定の面ではモーセの律法に準拠した独自の屠畜を実践していた、土曜日の安息日を過ごすための特別の食事を金曜日に用意し、日曜日には労働に励んだ、自宅にユダヤ人を招じ入れて共食し、またトゥルヒーリョのシナゴーグに油を寄贈した、亡夫にユダヤ教関連の書物を読み聞かせてもらっていた、息子がカトリックの洗礼を受けた後、頭に塗られた聖香油をふき取っていた、娘たちにユダヤ教儀礼を実践することを強要していた……。

秘密裏にモーセの教えを実践しようとするコンベルソの最大の敵は、実は家庭内に存在した。旧キリスト教徒の下男や下女、徒弟などである。隠れユダヤ教徒の示す生活の「ずれ」は彼らに容易に感知されたし、またユダヤ的生活のリズムを主人から強制されることもあり、下働きの者たちの不満や怒りは募っていた。マリの審問でもそれが噴き出した。だが彼女の審問が特異なのは、検事側の重要証人として決定的な役割を担ったのが、その実の娘であったことだ。娘イネスはこの町のコンベルソを弾劾しはじめ、特にその母親にとって致命的ともいうべき証言をおこなった。それは亡き父が買ってきたキリスト磔刑像を「こんなものは家にはいらない」といって便所に投げ捨ててしまったという母親の激しく冒瀆的な振舞いであった。イネスはカトリックとしての高い意識を持っており、他のコンベルソの訴件でも検事側の証人となっていた。新キリスト教徒と呼ばれた人々の二つの宗教への感受性の濃淡は、この母娘の亀裂に明瞭に現れていた。

マリは全面的に自供した。弁護人に唯一残されていたのは、情状の酌量を審問官に請求することくらいであった。拷問を加えられて、共犯者の名前を吐いた彼女の審問は、こうして結審に至る。いよいよ「アウト・デ・フェ」すなわち「異端審問判決宣告式」を迎えた。

異端審問の最高刑は「火刑」であった。グアダルーペで一四八五年に裁かれた一二六名のうち、八〇名は、軽微な刑を科せられるか、無罪放免となったが、四五名に対しては、被告人不在（逃亡・死亡）のまま「似姿／遺骸」に対する火刑が執行された。そしてマリ・サンチェスを含む七一名に対して「世俗の手に引き渡す」という判決が言い渡されていた。教会法上、聖職者が死刑に関与することはできなかったので、異端審問の極刑の判決では、このような表現がとられたのだった。

隠れユダヤ教徒たちの身を焼き焦がす焚刑の煙は、グアダルーペの町から高く立ち昇り、審問所に召喚されて町に向かう途上にあったあるコンベルソは、五〇〜六〇キロも離れた地点から烽火《のろし》のようなそれを目にし、おびえて立ち去ったという。異端審問制は、近世スペイン国家の負の部分をまちがいなく構成した。冷静な算出では、一五三〇年までにスペイン全土で火刑台に送られた人々の数は二〇〇〇人に満たなかったとされるが、審問所創設後、隠れユダヤ教徒に対する訴追が業務の中心であった時期には、多くのコンベルソが死に直面しなければならなかった。

## カトリック王国の象徴

ユダヤ的空気を炎によって浄化しつくしたグアダルーペには、その後、スペイン・カトリック王国を象徴するような政治的な機能も割りあてられていった。イサベル女王は、グアダルーペの聖母に対して特別な感受性をもっていたとされる。彼女は同地の異端審問所の全収入（裁かれたコンベルソたちからの没収財産）をすべて僧院に寄進した。この恩恵に対し僧院側は、国王が宿泊するための御殿を建造し、その好意に報いた。この王権と僧院との特別な関係は何に起因するのか？　ひとつには、女王の聖母マリアへの深い帰依、とりわけ「無原罪の御宿り」のテーゼにささえられた聖母信仰があった。このテーゼは、マリアはこの世に生を享けた瞬間から「原罪」の汚れより守られている（「処女懐胎」とは異なる）、つまりマリアご自身がその母親の胎内に宿った時に、すでに無垢であったと主張するテーゼであった。とりわけイサベル周辺にはこの信仰への熱い気持ちが漲《みなぎ》っていたとされる。

しかし何故またイサベルと「無原罪の御宿り」が結びついていくのか。この点について興味深い説明をしているのが、女性史家リーフェルトである。すでに見たように、女性統治者としてイサベルは、両性的な意味を帯びた存在であった。男性（エンリケ四世）以上に「男性」的な女性であり、一方では当時支配的であった「女性＝弱い性」という通念的な眼差しによって注視される存在でもあった。同時代の男性の論者は「女性たちは欲望に負けやすい」「女性がつねにスペインの破滅の要因であった」といった言葉によって女性嫌悪《ミソジニー》の言説を流布させていた。女性は誘惑に負けて人類に原罪をもたらしたエバの末裔であった。妊娠し、五人の子供を産みだした女性としてのイサベルは、こうした視線にその身を曝《さら》す。だがイサベルは聖なる母マリアのもつ「贖《あがな》いの力」との同一化によって、このジレンマを超克する。出産という行為は、肉的女性というイメージをイサベルにもたらすが、彼女は無原罪の御宿りの教えに帰依することによって、無原罪《インマクラーダ》（「マクラ＝汚れ」が無いという意）という深化したマリアのイメージを領有しようとした。イサベルは熱烈な「無原罪の御宿り」テーゼの推進者となり、聖母への篤い信仰を通して、彼女を緊縛する性から自らを解き放たんとしていたのである。

グアダルーペはまた、イサベルが体現するスペイン国家にとってもシンボリックな意味を持つ。それはあたかも中世後期から近世にかけてのスペインのミニチュア的な空間となる。すなわちここは第一義的に「対イスラーム再征服運動《レコンキスタ》」に特別な力を備給する場であり、そしてまた異端審問という装置をつうじて、宗教的な汚れ＝マクラを浄めた場でもあった。さらにこの後のカトリック帝国スペインの行く末を象徴する場ともなる。

一四九二年、ユダヤ人追放令が出された後、当時スペインで最も富み栄えた徴税請負人の一人にしてスペイン全土の首席ラビ、そして女王自らの顧問的存在であったアブラハム・セネオルは両王に伴われてこの地に至り、僧院にて受洗し、ユダヤ教を棄てた。その四年後には、新世界への航海を成功裏に終え、事業成就の感謝の意を表すべく修道院を訪れたコロンが、カリブから連行してきたタイノ族のインディオ二名にやはり修道院で洗礼を施させている。グアダルーペで展開されたこの一連の出来事を通して、イスラームに対する勝利者スペイン、ユダヤという汚れを浄めたスペイン、そしてさらに新しく贈与されたインディオという無数の異教徒の支配と改宗を将来の大事業としていくであろう帝国的スペインの礎がつくられていくさまを観察することもできよう。

## ユダヤ人追放令

異端審問によって多くの疑わしきコンベルソが裁かれ、火刑台でその生命を奪われていく一方、両王の対ユダヤ人政策はさらにドラスティックな展開をみせた。一四九二年三月、陥落直後のグラナダ王国にて、両王はユダヤ人の追放令を発布した。四ヵ月の猶予をもって、王国にて生活するユダヤ人に対し、すみやかに洗礼水を受けるか、国外に退去するかの選択を迫ったのである。追放令発布の背景には、ユダヤ人の存在そのものが、コンベルソのカトリックへの帰依を不確実なものにしているという疑心暗鬼があった。すでに八三年には、アンダルシア地方からの追放令が異端審問によって出されるなど、ユダヤ人に対する圧迫の度合いは加速していたが、イベリア半島における彼らの生存に対する決定的な意味を持った出来事のひとつが一四九〇年、カスティーリャの中部ラ・グァルディア村で起きた「聖なる子供事件」であった。

この出来事はある酔客が酒場で、コンベルソの旅人の鞄の中から、盗難されたと思しき「聖体」を発見したことに端を発する。彼は仲間のユダヤ人とともに逮捕され、異端審問所に連行された。彼らは、聖体を盗んだのみならず、一人の男の子を誘拐して拷問を加えたうえ、キリストの受難を揶揄すべく、十字架に磔にしたという容疑がかけられた。すでに見たように、一三世紀に編纂された『七部法典』では風聞として語られていたユダヤ人に対する誹毀《ひき》が、一五世紀末の反ユダヤ主義の沸騰の中で現実化した。事件はきわめて不当な捜査・審問を経て、一四九一年一一月のアウト・デ・フェをもって結審し、被告人たちは処刑された。この出来事は反ユダヤ主義キャンペーンの格好の材料として利用され、審問記録は流通を目的としてカタルーニャ語にも翻訳され、事件を描写した小さな絵なども用意されたようだ。

ラ・グァルディアの事件が両王の決定の直接の引き金になったのか、その確証はない。しかし「非対話的思考」がスペインを覆い始めていたことはまちがいないであろう。国を離れることを選択したユダヤ人の数については諸説あるが、退去した人々の数は一〇万人を超えることはなかったと考えられている。出国した人々は、当時対ユダヤ人政策がまだ確立していなかった隣国のポルトガル、イタリア、あるいは北アフリカやオスマン帝国などのイスラーム世界へと逃避した。彼らの多くは蓄積した財産をも喪失した。

だが追放令を発した王室の認識には、ユダヤ人とコンベルソとの関係が持続することによって生じていた不穏な動きは、追放令を機にユダヤ人が改宗を果たせば解消されるであろうという見通しがあったと考えられている。事実、追放令が発布されるや、王室の支援を受けた聖職者たちによるユダヤ人を折伏するための説教キャンペーンがはじまったとされ、実際この改宗への呼びかけに応じて、多くのユダヤ人たちは洗礼盤へと向かった。同年一一月には、国外に退去した者も受洗を条件にスペインへの帰還を許可する王令が出されており、しかもこの帰還令は死文ではなく、相当数のユダヤ人が戻ってきたことも確実であった。一五世紀末、コンベルソの数は二〇万人以上に達していたともされる。

追放されたユダヤ人は、その後どのような命運を辿ったのか？　一人のユダヤ人男性をめぐる興味深い記録がある。

彼、アブラハム・アブサラディエルはトレドの近郊に生まれたが、八歳の時に一四九二年を迎え、その年の七月スペインを後にし、北アフリカはアルジェへと向かう。ここからの彼の足跡はまるで地中海の輪郭そのものと重なるようである。イタリアに渡ったアブラハムは、当時ユダヤ人に寛容であるとして知られていたヴェネツィアを経てジェノヴァに向かい、ここでキリスト教に改宗し、「ルイス・デ・ラ・イスラ」というキリスト教名を得て、スペインに戻る。故地で絹糸紡ぎの技を学び、その後はトレドをはじめ、セビーリャ、バレンシア、マラガ、アルジェリアなどを転々としたのち、再びイタリアへ向かった。リボルノに到着した彼は、ローマ、ボローニャを経てフェッラーラに至る。フェッラーラでは、スペイン出身のユダヤ人と出会い、彼とともにユダヤの安息儀礼をおこなう。またシナゴーグでの礼拝にも参加している。そこからトルコ、ギリシアのテッサロニキを経てイスタンブールへ。ここで彼は顔見知りを含め大勢のセファルディーム（イベリア半島系のユダヤ人）に出会っている。一四九二年の追放令は、地中海世界いっぱいにユダヤ系の人々を飛び散らせていた。

さらにアレクサンドリアにまで足を伸ばした彼は、やがて徐々にキリスト教に回帰していき、スペインに最終的に帰還する。一五一四年、二二年間に及ぶ移動の日々の末、彼は異端審問所に出頭し、長い道行きをトレドの異端審問官の前で語り終えた。イスラの道行きを描き出したスペイン史研究の泰斗ケーガンは改宗を忌避し、国外へと旅立ったユダヤ人セファルディームにとって、故地スペインが放つ吸引力は決して弱いものではなかったと説く。

## 神に選ばれた王権

一四九二年に相次いで実現された両王による重大な政策を通じ、スペイン国家は、カトリック王国として立ち上がっていく。その時両王を始めとするスペインの人々を衝《つ》き動かしていたのは、スペインは、世界史の舞台を支配すべく、神に「選ばれた存在」であるという強烈な思考であった。

このような意識を供給するひとつの源として考えられるのが、一五世紀以降王権を支えてきた「レトラード」と称される文人官僚の一群であった。レトラードとは、大学で教会法やローマ法を学んだ法律専門家である。実力主義によって官僚を登用した両王の時代、彼らは、それまで王の周辺に祗候していた貴族的騎士階層と入れ替わるようにして宮廷に入ってくる。また王室行政のみならず、教会、そして新たに創出された官僚的システム異端審問所においても、文人官僚層が擡頭する。

この変化を分析した歴史家ネイダーによれば、これらの文人官僚は、スペイン社会、あるいはその歴史を、「神の摂理」によって地上に顕現したものとして構想し、そしてその頂点に、「神」による啓示を受けて指名された王権を据えようとしていたという。教皇権力をも超越する王権のもとイベリア半島は統合される、というなかば神秘的な使命感に満ちたヴィジョンがそこにはあった。そして単一的キリスト教神学によって構想された「宗教的正しさ」こそがふさわしき理念とされ、当然ムスリムやユダヤ人などは、この神聖なる空間からは排除されるべき異物となる。異端審問所の設置は、文人官僚層がヘゲモニーを握る時期と符合する。

さらにここで看過されてはならないのが、これら文人官僚層の多くに、コンベルソが含まれていたという点である。コンベルソと呼ばれる存在には、すでに見たように、さまざまな生の動態が観察された。その中には、新しい宗教界の中で、その思考を昇華させようとする人々も多くいたのであり、彼らはかつての宗教的同胞の排除を力強く訴えることも辞さなかった。

こうして神聖化された両王には、メシアとしての風体が備わっていく。両王が統治した時代は多様な予言に満ちていたとされている。とりわけ「地中海の王」としてのフェルナンドには、キリスト教世界の最終的な統合者というヴィジョンが与えられた。フェルナンドがムスリムをスペインから放逐するのみならず、全アフリカを制圧し、エルサレムの聖地を奪回した後、ローマの、トルコの、そしてスペインの王となるであろうという言葉が熱心に語られていた。

## コンベルソ救済のヴィジョン

だが、神意を承けて歴史を創りだしているという意識を持っていたのは、異教徒に対する勝利に歓喜する旧キリスト教徒だけではなかった。こうした多幸症的雰囲気の陰で、遠祖より継承されてきた宗教的伝統から切り離されたコンベルソ、そして永年住み慣れた生活空間を捨ててでも己の宗教を選びとったユダヤ人たちも、解放へのラディカルな力が超越的な高みからもたらされることを切願していた。

解放への待望は、あるコンベルソの少女に訪れたヴィジョンを核として放射されていった。女の子の名前はイネス。エストレマドゥラ地方に靴職人を父として一四八八年頃に生まれたとされているから、彼女が異端審問所に収監された時は、まだ一二歳でしかなかった。彼女は幼い時に失った母の夢を見て、その母を天上に訪ねる「旅」のヴィジョンをもとに予言を紡いでいた。イネスの前にはしばしばひとつの「光輝」が出現していた。出現のわけを問うたイネスに対して光は、「一五〇〇年」に預言者エリヤが到来し、コンベルソはこの地を出て、パンや果物に満ちた別の土地に向かうことになるだろうと告げた。この予言が実現するためには、コンベルソたちは、清潔な衣服を身に着け、土曜日の安息を遵守せねばならない。イネスをはじめ、彼女のヴィジョンを信奉した人々は、エリヤの到来を希《こいねが》い、豊饒の土地への旅に向かうべく、モーセの律法に戻っていった。「炎の馬車」に牽引されて天にのぼっていったとされる預言者エリヤは、世界の終末の時、メシアの先触れとして出現すると信じられていたが、ポグロム、異端審問、そして一四九二年の追放令以降、嘖まれ続けてきたユダヤ人は預言者の到来を確信していた。イネスのヴィジョンにおいては、地上で異端審問の業火に焼かれた人々が、天上では栄光とともにあるとされていた。

　こうしたヴィジョンを語るイネスのもとを、各地のコンベルソたちが訪れるようになる。救済は一五〇〇年三月に実現されるであろう、メシアが到来すると、キリスト教に改宗してしまったコンベルソたちもその罪を許されるであろう。「約束された土地」へと旅立つコンベルソたち。その彼らの行く手を河がさえぎる。彼らの旅はあたかも「エクソダス」を再現するようであり、彼らは宝石を捨て、白装束に着替えて渡河していくことになっていた。コンベルソがスペインに残していく全ての事業を、キリスト教徒はおのれのものにしようと相争って殺しあうとされた。

約束された土地には、焼き立てのパンやご馳走溢れる食卓が彼らをまっているはずであった。予言を信じたのは、大人たちばかりではなかった。大勢の子供たちも、イネスの幻視を信じたという。少女たちは、「約束された土地」で同じ宗教を奉ずる若者たちと結婚することを夢見ていた。しかし、予言者イネスもやがて処刑される。

カトリックの純粋性追求のシンボルとして、グアダルーペの聖母信仰が確立した同じエストレマドゥラ地方で、このメシア待望運動は生まれたのだった。イネスの生まれたエレーラ・デル・ドゥーケは、このグアダルーペからわずか四〇キロメートル離れているにすぎない。宗教的な汚れ＝隠れユダヤ教徒《フダイサンテ》を浄化することによって、イサベルが立ちあげた「無原罪の御宿り」のマリアを祀る国家的霊廟の光輝の陰では、「汚れ」として排除されようとしている人々が、自らの宗教・生活の純粋性を回復しようとして、「場所なき場所」を求めていたのである。

一方、次章で見る二つの帝国の対峙の舞台を創りだすのも、やはりこの地方の人々であった。グアダルーペのマリ・サンチェスがしばしば訪れたトゥルヒーリョの町に生を享けた男たちは、立ち上がる帝国の尖兵として海を渡っていく。彼らの視線の先には、アタワルパのインカ帝国があった。

# 第五章　交錯する植民地社会

## 征服者と被征服者

### 黄金のカスティーリャ

トゥルヒーリョから海を渡った人々の姿をアンデスの地に追ってみよう。彼らもまた「約束された土地」を目指したのである。

グラナダの最後のイスラーム勢力の降伏、ユダヤ人の追放、そしてクリストバル・コロンの新世界への到達。画期をなす三つの出来事が生じてからちょうど四〇年が経過している。再征服《レコンキスタ》という半島内部へ向けての運動はすでに停止し、それはいまや大西洋という海を経て、外部世界へと組織し直されている。異文化との共生と対峙の経験によって蓄積されてきた統治や交流の技術は、帝国の前線での困難を解決するだろう。またキリスト教的世界の盟主たることを運命づけられた帝王の臣下であるという誇り、そして聖母様や軍神となった聖ヤコブ《サンティアゴ》様が庇護していてくださる、という安心感は、彼らキリスト教兵士たちが艱難を堪えることを可能にした。

百数十名の征服者《コンキスタドール》を率いるフランシスコ・ピサロにとって、今回のアンデス征服行はすでに三回目の挑戦となっていた。彼の拠点は、この頃スペイン人の新しい基地となっていた中米の都市パナマである。この地域にすこし目を遣り、スペイン帝国の前線が形を整えていく様相を見よう。コロンがカリブの島々へ到達して後、スペイン人の黄金欲の犠牲となった先住民はたちまち死滅し、富を求めるスペイン人の視線は、島嶼部から陸に向けられていった。中米の陸地部《テイエラ・フイルメ》には、本土で最初の植民地ダリエンが建設され、その統治者として、バスコ・ヌニエス・デ・バルボアが頭角を現す。やがて彼は地峡の向こう側にある別の海の存在を知り、密林を横断して一五一三年九月、小高いはげ山から「南の海《マル・デル・スール》」すなわち太平洋を初めて望み見た。この時、太平洋の「発見者」バルボアの傍《かたわ》らで大きな水面《みなも》を見やっていたのがフランシスコ・ピサロである。

豊かな金を生み出す地域の存在を確信したバルボアが遠征隊派遣を要請したのに対し、フェルナンド王は新しい地域に期待を込めて「黄金のカスティーリャ《カスティーリャ・デ・オロ》」という名前をあたえ、大規模な船団派遣による植民事業を組織した。三〇〇〇人にも及んだとされるこの植民者集団を率いる「総督」に任命されたのは、エンリケ四世の寵臣で「成り上がりコンベルソ」の代名詞とされたあのディエゴ・アリアス・ダビラの孫、そしてローマ教皇庁で異端審問からの赦免を得るべく奮闘したファン司教の甥であるペドラリアス（ペドロ・アリアス）・ダビラである。幼少時から宮廷に仕え、グラナダ戦役などで活躍し、武芸の誉れ高いペドラリアスではあったが、「彼の地には異端審問によって裁かれた者の子らが渡ることは阻止されねばならぬ」と明言したはずのフェルナンド王による奇妙な抜擢であった。

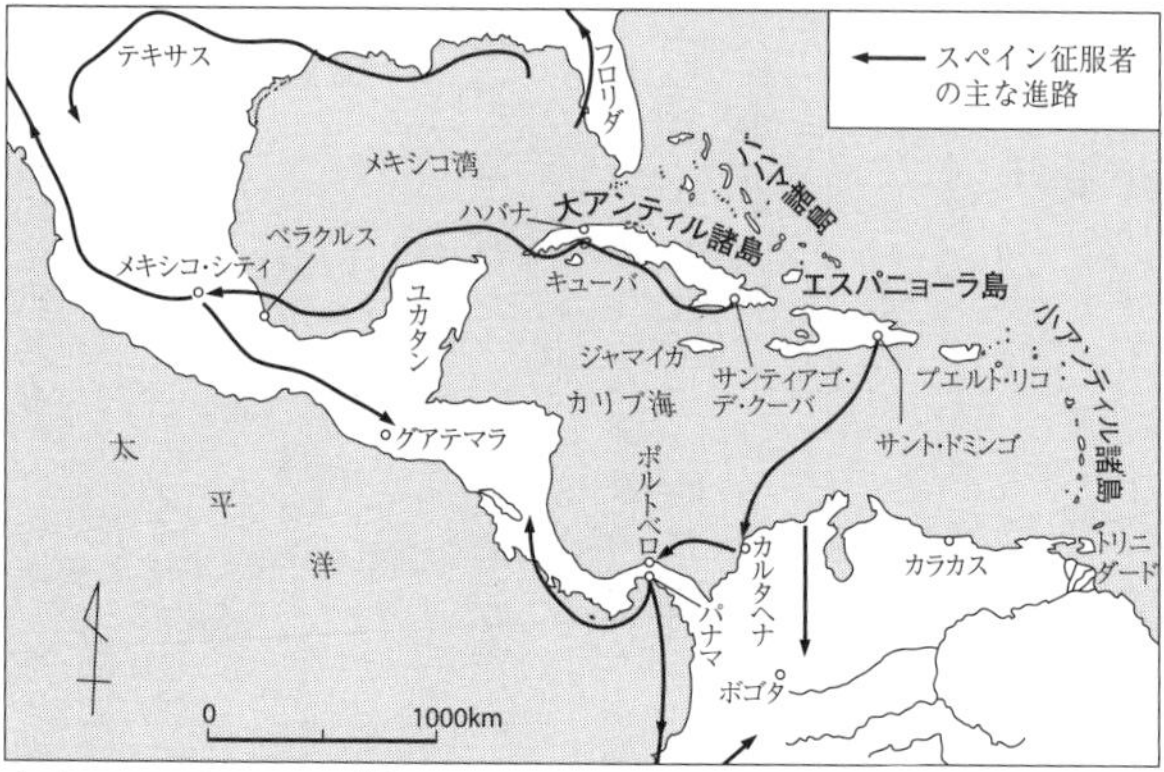

中央アメリカ・カリブ海周辺

この大船団こそ、二〇年後のインカ帝国征服のまさに揺籃となる。のちにペルー征服の立役者となるディエゴ・デ・アルマグロをはじめとする多くの征服者たちを見いだせるからである。

さて巨大な一行は新世界に到達するも、先着のスペイン人たちとの間に軋轢が生じてしまう。そのストレスを発散するために内地に派遣された征服行は、さながらインディオに対する奴隷狩りの様相を呈した。この混乱の中、統治者としての確固とした地位を得ていたバルボアと新参総督ペドラリアスの対立が顕在化し、ついにバルボアはペドラリアスによって叛逆の罪で処刑される。一五一九年一月のことであった。

## コンベルソ総督の非道

こうした独断的な行為により、ペドラリアスは同時代の人々から口を極めて罵られる征服者となる。キリスト教的人道主義を思想として確立し、インディオの人権を守ろうと力を尽くしたドミニコ会のラス・カサス師は、彼こそは「それらの地方を焼き尽くし、衰滅させた火焔そのもの」であったと述べるが、実際のちにペドラリアスが植民を進めるニカラグア地方では、一五二三年から数十年の間に、一〇〇万あった先住民人口がその一パーセントの一万人まで減少し、一五二七年から三六年までに、四五万人ものインディオが、ペルーやパナマ、アンティル諸島へ奴隷として売却されたとも言われている。征服《コンキスタ》のもつ負の側面の代名詞的存在、それがペドラリアス・ダビラだった。

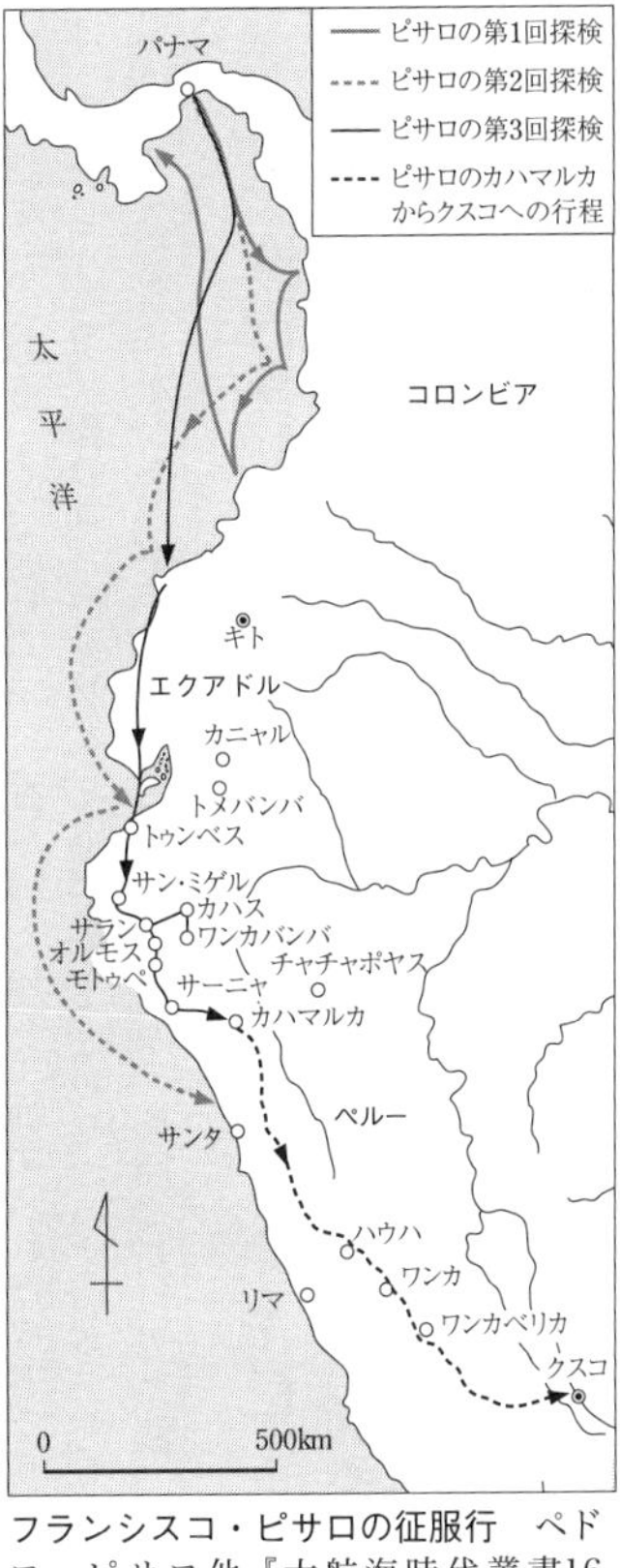

フランシスコ・ピサロの征服行　ペドロ・ピサロ他『大航海時代叢書16 ペルー王国史』（岩波書店、1984年）をもとに作成

「彼が話すと、恐ろしくてちびってしまう」といって怖がられたペドラリアスの人物評には、しかし一方で、彼のコンベルソとしての影がまとわりついている。とりわけ反ユダヤ主義的姿勢を露骨に示してペドラリアスと対立したのが、船団で新世界に渡ったケベード司教であった。

この時点では、新世界には自立した機関としての異端審問所はまだ存在せず（アメリカに異端審問所が正式に設立されるのは一五六九年のことである）、各地の司教に審問者としての権能が与えられていたが、司祭ケベードはそれを行使し、新世界に播《ま》かれつつあったユダヤ教的種子を摘《つ》もうとしていた。ペドラリアスの右腕的存在であった判事ガスパール・デ・エスピノサもやはりコンベルソの出自であったことが知られているが、この二人をケベード司教は「総督と判事がユダヤ人では、ろくなことができようはずはない」と露骨に侮蔑していた。

原則的にユダヤ系の人々の新世界への渡航は禁じられていたものの、すでにこの頃、新たに生まれた商業的な機会から利を得るべく、ユダヤ系の多くの人々が浸透しはじめていた。司教は、暗黙裏に地歩を固めていくこうしたコンベルソ勢力のネットワークの庇護者だとしてペドラリアスを糾弾した。いずれにせよ、新世界は、ヨーロッパの反ユダヤ主義を逃れた人々が活路を見いだしうる自由がいつもどこかに存在し、彼らにとっての「約束された土地」であり続ける。

**「また金銀を持ってきておくれ」**

バルボアを排除し、南の海を自らのものとしたかに見えたペドラリアスは、その視線を北のニカラグアへと向けた。ということは、南方の世界の探求の可能性は、他の者にも開かれることになった。それを手中にしたのが、ベテラン征服者フランシスコ・ピサロである。処刑されたバルボアを逮捕したのは、太平洋をともに望見した旧部下ピサロであった。

彼はペドラリアスとともにやってきたアルマグロやルーケ神父らと南の世界を征服するための共同事業を構築し、またコンベルソのガスパール・デ・エスピノサからも資金を得て、一五二四年より太平洋岸を南下しはじめる。苦難の二回の航海を終えて、太平洋岸から内陸に入った方向に、未知の巨大な社会が存在する確実な徴候を得ると、ピサロは本国スペインに一時帰還し、将来征服されるであろう新しい土地の支配権をめぐるスペイン王室との「協約書」に合意する。故郷トゥルヒーリョに戻った彼は、未知なる黄金世界への征服行に同志を募り、エルナンド、ゴンサロ、フアンといった母を異にする兄弟や従弟ペドロ・ピサロらを伴いアメリカに再び渡った。

一五三二年、インカ王アタワルパを捕虜にしたピサロは、カハマルカにあって、インカの王が統治していた社会のほんとうの規模をまだはかりかねていた。また虜囚の王を奪回すべくインカの武将たちが不気味に画策していることも察知された。さらにアタワルパと敵対するもう一人の王がいて、インカの命令で捕らわれていることもわかった。だがこうした不透明な状況にあっても、ピサロは即座に貴金属の蓄積に着手している。この頃の事情につい

アタワルパの処刑　実際には、絞首刑が執行された。グァマン・ポマ画

て、アタワルパ軍の兵士としてカハマルカの戦闘に参加し、傷ついた一人のインディオが、戦後四〇年を経て実施されたある調査において、貴重な証言を残している。

調査時にすでに九〇歳であったこのインディオは、カハマルカで負った傷の痕を調査担当者に示しつつ当時を回想する。それによると、戦《いくさ》が終わるや、ピサロはただちにカハマルカのありたけの金・銀を掻き集め、アタワルパの生命とひきかえに、インカ王国中から財宝を集めさせる約束を取り付けた。ただちにインカ貴族《オレホン》や武将が各地方に派遣されると、瞬く間に人や動物を象《かたど》った金製の像や器がカハマルカに集積する。アタワルパはさらに「スペインの大王」に直接会い、その身代として六〇〇〇万ペソという大金を献上するという意志すら示していたという。

しかし約束を反故にしたピサロはアタワルパを処刑した。インカ王は虜囚の身にありながら、秘かに使者を送ってワスカル王を殺害していた。こうしたことがピサロの心証を害し、征服者の多くが異を唱えたにもかかわらず、極刑は執行されてしまう。証人によれば、ピサロがインカに示したこうした不誠実さが、スペイン人に対する先住民の激しい嫌悪感を惹起した。彼らは、他所者にこれ以上金銀を奪われないよう、それらの在処《ありか》については固く口を閉ざし、また鉱山の坑道もその入り口を秘かに封じてしまったという。財宝をカハマルカに届けた別のインディオは、フランシスコ・ピサロから「おまえたちのインカ・アタワルパはもう死んだぞ、だからまた地元に戻って金銀を持ってきてくれ、この馬たちが喰らうから儂《わし》はそれが必要なのじゃ、アタワルパがくれた金も、みんなもうこの馬たちが喰ってしまうたからな」と告げられたと証言する。

## インカ王権のゆくえ

このようにスペイン人が貴金属への欲望を露《あらわ》にしている一方、しかしながら、インディオ社会の側では、ポスト・アタワルパ、ポスト・インカの時代を見据えた政治的な動きが展開していた。まずインカ族では、アタワルパの専制的な体制下で抑圧されていた王族がカハマルカに現れ、スペイン人の様子をうかがいつつ、空位となった王権へ接近しはじめる。その一人が、第一一代王ワイナ・カパックの子でクスコ派のトゥパック・ワルパ（トゥパルパ）であった。彼はピサロによって傀儡の王として立てられ、インカの古式に則《のっと》った即位の儀を、スペイン人の見守るなか挙行する。

目撃した記録者《クロニスタ》によれば、正装をせず平衣で現れたトゥパック・ワルパは「断食」のために、特別に建てられた館に三日間にわたって孤絶して籠り、その後、豪華な衣裳とほとんど目を覆わんばかりに額に垂れた王徴《マスカパイチャ》、房飾りを着けて再び現れたという。断食をする期間、王に接近することができたのは、王に終身仕える従僕《ヤナコーナ》だけであったとされる。

征服者フランシスコ・ピサロ

　ピサロはこの傀儡王を伴って、カハマルカから、いよいよインカ王都クスコへと向け出立する。トゥパック・ワルパは途上、しかし謎の病死をとげる。アタワルパ側の武将によって毒殺されたらしい。ところがクスコ入城の直前に、新たなインカ王の候補が出現する。それがワイナ・カパックの別の子マンコ・インカであった。インディオ社会に対する支配を円滑に進めるため、伝統的な権威を求めていたピサロは、マンコ・インカに房飾りの着用を認めた。往時の権威はすでに喪失したものの、このように形式的にだけであれ、スペイン王権の支配下において、もうひとつのインディオ王権の存続が許されたことは重要である。後にマンコ・インカがフランシスコ・ピサロに対して叛旗を翻《ひるがえ》し、アンデス山中に拠点をおいて抵抗活動を開始するや、たとえ規模は小さくても、自律したインカ王権が再生したかのような状況が生まれるからである。

　当局が懐柔策・強硬策を交えつつ、この新インカ王権に無効を宣告しえたのは、征服後四〇年以上も経ってからであった。しかもこのようにしてひとたび確立してしまった王権は、インカ王家という実体を伴いながら植民地社会に定着する。そこを苗床として、植民地インカ族の血統が幾重にも張り巡らされ、それはまた、インカ王権の根源的な復活、そしてアンデスからスペイン王の支配を排除することをめざす一八世紀後半のインディオ大反乱の遠い要因となる。

## 非インカ族の動き

動いていたのはインカ族ばかりでない。とりわけインカ王の支配に強い抵抗感をいだいていた人々は、異人たちとの政治的な交渉を通じて、新しい体制下での生存の可能性を模索した。たとえば第二章で見た、ペルー中部高原・ワンカ族の人々。彼らが「杯」を通してインカの支配下に統合されたことはすでに見たが、この民族集団の首長は、ピサロがアタワルパを捕縛したという知らせを受け取るやいなや、カハマルカへ出向き、ピサロを通じてスペイン国王への臣従を誓うという行動に出ている。それ以降ワンカの人々は、ピサロや彼に続く植民地社会の統治者たちに、物的・人的両面から多大な貢献をした。荷役夫、リャマ、衣服や毛織物、そしてトウモロコシやジャガイモなどの食糧、草履や靴……人やモノが、ふんだんに新参者たちに提供されたのだが、スペイン人たちがインディオ社会からのソフトな掠奪、無償の奉仕くらいにしか考えていなかったであろうこれらのモノや人の供与を、しかしワンカの人々は、細大漏らさずに彼らの「帳簿」である結縄《キープ》に結わえ、記録していた。後に見るように、彼らはスペイン王室へのこうした貢献に対する正当な見返りを大胆に要求していく。

ワンカ族と同様、新来スペイン人との交渉を通じて、新しい社会体制での権利を確保していったのが、北方エクアドルに発し、帝国全域に移住者集団《ミティマエス》として鏤《ちりば》められていたカニャル族や、ペルー北部の民族集団チャチャポーヤの人々であった。なかでも興味深い動きを見せていたのが、ユカイの谷に入ったカニャル族の首領フランシスコ・チルチェだ。

カニャルに生まれたチルチェは、幼い時にワイナ・カパックによって王の近侍として抜擢された。インカ族に深いルサンチマンをいだいていたカニャル人が、太平洋に異人たちが現れるや、彼らを歓待し、積極的に支援したことはすでに述べた。チルチェの行動もそれと軌を一にしており、征服後、彼はピサロをクスコ近郊のリマタンボに出迎え、「命ある限りキリスト教徒を裏切るようなことはいたしません」と臣服したという。続いてチルチェはピサロの従僕となり、カトリックの洗礼名として主人の名を頂戴する。征服者の領袖を後ろ盾とすることによって、彼はインカ王たちの豊かな私領が拡がっていた、あの聖なる谷ユカイのインディオ住民を統轄する最高首長にまで成り上がった。そしてインカの支配下では分断されていたカニャル人たちを糾合し、さらにインカ勢力に対抗するクスコの先住民異邦人集団の軸として君臨した。

## 植民地社会の形成

### ハウカイパタから植民地都市クスコへ

スペイン人、インカ族、そして他のインディオ部族それぞれの思惑を交錯させつつ、征服《コンキスタ》後の政治的地図が形を整えていく。すでにこの時までに、カハマルカやクスコで獲得された金銀の分配は済み、インディオ社会を破壊した征服者《コンキスタドール》たちの多くは、がつがつと「胃袋」におさめた帝国芸術の粋を延べ棒に溶かし、故郷に凱旋する。ペルー成金《ペルレーロ》と揶揄されながら……。一方ではアンデスの富をさらに搾りつくすべく、多くの征服者がペルーの地に定着し、インディオを搾取する道を選んだ。スペイン人の定着、それは都市の建設によってはじまった。

一五三四年三月二三日、ピサロは高らかにクスコ市の設立を宣言したが、それはひとつの行為によって象徴された。ピサロは、かつて帝国の至高の中心として機能していた広場ハウカイパタを、植民地都市クスコの権力の中心である「大広場《プラサ・マヨール》」として継承したが、「クスコ市建設証書」によれば、彼は広場の中心に設置された造りかけの「さらし台《ピコタ》」に歩み寄り、都市創造の象徴的瞬間を画すべく、腰にさした短剣を抜いて台の木材を削り取った。新世界アメリカに造られた都市は、みな広場、とりわけその真ん中に置かれたさらし台などを権力の象徴としていたからだった。

また建設証書によれば、同日ピサロは、御触れ役《プレゴネーロ》を通じ、征服者たちに対して、「市民《ベシーノ》」としてクスコに留まる者については書記官のもとに登録に来られい、と布告し、翌日までに八八名の征服者たちがクスコ市民として登録された。市民となった者は、主《あるじ》を失った旧インカ貴族の館などを自らの邸宅とし、また都市参事会の成員として都市行政に参加する権利を得たのだが、彼らはただ単に市民権や居住権を獲得しただけではない。征服者たちは、市民となることで、クスコ市の後背に広がる膨大な先住民社会に潜在する豊かな富と生産力にアクセスする権利も手に入れたのだ。すなわちクスコに市民として留まった人々は、ピサロから管轄圏内のインディオ共同体を「委託《エンコミエンダ》」されたのである。

　この制度のもとでは、首長《クラカ》によって統轄された先スペイン期以来のインディオ村落の住民が、征服で奉公したスペイン人に、王権からの恩恵《メルセー》として委託される。インディオたちは彼に貢租を納め、労働力を提供する義務を負うが、委託を受けた人物《エンコメンデーロ》も、インディオたちのいわば保護者となり、王権の新世界支配における最高度の懸案である先住民へのキリスト教の布教の担い手として、自弁で司祭を雇い、キリスト教教育を施すことが義務づけられていた。委託に際しては、エンコメンデーロが、インディオ首長の手を取るという儀式が施行されたとされるが、これはまさしく封建的な託身のごときものであった。土地の領有権や裁判権は含まれていないが、エンコミエンダを媒介に、スペイン人征服者たちは、数千から数万人のインディオたちの事実上の領主となった。

　彼らは致富のためのあらゆるチャンスを、委託下の人々の生産力や労働力を投じて確保しようとした。すなわちインディオ共同体からは農産物や高級織物などを貢納させ、それを揺籃期の市場経済に投入して利益をあげるとともに、手ごろな鉱山がある場合には、その生命や健康にかまうことなく、インディオを坑道に追いやった。またインディオが疲労感を軽減させるために、麻薬性のあるコカの葉に縋《すが》ることに着目し、コカ畑の農園《アシエンダ》を構築し、大規模な商業的生産を展開する者もいた。クスコのエンコメンデーロたちの多くが、この栽培に手を染めていた。

こうしてペルーの各地に都市が建設されていき、そこに市民として登録されエンコミエンダを恵与されたスペイン人植民者がインディオ住民を支配する、というアメリカ植民地の基本的な構図が、アンデスにおいても反復されつつ姿を現した。しかしアンデスでは、この後四〇年ほどの間、社会のさまざまな局面で深刻な対立・抗争が生まれ、つねに渾沌とした状況が続く。その局面のひとつは、ピサロとその盟友ディエゴ・デ・アルマグロが、ペルー社会の支配権をめぐって対立を深め、ペルーに留まった征服者を二分する内乱状態が現出したことであった。アルマグロは、つねにピサロに出しぬかれているという不満を露《あらわ》にしていた。彼は豊かな黄金が眠ると噂されたチリ地方に遠征をするものの、二年にわたる探索行のすえ、多くの人員を失う悲惨な失敗を味わい、一五三七年、深い落胆とともにクスコに帰着する。だがこの時クスコには、もうひとつの混沌が発生していた。

## インカ族の抵抗

一五三六年、房飾り《マスカパイチャ》を額から垂らしたとはいえ、マンコ・インカはスペイン人たちから屈辱的な扱いを受けていた。自分はかりにもインカである、しかしピサロは私の本来の臣民を勝手に分配してしまった。マンコは、王としての真の統治権を奪回すべく、賭に出た。ちょうどピサロはクスコを離れ、前年の一月に建設されたばかりの首都リマに向かっていた。またアルマグロは先の遠征に、やはりワイナ・カパックの王子で、スペイン人の協力者となったパウリュ・インカを伴い出発している。クスコは手薄となった。逃亡に成功すると、彼は直ちに大勢のインディオを動員し、分断状態にあるスペイン人征服者を一気に殲滅《せんめつ》すべく大攻勢に転じた。これが「クスコ包囲戦」と呼ばれる出来事である。

インカ軍は、重厚な巨岩を緻密に積んで造営され、クスコ市をのぞき込むようにして聳える「サクサイワマンの砦」を拠点にして、市中になかば閉じこめられたスペイン人残留組に熾烈な攻撃を加えてきた。法螺貝が吹き鳴らされ、奇声を発して威嚇する無数のインディオたちに囲繞《いにょう》されるや、スペイン人は茫然自失のありさまとなる。

インディオたちはもはや「大きなリャマ」を畏怖することなどない。その長い足に弱点があることを学ぶと、穴を掘って足を利かなくし、また捕まえれば四肢を切断した。彼らはまたスペイン人から武器を奪って、槍や盾を巧みに操るようになっている。インディオたちは、クスコ市内の家々に火を放ち、スペイン人たちは徐々に追い詰められていく。

しかしこの包囲戦の最中、ある奇妙な現象が、インディオ、そしてスペイン人によって認められるようになっていた。そのひとつ。インディオは広場にある教会の藁葺き屋根に毎日毎日、火箭《ひや》を放ち、立て籠った人々を焼き殺そうとしていた。ところが、記録者《クロニスタ》ベタンソスによると、その屋根の上には、いつも一人の白装束のスペイン人の女性が座り、長く白い布で火を消してくれた。おかげで教会は焼けることなく、スペイン人の生命は守られたのだった。クスコ包囲の間、いつもこの彼女の姿が目撃された。もうひとつは、スペイン人たちが戦いに向かう時、武装した白馬の騎士が出現し、彼らを導いてくれたのだという。白髭を生やしたこの騎士は、跨った馬で激しい埃をうち立てたので、インディオは視力を失い、戦うことができなかった。

少数のスペイン人を殲滅し尽くせなかったインディオたちは、その要因を、彼らが包囲戦の最中に目撃したこの女性と騎士の存在に帰するようになっていく。まもなく騎士のほうはあのスペイン人の守護者「聖ヤコブ《サンティアゴ》」に、そして白い女性は「聖母マリア」に同定される。

**サクサイワマンの砦**　クスコ包囲戦でマンコ・インカ率いるインディオ軍は、この砦を拠点としてスペイン人を攻撃した。著者撮影

一五六〇年にペルーを離れた混血の記録者ガルシラーソは、クスコの教会の壁に、白馬に乗って盾を構え、槍を振りかざすサンティアゴが描かれているのを目撃したと書いている。壁画の聖人は、殺戮された大勢のインディオを馬の足で踏み躙《にじ》っていたのだという。かつてサンティアゴは再征服運動《レコンキスタ》の時代、「サンティアゴ・マタモーロス（モーロ人殺し）」と呼ばれ、イスラーム教徒との前線を南に押していく時の軍事的象徴となっていた。そのサンティアゴは、アンデスの高山都市において「サンティアゴ・マタインディオス（インディオ殺し）」として再び蘇《よみがえ》る。イベリア半島の歴史において私たちが見た、カトリック教徒が異教徒

**ビルカバンバの遺跡**　スペインに叛旗を翻したインカ貴族たちは、アンデスの密林地帯ビルカバンバに拠点を移し、抵抗を続けた。坂井正人撮影

に対して創出した二つの至高のシンボルは、クスコにおいても劇的に再生した。しかもインディオの心性奥深くに、敗北感と無力感、その裏返しとしての強い帰依を刻みつつ。これから見ていくように、植民地期を生きたインカ貴族は、まさにこれらのシンボルを軸に、彼ら自身の存在意義を確認していくのである。

結局包囲戦に失敗したマンコ率いるインカ軍は、包囲網を解き、クスコから撤退していった。けれども抵抗はここで終わらない。彼らはアンデスの密林地帯の要塞ビルカバンバに拠点を移し、その後も三〇年以上にわたる抵抗を持続させていくのだ。このビルカバンバ勢力は「新インカ王朝」とも呼ばれ、マンコ・インカから、サイリ・トゥパック、ティトゥ・クシ・ユパンキ、そしてトゥパク・アマルと四代にわたって王位が継承された。

だがここで留意すべきは、征服の惨禍を生き延びたすべてのインカ系住民がスペイン勢力に対峙する道を選んだわけではないという点である。アンデス世界が、海の彼方に住まうとされる「新しい王」の命令一下で再生しつつあることを機敏に理解したインカ王族の中には、聖ヤコブ《サンティアゴ》や聖母《マリア》を積極的に受容するとともに、この新しい王権の威光に縋ることによって植民地世界を生き延びようとする人々が現れてくる。スペイン人に立ち向かうインカ族。スペイン人に順《したが》うインカ族。そしてさらに事態を複雑にしていたのは、包囲戦でも献身的にスペイン人を支えた非インカ系のインディオたちである。ここでも、あのカニャル人の首領《ボス》フランシスコ・チルチェの存在感は格別だ。

## インディオ社会の亀裂

ガルシラーソによれば、スペイン人とインディオ軍がクスコの大広場で対峙した際、あるインカ軍の武将がスペイン人部隊に向かい、「誰か一騎打ちをするものはいないか」と大声で呼ばわったのだという。インディオごときとの果たし合いなど……とスペイン人たちが放却するなか、それでは私が、と名乗り出たのがチルチェだった。スペイン人の許しを得て躍り出たチルチェとインカ族の男との間で、短剣を振り回す長い決闘が始まった。終《つい》にチルチェが相手の胸に短剣を打ち込み、その首を切断して意気揚々とスペイン人の部隊に戻っていく。インカの人々は、臣下にすぎないカニャルごときに敗北するとは、と地団駄を踏んだという。インカ族とクスコに住む異邦人カニャル族との間には、こうして複雑な関係が維持されるが、この出来事から二〇年後、それを象徴するもうひとつのエピソードがはさまれる。

それは一五五五年六月六日に挙行された「コルプス・クリスティ＝キリスト聖体祭」に際しての出来事。この祝祭とインカ族との関係については、第九章で詳しく述べるが、この重要な祭事を祝賀すべく、インカ族をはじめとするインディオは、部族ごとに行列を繰り出した。祝祭を目撃した一人、ガルシラーソによれば、カニャル人集団も、スペイン人とインディオとの戦闘の模様が描かれた独自の山車をひいてクスコ大広場を練り歩いたのだが、彼らを導いていたのは領袖チルチェであった。

彼はマントで身体を覆《おお》っていたが、手はその中にしまい、何か隠し持っているようだ。大聖堂の階段に上ったチルチェは、突如そのマントを落とす。すると彼の右手に握られたある物を見たインカ族の四〜五人が、憤怒の形相でチルチェに摑《つか》みかかった。チルチェの手に握られていたのは「生首」の模型、あの一騎打ちで、彼が切り落としたインカ軍の武将の首を象《かたど》ったものだった。参列したインカ族は、ビルカバンバの軍勢に背を向け、親スペインの姿勢を貫いていた人々であったから、彼らは「この裏切り者の犬野郎、何とか私たちが忘却しようとしているあの記憶を再び呼び覚ますために、わざわざ祝いの席にこれを持ってきたのか」と憤ったという。チルチェはチルチェで、一騎打ちの様子をスペイン人に再現し、手柄を挙げた自らを顕彰したとされる。

スペイン人が到来する以前から、アンデス社会にはインカ帝国による厳しい地方社会に対する統治、そして王家間の拮抗によって、いくつもの亀裂が生じていた。征服は、その暴力により、亀裂をさらに深刻なものにし、スペイン人対インディオという関係のみならず、インディオ社会をいくつもの利害集団によって分断することになったのだ。その利害集団の中でも特筆すべきは、クスコにおける重要な勢力となる親スペイン系のインカ族である。その中でもまず取り上げられるべきはパウリュ・インカである。

## 生き延びるインカ貴族

パウリュもワイナ・カパックの皇子である。インカ時代にはワスカルとともにクスコにあったが、アタワルパ軍の虐殺を免れ、しばし逼塞《ひっそく》していた。パウリュは、叛旗を翻したマンコ・インカに代わり房飾り《マスカパイチャ》を受け、新たにインカ王に即位した。従来はパウリュ王権を、単なる「傀儡」と見なす傾向もあり、スペイン人への気骨ある抵抗を持続させた「新インカ王朝」と対比させつつ、どちらかというと否定的なニュアンスでとらえられてきた。しかし最近の研究は、マンコ・インカが撤退した後のクスコに生じた権力の空白を、新しい王としてのパウリュが埋めていたという事実を明らかにする。

すなわちインカ貴族《オレホン》たちが、パウリュを「君主《セニョール》」と呼んで崇拝し、儀礼的挨拶《モチャ》を捧げていたこと、またパウリュがインカ王として首長《クラカ》たちの職を認証し、首長権力の象徴である「椅子《ティアナ》」を下賜するという行為におよんでいたことがわかってきたのである。生き生きと機能するパウリュの王としての権威を目の当たりにしたスペイン人たちは、本来おのれに向かうべきインディオの臣従が、過去の遺物たる傀儡インカ王に捧げられていることに強い不快感を示し、なかにはパウリュを憎むあまり打擲《ちょうちゃく》する者もいたという。パウリュは一五五〇年頃に亡くなるが、クスコの住民は古式に則り、亡き王パウリュの「塑像」を作って、そこに生前の王の髪の毛と爪を嵌め込み、秘かに崇拝し続けていたという。

この時期のクスコ、いやペルー全体の政治地図は依然不透明であったが、着目すべきは、この流動的な状況にあって、インカの歴史が少しずつ凝固しはじめていることである。第一章冒頭で紹介した、初代から第一一代ワイナ・カパック王まで連なる「唯一の王《サパ・インカ》」によって王位が継承されたという「単系的王朝史」は、まさにこの時期、形をとりつつあった。それは、はじめてこの単系的王朝史を示した『キープ役《キープカマヨ》の報告』と呼ばれる記録が、この時期に書かれたとされることからわかるのだが、それと同時に興味深いのは、一五四五年頃、いくつかの歴代王の王家《パナカ》に属すると称するインカ貴族たちに、当時スペイン・バリャドリッドに在った皇帝カルロス五世（スペイン王としてはカルロス一世）から「紋章掲揚権」が下賜されている事実である。私がクスコの公文書館で確認しただけでも「リョケ・ユパンキとマイタ・カパック王」「グラン・トパ・ユパンキ王」、「ヴィラコチャ・インカ王」などの王家の成員に、それぞれ意匠の異なった家紋を、子々孫々、顕示することを許可する勅令が出されていることがわかる。

たとえばそのひとつ、「グラン・トパ・ユパンキ王」の末裔に与えられた勅令によれば「アベ・マリア」という言葉で真ん中を二分されて四つの空間をもつその紋章には、ライオン、鷲、虹、王徴である房飾り《マスカパイチャ》、蛇、城、兜などがあしらわれていた。またパウリュ・インカにも、黒い鷲、ピューマ、王冠をかぶった蛇、そして房飾りを配した紋章顕示権が下賜され、そこにもやはり「アベ・マリア」の文字が刻まれていた。

植民地初期のインカ族は二分された。一方には、スペイン人との関係を断絶し、全面的な対決を選んだビルカバンバのインカ族の人々がいる。そしてもう一方には、カルロス五世から発出する新しい帝国の威光を「紋章」というかたちで押し戴き、植民地期インカとしての自らを新しく確立しようとするインカ族の人々がいた。彼らは聖母マリアを讃えるイデオロギーを「地」とする紋章の空間に、アンデスのさまざまな伝統的イコンを流し込みつつ、自らを成形していったのである。

### ゴンサロ・ピサロの反乱

しかし、不安定な歴史の流動を自らの側に呼び込もうとしていたのは、インディオだけではなかった。ここでもうひとつの混沌を現出させていたスペイン人の社会に目を転じてみよう。ピサロとアルマグロという征服者の領袖間の権力闘争は、ピサロ派がアルマグロを「ラス・サリーナスの戦い」で敗走させ、処刑したことによって決着がついたかに見えたが、しかし今度はピサロ派に不満を抱く勢力が、アルマグロの遺児を担ぎ上げ、フランシスコ・ピサロをリマで暗殺する。ペルーのスペイン人社会は完全な内乱状態となった。

さらに一五四〇年代のなかば、ある決定的な事態が、カルロス五世の発布したひとつの法令を契機として生じた。アンデスのスペイン人征服者たちが王権に謀叛を企て、ペルー社会がスペイン帝国の羈絆《きはん》を脱する可能性が浮上してきたのである。「インディアス新法」として一五四二年に発布されたその法は、征服者=植民者たちの富と領主的権力の基盤になっていたエンコミエンダの廃絶をめざしていた。背景には、同制度こそ、インディオの自律性を阻害してキリスト教の宣布を妨げ、さらにはスペイン王権の植民地における支配の礎を危うくしていると事態を認識していたラス・カサスの精力的な活動があった。

しかしフランシスコ暗殺後、ピサロ家の事実上の頭領となった異母弟ゴンサロ・ピサロが、新法により権力の基盤を奪われることをおそれた人々の怒りと不安を引き受け、叛逆の烽火《のろし》をあげた。エンコメンデーロたちを糾合したゴンサロは、新法発令と同時に派遣され、エンコミエンダ接収に向けて動き出した副王ブラスコ・ヌニェス・ベラと武力をもって激しく対峙し、ついにエクアドル地方で副王を殺害するにいたる。スペイン王の人格的な代理表象としての副王は、植民地社会の最高権力者であったから、ベラの殺害は、王の権威がアンデスのエンコメンデーロたちによって全否定されたことを意味した。

新しい王権の誕生。事実、反乱者たちは、アンデスの地でゴンサロを王として戴冠する意志を持っていたようだ。しかし王の権威はどこに求められるのか？　彼らはインカ王権が依然として息づいていることを知っていた。ガルシラーソによれば、ゴンサロ軍の老獪《ろうかい》な知将フランシスコ・デ・カルバハルは「閣下、どうぞ奥方として、インカの王統に最も近しい皇女をお娶《めと》りなされ」とアドヴァイスしている。そうすれば、ビルカバンバに籠っているインカも平和裏に帰順することになろう、やがてインカ族とスペイン人の間には恒久的な和平が築かれ、インカの統治権とスペイン人の支配権が調和する社会体制がペルーに生まれる……。混血の記録者のユートピア的願望が織り込まれている感もある新しい社会をめぐる思考は、しかしその後もアンデスの歴史の底を流れ続けてゆくだろう。

「ペルー帝国」の誕生をほんとうにゴンサロ一派が構想していたのか、その真偽はわからない。ゴンサロ・ピサロとインカの皇女との縁談が実現することはなかったし、反乱の命脈もやがて尽きる。沈着冷静な能吏ラ・ガスカが、王室により特命全権使として派遣されて事態の収拾に乗り出すと、反乱者の多くが王党の旗幟のもとに走り去った。結局ゴンサロ・ピサロは処刑され、国王大権を否定した謀叛は二年たらずで終焉を迎える。インカとスペインの「婚姻による統合」の夢もはかなく消えた。だがペルー社会はまだ安定しない。一五五〇年代以降、やはりエンコミエンダという制度をめぐって、植民地社会の各層を巻き込むダイナミックな動きが展開するからである。

### エンコミエンダの存続をめぐって

ゴンサロ・ピサロの反乱は、エンコミエンダ廃止問題を宙づりにした。のみならず、慢性的に財政が逼迫《ひっぱく》して往生する王室は、まったく逆方向へのかじ取りすら考えはじめる。つまりペルーの植民者たちが蓄積した豊かな富とひきかえに、エンコミエンダを彼らに売却し、封建的な特権に格上げしてやろうというのである。一五五三年頃、ペルーからもエンコメンデーロの代表が到着し、王室に多額の献金の提供を申し出た。父である皇帝カルロス五世から検討を依頼された皇太子フェリペも売却の方向を積極的に検討しはじめる。

この動きに立ちはだかったのは、ラス・カサスであった。彼は、封建的特権が与えられたら、植民者たちは忘恩の徒と化して王権に叛旗を翻し、植民事業は頓挫してしまうであろうと主張した。またアンデスの現地でも、エンコミエンダ恒久化を察知したインディオ側が、

ドミニコ会士ラス・カサス　セビーリャ、コロンブス図書館蔵

独自の動きを見せはじめる。当時アンデスのインディオ布教の中核にあったのは、ラス・カサスの思想的影響を強く受けていたドミニコ会であった。アンデスにおけるその指導者ドミンゴ・デ・サント・トマス師は、エンコミエンダ制自体を廃し、全アンデスの統治権を土着の君主に返還すべし、と熱く主張した。彼はアンデスにおける生活経験から、伝統的な社会システムを熟知しているインディオ首長たちに統治を任せれば、結果的にスペイン王は多くの経済的利益を抽出しうるであろうと論じる一方で、インディオ首長たちをある「運動」へと組織しはじめる。

一五六一年頃から、アンデスの各地で、首長たちが集会をもちはじめる。彼らはドミニコ会士から「恒久化」をめぐる事情を聞かされると、ケチュア語で「嫌です！《マナンカンチョ》」と語気を荒らげ、それならばエンコメンデーロよりも、もっと多い額の献金をスペインの王に差しだそうではないか、という話になった。たしかに、旧世界からもたらされた病原菌や苛酷な生活・労働条件の下で、多くのインディオの命が奪われた。一〇〇〇万人ほどであったとされる先住民人口は、征服後四〇年で、その八分の一にまで減少したとされる。だがしかし征服後、インディオ社会が直ちに貧困化したというのは、偏った見方である。植民地支配によって彼らの経済的なポテンシャルがずいぶんそがれたことは間違いないけれども、しかしインディオ首長たちは、依然スペイン人に対抗しうるような富を確保していたのである。

興味深いのは、クスコで開かれた首長集会での出来事だ。同市を治める地方官吏《コレヒドール》は、ある混血《メスティーソ》の通訳を通じて、エンコミエンダがスペイン人に売却されるかもしれない、と告げた。この時通訳は、もしもそうなればインディオはスペイン人の奴隷と成りさがり、黒人のように売り買いされ、顔には奴隷の烙印が押されてしまうぞ、君らは所有する畑も失い、馬の糞の掃除係に成り果ててしまう、首長の方々も地位を追われ、平民と同様戦場を引き廻されるのです、と翻訳した。実はこの出来事の内容が今日まで伝えられたのは、この時の通訳者がその不適切な訳述で先住民を過度に動揺させ、あわやインディオの蜂起か、というところまで追い詰めてしまったという容疑で裁判にかけられ、その記録が残っているからだ。事実、インディオたちはこれを聞かされるや、「インカ王の時代以前も以降も、私たちが売られたりすることはなかった、どうして今、リャマやコカの葉のごとく売却されるのか、スペインの王に直訴にゆく、たとえ道中、息絶えても……」と涕泣《ていきゅう》、憤慨したと記されている。

**共同歩調**

インディオたちは数回にわたり集会をもつが、その様子が記録から伝わる。協議の末、一人一人が能う限りの額を醵金《きょきん》し、集まった金で首都リマに代理人をやって当局と交渉しよう、と決まった。また代表団は示威のため「インカ時代の衣裳」で正装することにもなった。注目すべきは、この時、クスコのインカ系の人々と非インカ系のインディオとが、利害関心を一致させて、共闘していることだ。あのインカ族とひどく敵対していたカニャル族のチルチェが、インカ族とともに会合を調整していたのである。先スペイン期のエスニックな対立は、インディオたちの一大事を前に、瞬時とはいえ解消し、彼らはスペイン人の利害関心に対して共同戦線を張った。

クスコ以外の地域でも、インディオたちはスペイン人に異議を申し立てている。たとえばリマ近郊の山村ワロチリ。ちょうど恒久化問題で騒然としている時、村が新しいエンコメンデーロを迎えることになった。インディオ首長が招喚されて「委託」の儀式が挙行され、地方官僚立ち会いのもと、新エンコメンデーロが、首長二人の手をとった。役人が委託に伴う奉仕・貢納の義務を説明し、儀式が終了しようとした時、インディオ首長は、新エンコメンデーロの手を振りほどき、もう「委託」の期間は終了しました、と告げたのである。

インディオたちは、エンコミエンダが消滅した暁には、唯一の君主として、スペイン王を戴くという認識を持っていた。ここに新しいアンデス社会についてのひとつのヴィジョンが胚胎する。すなわちそれは、先住民が政治・経済的な自律性を確保し、その彼らを、至高の統治者としてスペイン王の超越的な権威が包み込む、そしてまたエンコメンデーロのような中間的な搾取者は排除される、という社会構想であった。ドミニコ会士らの思想は、インディオ社会の現場に確かに届いていた。

しかし同じ頃、インディオを、ただ労働力を抽出するためだけの「駄獣」として再定義し、彼らの活動力を削いでいこうとする植民者側の意志も明確になっていた。「一般的にインディオは能力が低く、薄弱である。後見人をつけて子供のように扱うべき」、「インディオは根っからの訴訟好き、それにかこつけて年がら年中、仕事をするでもなくうろついている。連中が訴訟の何たるかも分からず、裁判所への道順すら知らないでいるのがよい」。

インディオを侮蔑する言葉と、ラス・カサス派の思想とが激しく対峙したのが、この時期の植民地社会をめぐる言論界であった。

## 二つのレプブリカの理念

こうしたなか、帝国の植民地のあるべきかたちについて、統治者側はある理念を提示し、具体化させた。それは、インディオの自律性に委ねるという方向とも、封建領主社会の再生とも異質な、ある意味でスペイン帝国が目指したひとつの「近代性」を体現するようなものであった。それが二つのレプブリカ理念である。レプブリカを適切に訳すことは難しいが、敢えて訳すと「公共体」くらいになろうか。植民地は「スペイン人のレプブリカ」と「インディオのレプブリカ」という二つの異質な政治的空間によって原理的に構成されるのが好ましい、という考えが卓越していくのである。スペイン人のレプブリカは、ヨーロッパ系白人の空間であり、住民は、広場を絶対的な中心とし、格子状に張りめぐらされた街路によって区画される「都市」に居住すると同時に、政治組織としての市参事会によって統制される。

一方、インディオのレプブリカは、都市の後背に広がる山岳などに住む先住民によって構成される。インディオに特化された法と合議機関（村会）をもち、表面的には先スペイン期の社会構造と自律性を維持するが、もっぱらもうひとつのレプブリカのために、人的エネルギーを供給する源として把握される空間となる。

この二つのレプブリカ概念の成立背景では、すでにイベリア半島におけるその歴史的生成のプロセスを見た血の純潔《リンピエサ・デ・サングレ》のイデオロギーも共振していると考えられる。たとえば第三代副王は次のようにスペイン国王に書いている。曰く、スペイン人男性とインディオ女性との通婚は当地では頻繁に見られるが、諸身分を保持し、統べるためにはこれはとても具合が悪い、陛下にあられては、スペイン人男性がインディオ女性、あるいは黒人女性と結婚することを禁じられんことを、スペイン人男性はスペイン人女性とのみ結ばれるべきであり、しかもその際は、イベリア半島出身者、あるいは植民地でスペイン人の父母から生まれたものと結婚すべきである。

一五世紀のスペインにおいても、ユダヤ人たちが、ユダヤ人居住区《フデリーア》へと、なかば隔離されるようになっていったことを想起してもよいだろう。

二つのレプブリカが現実社会において可視化するのは、一五七〇年代、アンデスの変革者として登場した副王フランシスコ・デ・トレドの統治下であった。トレドは、全国的規模で「巡察」を実施し、インディオ社会が潜在させる生産力を着実に把握すると、そこから一律の貢納額を決定した。また、水銀アマルガム法の開発と連動して興隆しはじめていた、スペイン帝国最大の銀鉱ポトシの開発にあたらせるため、インディオ共同体《アイユ》から毎年一定率の成人男子を、企業家や鉱山に割り振った。インカ遺制の輪番労働奉仕「ミタ」が植民地状況で復活したのである。ミタ制度は一八世紀まで、納税とともに、インディオ社会に重い負担としてのしかかる。

さらにインディオのレプブリカは物理的にも再構築された。「レドゥクシオン」と呼ばれる住民の強制集住政策が、箍《たが》としてアンデスの風景に嵌められた。先スペイン期以来インディオたちは、起伏に富み、生態学的な複雑性に満たされた環境に鏤《ちりば》められて生活してきた。垂直統御（第一章参照）による多様な生産システムの維持と、山河に点在する聖なるものたちとの日常的な交流を絶やさないために、自然に導き出された居住の形態だった。しかしそれは効果的な収奪やカトリックの布教にははなはだ都合が悪い。そこでトレドは秩序あるところに文化あり、という発想に基づき、中心点を構成する広場や格子状の街区によって造られた、ちょうどスペイン人の都市の縮図のような人工の村をアンデス全域に生みだしていったのである。このようにして、インディオのレプブリカは、アンデスの空間に物理的に刻み込まれた。

とは言え、二つのレプブリカは、あくまでも理念でしかない。時の経過とともに、先住民の植民地内移住や混血が進展し、二つの世界を区切る境界は曖昧になり、やがて形骸化していく。

## インカ王朝の終焉

### トゥパク・アマルの最期

ビルカバンバのインカ族にも変化が現れた。すでに二代目サイリ・トゥパックは、植民地当局の帰順の呼びかけに応えて砦を離れた。彼は一五五八年リマに到着し、当時の第三代副王カニェテ侯と会談するに至っていた。降伏協定を結んだ見返りに、彼はユカイの谷の「オロペサ」に所領を恵与され、そこで余生を送ることになった。

だがサイリの帰順によっても、ビルカバンバ問題は解決することはなかった。マンコの別の男子ティトゥ・クシ、そして彼の死後は、トゥパク・アマルがインカとして君臨し、抵抗を維持した。植民地当局は和解交渉を継続するが、事態の落着は先送りされる。間延びした状況を一挙に解決しようとしたのが副王トレドであった。「二つのレプブリカ」という理念的構図からすると、ビルカバンバの新インカ王朝も、王の房飾り《マスカパイチャ》の継承を通して微弱ながらも存続するクスコのインカ族も、植民地社会の安定にとっては深刻な阻害要因であった。

トレドはついにビルカバンバの武力的制圧にのりだした。鎮圧部隊の先頭に立ったのは、イエズス会を創始したイグナティウス・デ・ロヨラの甥の子（「甥」という説もある）、マルティン・ガルシア・デ・ロヨラであった。掃討軍に加わったインディオの数は二〇〇〇人、そのうちインカ族は一五〇〇名、残りの五〇〇名には、「友人インディオ」として重宝がられたカニャル人が含まれていた。カニャル人を率いていたのはもちろんあのチルチェ、彼はすでに七〇を超える高齢であっただろうに「将軍」として先陣を切った。

ビルカバンバの最後のインカ王トゥパク・アマルは、ついにロヨラの部隊によってその身柄を拘束された。クスコに連行された彼は、キリスト教を教えられ、フェリペという洗礼名を得る。だが、副王トレドは、簡易裁判をでっち上げ、極刑を宣告する。一五七二年九月二四日、クスコ大広場の中心に据えつけられた処刑台に、トゥパク・アマルは、カニャル人の槍兵四〇〇人にエスコートされて到着する。広場のみならず、それを取り囲む家々、広場を望む丘から群衆の見守る中、最後のインカ王の首は、やはりカニャルの執行人の振るう剣によって刎《は》ねられた。一斉に鳴り響く市内の教会や修道院の鐘、人々は嗚咽した。このようにして、副王トレドは、まず反スペイン系インカ族をアンデス世界から抹殺した。

トゥパク・アマル　ビルカバンバで抵抗を続けたインカ族最後の王

しかし副王は満たされない。彼はインカ族がペルーに存在する限り、そこに潜在する「古代王権」が駆動しはじめ、ビルカバンバはいつでも再現される可能性があると邪推した。それは、唯一絶対のスペイン王権の支配にとっての大きな不安定要因となる。そこで副王は、それまでつねにスペイン人に協力的であったインカ族の人々、たとえばすでに亡きパウリュの息子カルロス・インカなどインカ族の有力者たちをも、ヌエバ・エスパーニャ、すなわちメキシコの副王領へと永久追放することを決定し、彼らを首都リマに移送した。カルロス・インカは、スペインの新体制に抱かれたインディオの象徴のような存在であり、スペイン風の教育を受け、その妻は生粋のスペイン人貴族であった。しかしながら副王の独断的政策への強い反発もあって結局インカ族の追放は実現せず、彼らはクスコに戻ってきた。彼らインカ族は、インディオ社会においてすでに実力を失い、称号と特権だけの存在に成りさがってはいるが、しかし、形式だけでも「インカ」が存続したことは、その後の歴史に重要なニュアンスを付け加えることになった。

## 副王トレドの「インカ史」

インカ族だけではない。トレドはその「歴史」をも攻撃の対象とした。すなわちトレドは、側近の知識人サルミエント・デ・ガンボアに命じて、彼の史観に基づく歴史を記述させたのだ。サルミエントは、インカ族をはじめとする多くのインディオを情報提供者として叙述を進め、次のようなインカ史を構築する。

インカ王のアンデスの民衆に対する支配は、短期間、かつ専制的なものであった。宗教的な逸脱行為は横溢し、また生殺与奪の権を行使するインカ王によって民衆は苦しんでいた。インカ王権は、アンデスの支配者としての正統性を欠く暴君に過ぎず、その足下で喘《あえ》ぐインディオたちを解放したのが、カトリックの絶対君主であるスペイン皇帝であった。トレドは、かくも政治的な意図が明白な歴史を編纂させると、インカ族の各王家《パナカ》の人々を証人として喚問し、それを読み上げさせ、事実に相違ないな、と迫るようにして認証させた。

興味深いのは、文字化された歴史を補強するかのように、トレドがインディオの絵師をもちいて、四枚の画布に歴代インカ王の胸像、そしてインカ王朝の起源・歴史譚を描かせ、フエリペ二世に献呈したことだ。書字と視覚素材が投入され、政治の力で強く変形されつつ、とうとう「インカの歴史」は凝固した。だがその瞬間にも、インディオ社会の側から発せられた歴史の操作に対する異議を唱える声を、史料のなかの鈍い反響として聞くことができる。

画布が描かれたのは、いよいよビルカバンバとの緊張関係が極まっていた時期であった。一人の聖職者が、この四枚の絵画制作の背景で生じていたある出来事を報告している。それによると、副王は、インカ諸王とビルカバンバに籠るインカまでの肖像画を描かせると、インカ王家に属する主要なインディオを集め、通訳を介して、この王国の支配者であり、彼らが王と呼ぶインカは僭主《ティラーノ》であった、と言い聞かせた。インカ族の人々はこれを聞いて憤慨した。

さらに国王に送付されるインカ諸王の肖像画では、カルロス・インカの父であるパウリュ・インカが、新インカ王朝三代目ティトゥ・クシよりもより上座に描かれていた。するとその画を見た第二代サイリ・トゥパックの妻でティトゥ・クシの姉妹にあたるドニャ・マリア・クシ・グアルカイが、副王のところに詰め寄ったのだという。トレドは彼女に冷たく言った、「わからんかね、ドニャ・マリア。ドン・カルロスとその父パウリュは、これまでずっと国王陛下にお仕えしてきた、ところがおまえの父と兄弟は、僭主であり、山奥に籠城し続けているではないか？」。これに対してドニャ・マリアは、閣下は父と兄弟を裏切り者呼ばわりするが、そうではない、立て籠っているのは、彼らがこの王国の支配者であるにもかかわらず、スペイン人たちが食い扶持をお授けにならなかったからだ、と鋭く返したとされる。

スペイン皇帝の絶対的・一元的支配の構造の中に、インカの歴史は馴致《じゅんち》されようとしている。皇帝に叛逆するインカは抹殺された。インカ族という存在自体が消滅させられそうになっている。しかしその最中にも、こうした勇気ある女性の声が響いていた。結局トレドは「インカ」を消滅させることはできなかった。一七世紀以降、公的な歴史の中につなぎ止められながら、王家の人々は、額に垂らす房飾りを継受し「インカ」を生き延びさせていく。

そしてトレドに立ち向かっていったクシ・グァルカイ。彼女はサイリ・トゥパックとの間に一粒種ベアトリス・コヤを産むのだが、ベアトリスはトゥパク・アマルの追討で功績のあった前出のマルティン・ガルシア・デ・ロヨラと結ばれた。後にこのベアトリスが相続した所領こそが、一八世紀の末にインカを再生させる機縁となるのだが、それについては、もう少し先で述べよう。

# 第六章　世界帝国に生きた人々

## 海の彼方の王

### 拡がる帝国

一五五五年一〇月二五日、スペイン王にして神聖ローマ皇帝カルロス五世は、ブリュッセルの全国議会において、列席する貴顕などを前にして、ブルゴーニュ公爵位から退き、愛息フェリペに譲位するむねの演説をおこなった。多くの参集者の涙をさそった劇的なスピーチの中でも、とりわけ有名な箇所が、在位中の自らの「移動」について語る部分である。

余は九度ドイツに行き、六度スペインで、七度イタリアで過し、十度フランドルへ来て、平時と戦時の四度フランスに、二度イギリスに入国し、二度アフリカに赴いた。そのために八度地中海を、三度スペインの大洋を航海してきたし、隠遁場所のスペインに行くために四度目を間もなく経験するであろう。それ故に、計十二回にわたる船旅の煩わしさや労苦を蒙ることになった。(藤田一成『皇帝カルロスの悲劇――ハプスブルク帝国の継承』平凡社)

旅する皇帝が語るその肉体の軌跡は、彼の創りだした帝国の輪郭を描きだし、あらためてそれを知らされた人々に、王の領土の大きさを直覚的に伝えるには十分だったろう。だが一方、旅の日々は、彼自身の肉体に回復不可能な「痛風」の疼《うず》きをのこし、まだ五五歳だというのに、存命のまま、数々の王位を息子に譲ることを決意させた。

カルロスにスペインやイタリアの諸地方を領土として遺《のこ》してくれた、母方の祖父母カスティーリャのトラスタマラ王朝のカトリック両王も、イベリア半島を縦横に移動する機動性の高い宮廷を誇っていた。しかし、父方の祖父からは、中央ヨーロッパのハプスブルク王家の広大な領域を、また父方の祖母から、ブルゴーニュ公爵家のネーデルラントなどの土地を得たカルロスは、両王以上に繁《しげ》くその身に旅装を施さなければならなかった。しかもその旅の多くは、たんなる行幸《みゆき》ではなく、広大な領域のあちらこちらから放たれる帝権への異議申し立てに対する、兵力を動員しての深刻な軍事的遠征でもあった。

イタリアの所領をめぐっては強情なフランス王と干戈《かんか》を交え、またオスマン帝国の興隆によって地中海を制しはじめたイスラーム勢力とも、自ら海軍力を率いて対峙している。また神聖ローマ帝国の中心ドイツからは、帝国の宗教カトリックを根柢から否定しようとする革命が渦巻き、このルター派諸勢力と向き合い、あるいは懐柔するためにドイツを移動することを余儀なくされた。

藤田一成も論ずるように、最後の中世君主と称せられるカルロスは、各地を経巡り、臣民

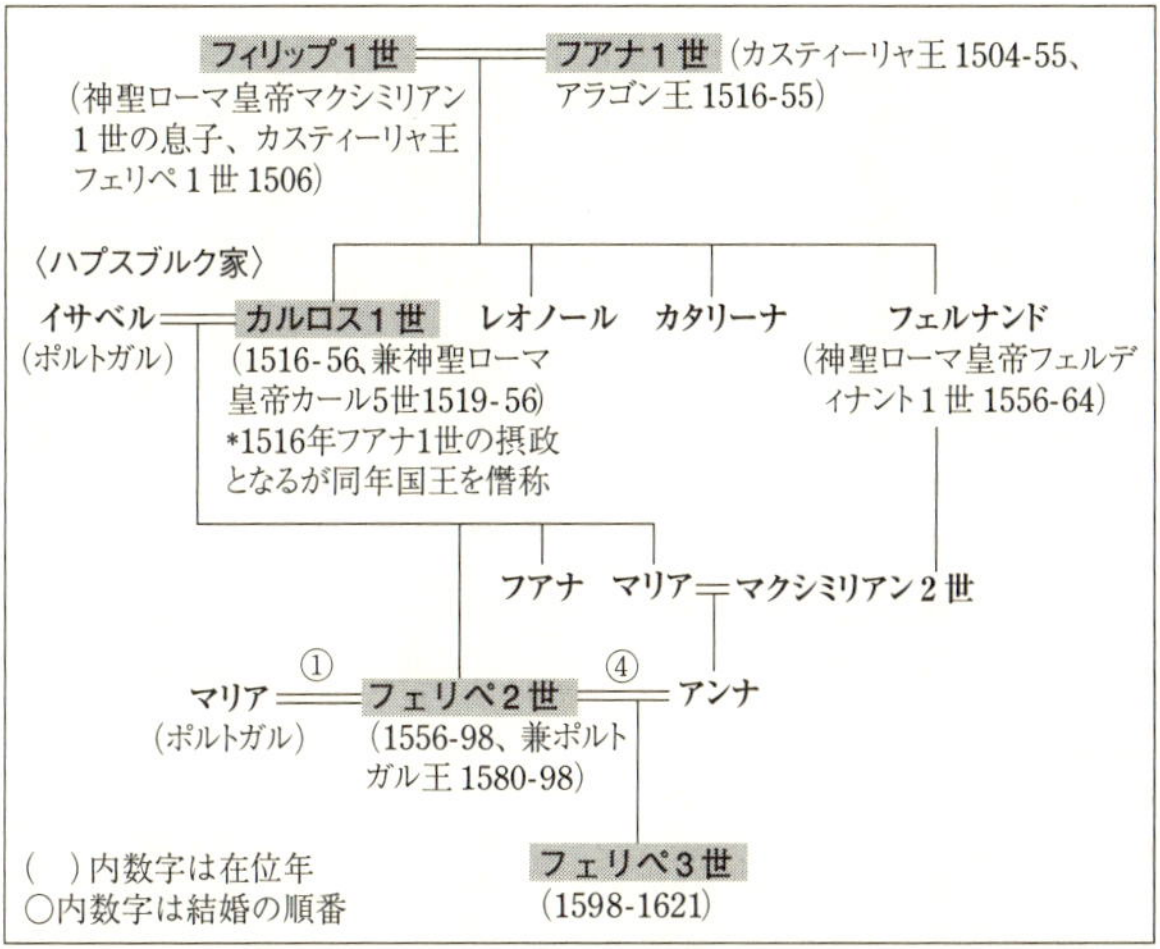


スペインハプスブルク家系図　立石編『スペイン・ポルトガル史』（山川出版社、2000年）をもとに作成

の前にその姿を晒《さら》すことを通して、自らの存在を常に意識させ、遠心的な傾向をもつ「複合帝国」を構成する各地に（あのカトリック両王の称号を想起しよう）連帯感を持たせる必要があった。だから経巡り続ける体力と気力を失った時、彼は退位という道を選び、消えるしかなかった。しかし、彼の帝国には王の名こそ知れ、決して彼と見《まみ》えることのできない何百万という人々が存在した。カルロスの披露した旅程には決して含まれることのなかった土地、アメリカである。カルロスだけではない、次王フェリペ二世、いやそれ以降のスペイン王たちの誰も、決してアメリカ植民地に行幸することはなかった。さらにフェリペ二世の治

世下には、新たに東南アジアの世界も帝国の版図に加わるのだが、もちろん王たちがその地を踏むことなどない。

しかしアメリカやフィリピンに住む人々にとって、海の彼方に住むその人は、いつまでも彼らの王であり続けた。たとえばアンデスに住むインディオ。インカ帝国の時代、王たちは荘厳な輿に担がれ、帝国領内を行幸し続けた。やはり王たちの移動しうる範囲が、そのまま帝国の外縁を形づくっていたといってもよい。その意味では、旅するスペインの皇帝とインカの皇帝の姿を同じ地平の上で重ね合わせることも可能である。インカの王たちは、行幸先で臣民たちと御神酒《チチャ》を酌み交わし、年貢や夫役・兵を差し出すことを要求しつつも、大盤振る舞いをすることで、民の歓心を買い、こうした互酬関係を王国運営の基本的構造に埋め込んでいった。それだからこそ、アンデスのインディオも、海の彼方の王との間に、同様の関係が存在することを信じていたのだと考えられる。それを示すのが、ペルー中部高原のワンカ族の人々である。

## 海を渡るインディオ

前章で見たチルチェ率いるカニャル人同様、スペイン人による征服の陰の功労者であったワンカのインディオたちは、一五六〇年代に入り、スペイン王に対してある請求を開始する。ワンカの人々が征服《コンキスタ》の時期、スペイン人の諸勢力に惜しみなく提供した援助を、細大漏らさず彼らの「帳簿」キープに結わえ続けていたことはすでに述べた。ところが彼らはいまや、その帳簿を解きほぐしながら、征服者《コンキスタドール》への人的貢献・物質的援助の一切合切を事細かに列挙し、その代価を、特権の恵与というかたちでスペインの王に要求したのだ。とくにハウハの上級首長ドン・ヘロニモ・グァクラパウカルの子息、フェリペの行動はきわだっていた。

フェリペ・グァクラパウカルは、新しい王たちがアンデスに現れることはないという事実をすでにはっきりと認識していたのだろう、彼自身が移動するという道を選んだ。すでにスペイン語が堪能であったフェリペは、一五六二～六三年頃、父親の代理として、ワンカ人の貢献の認証と報酬を求め、スペインへ向けて旅立った。それはまた、現行エンコメンデーロ（インディオを委託されたスペイン人）の死後、彼らインディオが、エンコミエンダ制から離れ国王の直属民として再統合されんことを請願するためでもあった。ワンカの首長たちも、先に見たエンコミエンダ恒久化反対運動の先頭にあった。

彼の本国での動静については何もわからない。果たしてスペインの王にその思いを伝えられたのか。ただ一五六四年、国王フェリペ二世が、彼にペルーへの帰還を認める「渡航勅許状」を発給したことはわかっており（渡航勅許状については後述しよう）、また陳訴の結果として、年金をはじめさまざまな特権や免除を認める勅令がだされていたことも知られている。

グァクラパウカルだけではない。パウリュの孫メルチョール・カルロス・インカも海を渡り、そしてまた、スペイン人の父親が、ゴンサロ・ピサロの乱に際し王を裏切った、という

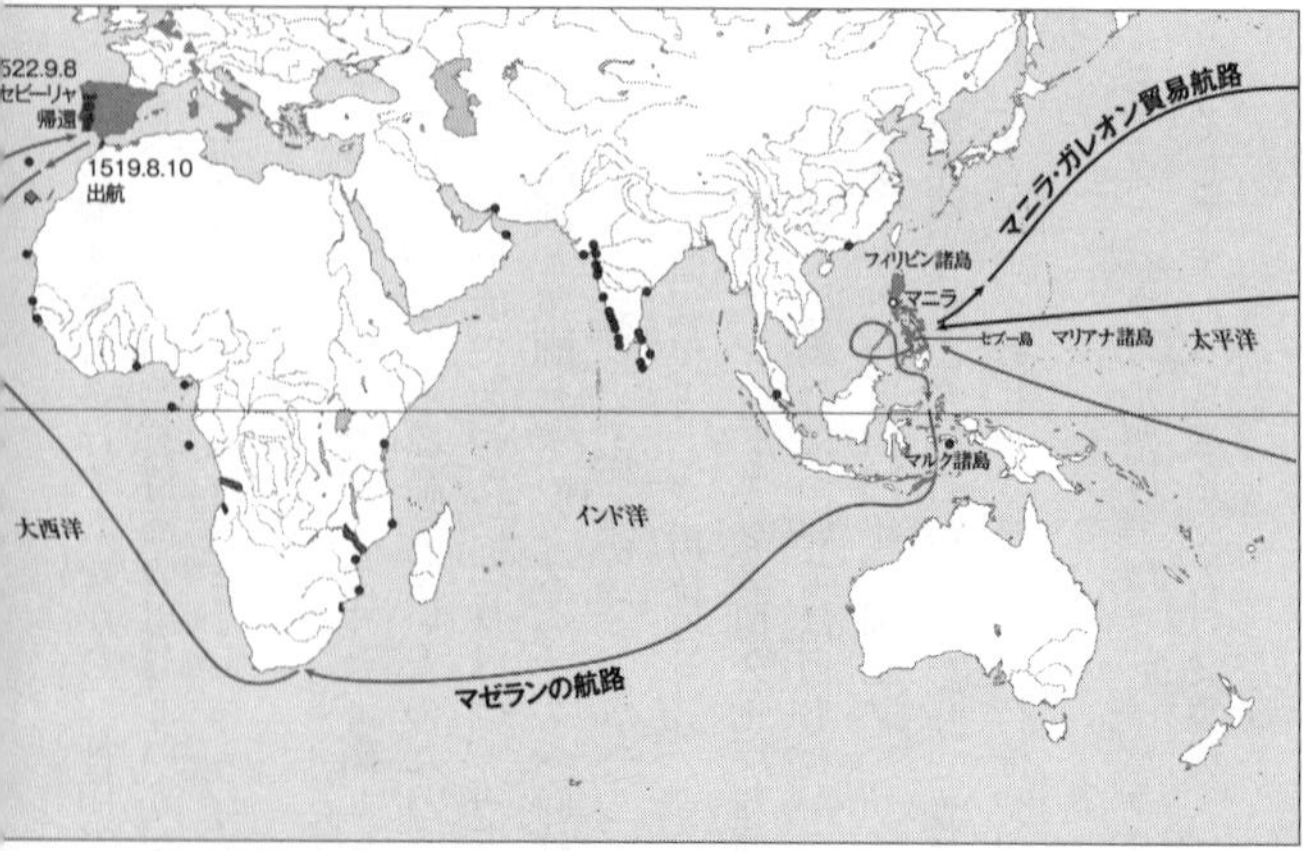

ペ2世の治世下ポルトガルを併合し、その支配領域はアジアまで及んだ

疑念を払拭すべく、混血の記録者インカ・ガルシラーソも、父の祖国へ戻っていった。彼の大著『インカ皇統記』の第二部は、インカ社会崩壊後のペルーの内乱状況を克明に描きだすが、それは父の失われた名誉を回復すべく、君主へと向けられた誓願のひとつのかたちであった。

## 帝国の旅人たち

王も移動したが、彼の臣民たちもこのように遠大な距離をものともせず、帝国内を動き続けた。カルロス五世からフェリペ二世への王位の交代によって、ドイツやオーストリアなどのハプスブルクの領土はスペイン王の手から離れていった。しかしながら、メキシコのアカプルコから東南アジアを結ぶ太平洋世界を横断する道がやがて拓かれると、フィリピン諸島を媒介として大きなアジア世界が射

スペイン帝国の最大版図　フェリ

程に入る。さらに一五八〇年、フェリペがポルトガルを併合したことによって、ポルトガル領アジア世界も包摂され、まさに世界帝国とでもいうべき空間が拡がった。

フランスの史家グリュジンスキは、儚《はかな》かったとはいえ、まさしく世界史上最初に地球規模の拡大《グローバリゼーション》を達成したフェリペ二世の「カトリック王国」がもたらした、人とモノの爆発的な拡散と、それらの融合＝混血状況から生み出された新しい文化の種子ひとつひとつを歴史研究の対象とすることを提起しているが、そうした文脈のなかで、アンデスの人々と帝国との関係を考えてみたい。

まずは世界帝国スペインの拡がりを、もう少し具体的にイメージしてみよう。ヨーロッパの版図については、すでにカルロス五世の歩みとともに把握できたと思われるが、世界帝国の全貌を、その移動の軌跡によって描きだしたのは、カトリック王国の流動性をまさに象徴する存在としてグリュジンスキも紹介する、スペインはハエン出身の聖職者ペドロ・オルドニェス・デ・セバーリョスだ。実際、彼の著書『世界の旅』の序文から、彼が地表に描きだした、目眩《めくるめ》くような移動線が浮かび上がってくる。九歳から四七歳まで、遍歴と見聞の日々を過ごしてきた、と述懐する彼の人生の旅程を概観してみよう。

ヨーロッパは自分の故地だから、ほとんどすべての土地に足を踏み入れたと自負する。そしてイスラエルの聖地をはじめ、ギリシア、グルジア、地中海の無数の島々。チュニス、セウタ、フェス、ベルデ岬、コンゴ、マダガスカルなどのアフリカ諸国を彼は知った。アメリカではすべての土地を踏破したと明言する。ボゴタ、キト、リマ、クスコ、ポトシ、ブラジル、パラグアイ、そしてメキシコの全領域。そしてアジア世界への飛躍。フィリピン諸島、中国、コーチシナ、チャンパー、カンボジア、ムラカ、そして、「すべての家屋は木材で造られている」ナガサキにまで彼の足跡は及んでいた。総踏破距離は、彼自身の計算では、三万レグア、約一七万キロメートル以上にも及んでいた。

聖職者でありながら、奴隷売買にも手を染め、兵士としても働いたことがあるというこの人物が語ることがらについては、その真実性を訝《いぶか》るむきもあり、アジア世界には実際には行っていないのではないかという疑義も出されている。しかし仮に、実際には行かなかった場所を羅列していたとしても、帝国の一臣民たる彼が、その脳裏に、これらの地名によってかたちづくられる広大な世界を、その実際の物理的な規模とともに表象しえていたことは確実である。

帝国を経巡ったのは、こうした冒険家的人物だけではない。帝国の各地に仕事で赴任する官吏たちも、膨大な距離を異動させられた。たとえばスペインのエストレマドゥラ地方の町カセレス出身の官吏サンデ博士。彼は中流貴族の出だったが、一五五〇年代にサラマンカ大学で教会法を学び、六七年、聴訴院《アウディエンシア》の判事としてメキシコに渡る。その後、フィリピンの総督に任命されて、七五年にマニラに到着、八〇年までこの地で働いた後、再び新世界の聴訴院に戻り、グアテマラ任務を経て、一五九六年から一六〇二年に死ぬまで、コロンビア・ボゴタ聴訴院長官として勤務した。

サンデ博士の場合は、おそらくは矜恃ある帝国官僚の転勤者として海原を横切ったのであり、彼はその移動距離にあわせるように、出世の階梯を上昇していったと思われる。むろんこうした、いわば帝国の表舞台の移動だけがすべてではなかった。むしろ、公文書が把握しきれない世界において、おびただしい数の人々が帝国の諸領域を横断し、その輪郭に具体性を与えていたのだ。たとえば私たちはそれを、カトリックとユダヤ教の、そして寛容と迫害の辺縁に身を置きながら、時には異端審問の弾圧を避けるために、時には莫大な利益を追求するために移動したユダヤ系の商人たちが描きだす軌跡に見いだすことができよう。彼らについては、次章でその生の輝きと挫折を詳しく見たい。

## 銀を運ぶ道

### インディアス海路

こうした人とモノの移動を可能にしたのは、帝国が構築した交通システムと、そこを貫流した大量の文書によって支えられた官僚制度であったことは間違いない。この交通システムの根幹は、本国と海外領土アメリカを結ぶ唯一の海の通路、「インディアス海路」であった。

その出発点は、アンダルシアのセビーリャ。オルドニェス・デ・セバーリョスも、サンデ博士も、そして多くのユダヤ系商人もみなここから旅立っていった。一五世紀末の人口四万が、一六世紀末には一五万人になっていたことが象徴するように、セビーリャはヨーロッパとアメリカの結節点として、急激に成長した。一五〇三年には、同地にインディアス通商院が設置され、新世界に向けて出航する船舶をコントロールし、移民の管理、アメリカ向け商品の購入や艤《ぎ》装《そう》を受けもつようになる。

このインディアス海路は、帝国スペインを支える最も貴重な滋養たるアメリカの銀を運ぶ道であった。それゆえこの銀を奪取しようと目論む外国勢力の海賊や私拿《だ》捕《ほ》船を回避するために、一五六四年より、武装した護衛船に守られた船団システムによる航行がなされるようになった。「フロタス」と呼ばれたヌエバ・エスパーニャ（メキシコ）地方へと向かう船団がメキシコのベラクルスを目指し、そして南米へは「ガレオネス」船団が目的地であるノンブレ・デ・ディオス、カルタヘナに向かって航行した。疫病やハリケーンのシーズンを巧みに避けての出航調整もなされていた。

グアダルキビルの河口を離れた船団は、南西方向、カナリア諸島に向けて舵《かじ》を切る。カナリア諸島までは七～一〇日で到着。ここで人心地ついて、いよいよ大西洋横断の旅である。約一ヵ月後には、船団は小アンティル諸島に入る。メキシコに向かう船団は、プエルト・リコで補給をして、さらに一ヵ月をかけてベラクルス方面へと帆を張り、一方、ノンブレ・デ・ディオス、カルタヘナを目指す船団は二週間ほどで目的地に入っていく。このガレオネ

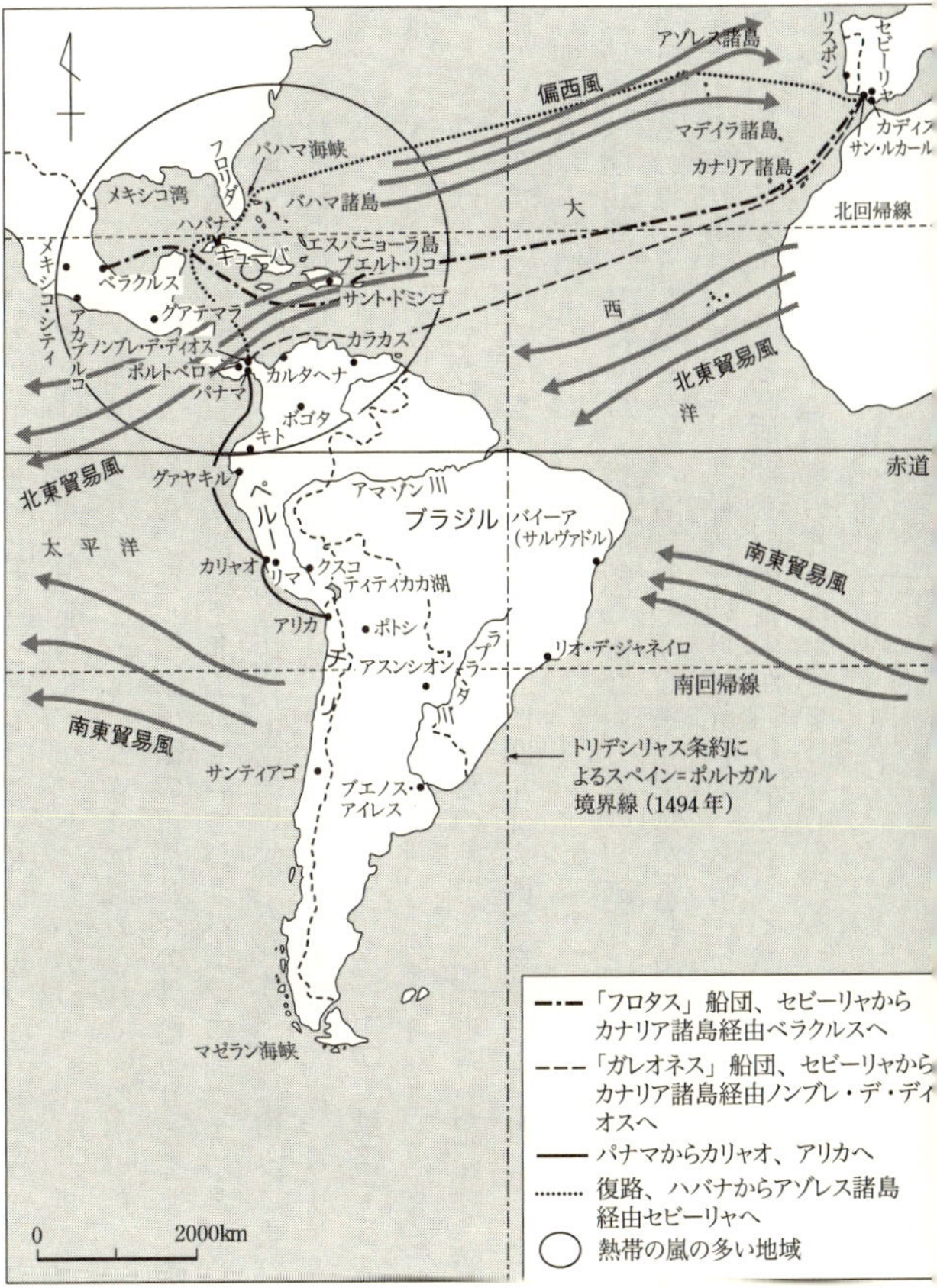


インディアス海路　スペインと新大陸を結ぶ二つの船団フロタスとガレオネス

ス船団こそ、アンデス世界が生み出す銀を運んでいく宝船であった。すなわち、南米最大の銀山ポトシの生み出す富は、時間や距離的なメリットにもかかわらず、南のブエノス・アイレスを経由する航路で運ばれるということは、公式には認められていなかった。

銀はアンデス高地のポトシから、ペルー副王領の首都リマの外港カリャオまで運ばれ、その後、護衛艦によって守られ太平洋岸を北上していった。パナマに到着すると、そこから地峡の難路をラバの背に乗せられて大西洋側へと運ばれ、ガレオネスに積み込まれる。やがて、それぞれの務めを終えた二つの船団は、キューバ島ハバナで合流し、ハリケーン・シーズンが来る前に出航する。復路は往路よりもずっと長かった。船団で勤務するクルーたちは、九〜一〇ヵ月ぶりに、出発地点のグアダルキビル河口に巡り合うことになる。

ただこれはあくまでも航海がスムーズにいった時の話である。当時の記録は、船旅が実に厳しいものであったことを伝えている。一五四四年に大西洋を渡らなければならなかったある聖職者は、次のように記す。

「船内は窮屈で、私たちは、格子《こうし》や鎖こそないものの、逃げ出すことのできない監獄にいたようなものだ。うちひしがれ、窒息しそうな熱い空気が張り詰めている。床がベッドで、山羊毛の毛布があるだけ、そして船内は嘔吐《おうと》で充満している。喉《のど》の渇きは信じられないほどだが、これにビスケットと塩漬けものの食事が加わるともっと酷くなる。無数の蚤《のみ》が生き血を吸ってくる。悪臭、とくに船倉のそれはおぞましいものであった……」。

こうした旅をしたあとでは、新世界に到達しえた人々の多くが、その背後に広がる故地との距離の途方もなさに絶望的になり、帰郷する夢を断念することも多かったであろう。とはいえしかし、這々《ほうほう》の体《てい》でたどり着いた新世界がまさしく「約束された土地」となる場合もあった。

君の仕事なら、そちらで一年かかる稼ぎが、こちらでは一ヵ月で手に入るぞ……船賃がなくても大丈夫だ。ツケで来れば、僕がこちらで何とかしてやる。家も店も僕が用意する、神様のおかげで、うまくいっているんだ……こっちの土地は肥沃で豊饒《ほうじょう》だ。小麦だって年に二回は収穫できるし、天候も穏やか。暑くもなく、寒くもない。きみがこちらに来ればわかることだから、これ以上は言わんよ……もしも来る気があるなら、まず最初に宮廷に行って、許可状を手に入れなければならんよ。それがもらえたら、持っているものすべてを売り払い、できるだけの金をつくりたまえ。そしてセビーリャにやって来て、なるたけ安い船賃で契約し、必要と思えるだけの糧食を買い込むんだ。

これは一五七六年、メキシコのプエブラに住むあるスペイン人が、旧世界の義兄弟に送った書簡である。こうした書状も船団によって運ばれ、新旧両大陸に分かれ住む人々を結びつけていたのだが、これは見たとおり「呼び寄せ」のための手紙であった。こうした書簡が今日にまで遺されたのは、この私信が新たにアメリカへの渡航を目指す人々の、いわば「受け入れ等を証明する書類」として渡航手続きに際し、添付されたからであった。

## 移民統制

帝国の空間内部の人間の移動は可能になったが、スペイン王権は、移動者の身元について厳しい制限を加えていた。王国の空間は、純粋なカトリック教徒のみで充たされていなければならない、という政治的・宗教的イデオロギーが、特にイベリア半島から新世界へ向けての移動局面では強く作用していたのだ。とりわけ厳しい規制を受けたのは、アメリカに最初に渡航しようとする人々であった。プエブラからの書簡にも明記されているように、フェリペ二世の統治期には、渡航の意志のある者は、まず宮廷のあるマドリードに赴き、新世界統治の中枢であった国王の諮問機関、インディアス諮問会議に申請をしなければならなかった。申請書には、渡航の理由（先に見たプエブラの例のように渡航先の支援親族の存在など）や同行する家族・家僕の名前、年齢、身体的特徴などが記されていた。インディアス諮問会議において審理された後、さらに国王御身の署名が必要であり、勅許状が入手されるまでには数ヵ月もかかったとされる。

勅許状が入手できても、すぐにセビーリャに向かうわけにはいかない。渡航規制の重要部分、「血の純潔」を証明するプロセスが待ちかまえているからだ。すなわち新世界の征服・植民の事業では、渡航を許されていたのは、スペイン王国の「旧キリスト教徒」だけであった。ユダヤ教やイスラームから改宗した疑わしき信仰心の人々の渡航によって、宗教的に「無垢な土地」であるアメリカが汚染されることは強く忌避されていたのである。

渡航予定者はその出生地に赴く。「二親等以内に異端審問被訴追者ならびに改宗ユダヤ人、あるいは改宗イスラーム教徒がいない」ということを調査するための質問条項が用意されると、公証人立ち会いのもとで、最低でも六名の証人による陳述が集められる。そしてできあがった調査書が市当局によって認証されて、ようやく渡航に必要な書類は整った。

このように新旧両世界の交通には、帝国の特徴ともいうべき、文書を媒介とした煩瑣な手続きの原則が強い負荷としてかかっていた。とはいえしかし、現実はこのような国家的コントロールを軽々とすりぬけていたようだ。ある算定によれば、一六世紀の間、インディアス通商院に登録されて渡航した者の数は五万六〇〇〇人であったが、実際に海を渡った者の数はその五倍であったとされる。いわゆる非合法的渡航も日常化していたのだ。渡航関連文書の偽造や、船倉に隠れての本格的な密航、あるいは船主が同意しての文書不携行の密航もあったようだが、より深刻であったのは、大西洋船団にリクルートされた兵士や船乗りが、新世界に到着したあと雲隠れするという形式の非合法航海であった。

一方、王権側の移民コントロールも、決して一枚岩ではない。カルロス五世の統治期には、フランドルやドイ

セビーリャのインディアス総文書館　スペインの植民地政策や渡航に関する貴重な資料が所蔵されている。著者撮影

ツから多くの人々が許可を得てアメリカに渡っていたし、ポルトガル人やイタリア人の移民は、新世界では当たり前に観察された。

たとえば西インド諸島では、メキシコ・ペルーの発見により、スペイン人の数は大陸部に吸引されて大きく減少するが、フェリペ二世はそれを補塡《ほてん》するため、ポルトガル人に移住を認めている。こうしたルーズさゆえ、カリブ海のサント・ドミンゴ市では「キリスト教諸国のありとあらゆる言語が聞こえる、イタリア語、ドイツ語、英語、フランス語、ハンガリー語、ポーランド語、ギリシア語、ポルトガル語、そしてアジアやアフリカなどの国々の言葉が聞かれる」という状況であった。さらにブエノス・アイレス経由の南回りのルートも、密航者・密輸業者の重要な海路となっていく。

## ポトシの銀

船団はもちろん人を運んだだけではない。二つの世界を大量の物資が移動した。モノの移動、ここではスペイン王室の帝国運営の根幹を支えた銀が、いかにスペイン帝国を流れていったかを見てみよう。

ピサロがアタワルパから身代金という名目で、なかば詐取によって手に入れた大量の金・銀のうち、国王取り分の五分の一税《キント・レアル》は、ピサロの異母弟エルナンドによって王の元に届けられた。巨大な帝国の長として莫大な運営資金を必要としながら、常に財政的に逼迫《ひっぱく》していたカルロス五世であったが、ちょうどこの時期も北アフリカへの大規模な遠征がおこなわれ、対仏関係も悪化するという厳しい状況にあり、「我々がまさに必要としている時に、なんとタイミングよくペルーから黄金が届いてくれたのか」と、イタリアからその喜びを書き送っている。

また数度の破産宣告を経て、厳しい経済状況におかれていたフェリペ二世が、一五八〇年代に奇跡的に息を吹き返し、帝国的な政策を展開できたのも、この時期、アメリカの銀生産が飛躍的に増大していたことによるものだった。彼らは負債まみれでありながら、セビーリャに到着するであろう未来の銀を担保とし、借金を続けることができたのだ。

ピサロの号令一下、インカの財宝を懸命にカハマルカに運んだインディオたちの姿はすでに見た。それでは銀の生産によって、アンデスのインディオとスペインの皇帝はどのように結びつけられていたのだろうか？

アメリカの銀といえば、一五四五年に大きな銀脈が発見されたポトシ銀山であった。同じ頃、メキシコのサカテカスなどにも大きな銀鉱が見つかり、開発ははじまっていたが、「私は豊饒のポトシ、世界の財宝、すべての山の王であり、すべての王の羨望の的」といった言葉が流布していたように、ポトシは世界の「富」の代名詞であった。一七世紀に『新世界のパラダイス』という書物を著したアントニオ・デ・レオン・ピネロは、「豊かな山」から抽出された銀鉱石を延ばせば、厚さ四指、幅一二メートルほどの「銀の道」を、ポトシからマドリードまでの一万一〇〇〇キロほどの距離に敷くことができる、といささか誇張を交えて書いている。

発見当時は、良質な鉱石が表層で採掘でき、インディオが伝統的に使ってきた風炉の技術によって銀が抽出されていた。原理的にはすべての地下資源に対する所有者であった王権だが、五分の一税《キント・レアル》を確保する代わりに、開発を一般の私企業者に委ねていた。一五六〇年代に入ると、しかし良質な鉱石が枯渇しはじめ、生産は低調になる。けれどもポトシの生産が本格化するのはこれからであった。

おりしも銀抽出のための画期的方法である「水銀アマルガム法」が開発され、メキシコでは実用化されはじめた。良いことは重なるもの、まもなくこの方法を実地に移すために必須不可欠な「水銀」の豊かな鉱脈が、ペルー中部山岳地帯のワンカベリカで発見された。当時水銀は、世界でもわずかな場所でしか生産されなかったから、ポトシは身近に最高の花嫁を見いだしたのだった。この好機をとらえて離さなかったのが、高い行政力を有した副王トレドであった。最新の精錬方法と水銀、さらに、鉱業諸部門に投入される潤沢な労働力があればポトシは活性化できる。トレドはこの三位一体の最後の環を、アンデスのインディオ共同体に求め、さらにインカの遺制である輪番労働制《ミタ》を再生させた。

## 鉱山労働者

インカ時代、王たちはさまざまな国家的事業に輪番で労働者を派遣することを、臣民に要請していたが、トレドはこのいにしえの制度を、ポトシに導入した。すなわち、ボリビア南部からクスコ南部に至るまでの一六の地方に含まれるインディオ共同体から、毎年共同体人口の七分の一《セプティマ》の成人男子（一八～五〇歳）がポトシに送られて常駐し、採掘や精錬の工程に投入されることになった。初期は、ミタの対象となった人口は九万一〇〇〇人、理論的には一万三〇〇〇人がミタ労働者《ミタヨ》として滞在することになっていた。一年の逗留期間は、労働一週間、自由時間二週間というサイクルで刻まれることになっていたが、多くのインディオたちはこの二週間も臨時雇いとして鉱山労働に従事したとされる。

ポトシ銀山のようす　苛酷な労働を強いられるインディオたち　ド・ブリ画

ミタの義務はいわば家族の義務であって、ポトシまでの長い道のりを、妻子ともどもミタ労働者は徒渉していった。それゆえ、現実にはポトシに向かう人々の総数は四万人に膨れあがり、一六世紀にある記録者《クロニスタ》は「道は人々で覆われ、あたかも王国全体が動いているようであった」とその印象を記している。食糧も自前であり、チューニュ（アンデス高地の気温の日較差を利用してつくる乾燥ジャガイモ。夜間に凍らせ、日中それを踏みつぶし、水分を抜く。このプロセスをくり返すと、持ちの良い保存食ができあがる）やトウモロコシなどをリャマの背に乗せていった。とりわけ、ポトシからはるか遠く離れているにもかかわらず、鉱山ミタの対象となったクスコ地方南部に住む人々は、七〇〇キロ以上もの難路を、片道三ヵ月もかけて歩かねばならなかった。この人々こそ、このミタの軛《くびき》を振り払うため、一八世紀後半、再び現れたインカ王とともに、スペイン王権に叛旗《はんき》を翻《ひるがえ》すことになるのだが、そのことは本書の最終章で扱おう。

ポトシは、こうしてようやくたどり着いたインディオの生命を食い尽くす「地獄口」でもあった。前述のドミニコ会士ドミンゴ・デ・サント・トマスは一五五〇年頃、次のように記している。

四年ほど前でしょうか、この土地を滅亡させせんがために、地獄への入り口が発見され、その時以来、大勢の人々がそこに入っていくようになりました。彼らはスペイン人の貪欲が神に捧げた人々なのです。そしてここぞポトシ、陛下の銀鉱ポトシなのであります。

それから三〇年後、イエズス会士アコスタはポトシ体験を次のように書き記す。

しかしながら、中で働く者には、四六時中暗くて、昼と夜も弁じがたい。そして、太陽がぜったい見えない場所なので、いつも暗闇であるばかりか、寒さもひどく、空気も重っくるしくて、人間居住の常態からは外れている。だから、初めて中に入った者は、胃がむかつき、苦しくなって嘔き気をもよおす。この私もそういう目に会った……金属はふつう硬い。そこで小さな鉄棒で、火打石を叩き割るようなふうに割ってそれを取り出す。それから、それを背に負って登る……。（増田義郎訳）

こうした劣悪な労働環境において、落盤などによる死亡事故が頻発したという。水銀を使って純銀を抽出する過程でも、水銀中毒での死亡は跡を絶たなかった。

## コカとチチャ

インディオ労働者の傷ついた肉体と心を癒したのがコカの葉であり、そしてチチャ酒だった。「コカがなくなれば、ポトシも終わる」といった言葉が流布していたが、コカの社会的機能は、一五七六年、あるクスコ在住のスペイン人が、イベリア半島の兄弟に送付した手紙に鮮やかに現れる。

……私の畑はとてもデリケートなので、三ヵ月も放っておくと、多くが失われてしまいます。それは小麦畑でも、ブドウやオリーブ畑でもありません。ちょうど漆のような葉をもつ、だいたい人の背丈ほどの木で、コカと呼ばれるものです。この葉を土地のインディオは食します。呑み込むのではなく、噛《か》みます。彼らの間では、とても有り難がられているのですが、この生産はほぼ我々スペイン人の手中にあります……。コカは、この地の最良の貨幣です。というのも、コカがあれば、インディオたちのもつものすべてを手に入れ

コカの葉　インディオ労働者たちは麻薬性のあるコカの葉を噛み、苛酷な労働に耐えた。義井豊撮影

チチャ酒　今も人々の生活に欠かせない。義井豊撮影

ることができるからです。金や銀、衣服や家畜などなど、彼らは、ただ葉を噛みたいばかりに、手放すのです……。

かつてインカの時代、コカの葉の消費は国家的な宗教儀礼と結びつき、生産も国家や共同体によって厳密にコントロールされていた。だが植民地期にはこうした統制は消失し、小さな葉にインディオの富を引きよせる磁力が潜んでいることを覚知したスペイン人企業家は、その生産と販売を手中に収め、インディオ社会に大量に投与したのだ。麻薬性のあるコカの葉を嚙むことにより、痛みや空腹感は軽減し、また栄養不足の補填ともなったから。鉱山労働者はコカの葉を争って求めた。鉱山主が彼らの前にコカをちらつかせれば、インディオたちは空き時間も喜んで坑道に身を投じていった。麻薬的悪循環のただ中に置かれたインディオ労働者は、小さな緑の葉を求めて、アンデスの地中奥深くにその身を差し入れていく。

　コカと同様、かつては御神酒《おみき》であったチチャも、大量に消費され、彼らの数少ない休息の時間は、チチャ酒とともに過ごされた。ポトシの絶頂期、年間一六〇万個ものチチャ酒の甕《かめ》が費消されたが、日曜日のミサの後は、彼らは太鼓を打ち鳴らしながら酩酊《めいてい》した。インディオたちの居住区から響いてくる太鼓の音に、スペイン人たちは不気味な思いをしていたという。

　アンデスの地底から掘り出された銀の量は、とりわけ水銀アマルガム法が導入されると飛躍的に増大し、一五八五年の生産量は七二年に比して、七倍にも増えたとされる。掘り出された銀は、一度ポトシの造幣局で貨幣や延べ棒に鋳造されると、太平洋海岸部のアリカ（現チリ）の港におろされ、そこで船積みされてリマのカリャオ港に運ばれた。すでにカルタヘナには、銀がカリャオに着いたという知らせが入っており、船舶は地峡の大西洋側のノンブレ・デ・ディオスやポルトベロへ船出して、銀の到着を待ち構えている。こうしてアンデス南部から数千キロの道のりをカリブ海まで到達した銀は、「インディアス海路」を通ってスペインに向かっていった。

## アジア世界との交流

### 開けるアジア世界

理論的には、このような銀の流れが、スペイン帝国の中枢によって構想されていた。しかしやがて、このポトシの銀が、帝国の思惑に反し、大西洋を渡ることなく、別の方向へ逸脱していくようになる。これもスペインの帝国的拡張における最後の飛躍ともいうべき運動の結果もたらされた現象だった。

アジア世界の富にアクセスすることこそ、コロンの遠征の本来の目的であったにもかかわらず、スペインは太平洋という大きな海を依然として越えがたい障壁としていた。一方、海洋競争におけるライバル、ポルトガルは喜望峰経由の航路を開発し、アジアの豊かな富を手中に収めていた。すでに東南アジアの諸港市は外来者に対して開放的な情緒を宿し、商業的ネットワークを広くアジア世界に張り巡らせていたが、ポルトガルは一五一一年、ムラカを軍事的に制圧し、ここに要塞を築く。一五一二年には、香料諸島マルクに至り、当地の住民との交易関係を構築した。こうしてポルトガルは、ムラカ、インドのゴア、そしてペルシャ湾のホルムズを拠点とし、胡椒《こしょう》、香料諸島の丁字《ちょうじ》やニクズクなどの香料を、南回り航路でヨーロッパに運び入れていったとされる。

一方遅れること数年、真のアジアにたどり着く可能性をスペインにもたらしたのが、かのマゼラン一行による周航である。一五一九年、アンダルシアを離れた遠征隊は、南米大陸南端を通過して「静かな海」(太平洋)に入り、グアム島を経たのち、フィリピンに到着した。マゼランは住民に殺害されたものの、航海を続けた生存者たちがマルク諸島に入って念願の香料を手中にした後、イベリア半島に帰還する。こうして太平洋をまたいでアジアを包摂するということが現実のものとなった。アジアの利権をめぐるポルトガルとの競合関係を調整したスペイン王権は、フィリピン諸島を帝国に包摂した。

とはいえ、アジアに至る太平洋の道は、大西洋のそれほどには容易に刻まれなかった。フィリピン諸島に達することはできても、アメリカに戻ってこられないのだ。ようやく一五六五年、レガスピ率いる遠征隊が、ヌエバ・エスパーニャからセブー島に到達することに成功し、さらに幸いにも太平洋を横断する帰路も発見された。七一年には、ルソン島のマニラがスペイン人の支配するところとなり、スペインのアジア世界における確固たる拠点が確立した。それとともに、ヌエバ・エスパーニャとアジアを結ぶ「ガレオン貿易」が軌道にのった。だが、当時太平洋の航海は、大西洋のそれとは比べものにならぬほど、長く厳しいものだった。当時、「世界で最も長い連続した航海」であり、船上では多くの命が、とくに壊血病などによって失われた。周航は一年に一回、三〜四隻の帆船でおこなわれたが、平均航海日数は半年、一〇ヵ月もかかるケースもあった。

## 文物の交流

かくも長く厳しい航海が持続的におこなわれたのは、アジアとアメリカの富の交換が非常に魅力的であったからだ。中国文明が生み出すさまざまな物品は、アメリカの人々にとって垂涎《すいぜん》の的であった。一五七三年、七一二巻の絹織物、二万二三〇〇個の陶磁器がはじめてヌエバ・エスパーニャにもたらされ、多彩さと美しさと繊細さで、メキシコ市の貴婦人たちの度肝を抜いた。

当時、東アジア世界では、日本史家荒野泰典が「倭寇《わこう》的状況」と規定するような、この地域の民衆による、国家の統制をものともしない自生的・自主的な人とモノのネットワークが、商人集団や港市を媒介として力強く拡がっていた。ヌエバ・エスパーニャからやってきた人々は、この流通網にうまく自らを接続することができたのだ。

アジアの絹や陶磁器に対する対価は、アメリカ銀であった。ここで注目すべきは「銀」を介して、アンデス世界の人々も、このアジアから延びるネットワークに連結していたことだ。莫大な量の銀が、アジアの物産を求めて太平洋を渡ったとされている。一六世紀の末には、アカプルコからアジアに向かった銀は、当時のメキシコとスペインとの貿易高を凌駕しており、一六〇二年メキシコ市参事会は、アカプルコからマニラに渡る年間五〇〇万ペソの銀のうち、ペルーに産したものが三〇〇万ペソにも及んでいたと報告している。当時ポトシの年間銀生産高が、六九〇万ペソくらいと考えられているから、いかに多くのアンデスの銀が流れ出ていったかは容易に想像される。

フィリピン側から見ると、実はポトシの銀で潤うペルーとの直接取引が魅力的であった。リマ市の商人通り《メルカデーレス》では、アジアやヨーロッパの物産が、四〇ほどの店舗で手に入れることができたとされ、またリマっ子たちの「絹をふんだんに使った贅沢な着飾り」は訪れる者に強い印象を残していた。前述のカセレス出身のサンデ博士がフィリピン総督を務めていた時、リマとマニラの直接取引の案が提起されたが、実際におこなわれたのは次代総督ロンキーリョの時代であり、マニラからリマへ直行便が送られ、多大な利益があがった。

ところがこの直行便はまもなく運航停止となる。すなわち、本来アメリカの銀は、大西洋を経由しイベリア半島に至りて、王権が抱える負債を償還すべく投入されるものであった。それがパナマ地峡を越えることなく、太平洋世界の側で流通してしまうことは、政府中枢にとっては由々しき事態であった。逸脱する銀の流れを阻止すべく、結局マニラはアカプルコ以外の港との取引を禁じられ、また貿易に使われる船舶の数や重量も制限され、さらにペルーとヌエバ・エスパーニャとの直接取引にも掣肘《せいちゅう》が加えられた。しかし、銀を介した太平洋貿易の魅力は抗しがたく、その流出がやむことはけっしてなかった。

銀を送り出したアンデス山中にも、もちろんアジア産の商品が浸透していた。興味深いことに、インディオ社会の首長《クラカ》など有力者たちが、生前に作成した遺言書が今日も公文書館に遺されているが、そこにこうしたアジア産のモノの痕跡を見いだすことができる。

例えば一六〇二年、雷に驚いて落馬した、ボリビアのラ・プラタ市（現スクレ市）管内のインディオ首長夫人ドニャ・イサベル・シサは、余命短しと悟ったのか、直ちに公証人の前で遺言書を作成した。こうした文書では、遺言者は、死後の亡骸の処置やミサの数・挙行の仕方などを細かく規定した後、債務や債権の有無、その処理の方法などを指定し、さらに自らが所有する財産を細かく列挙していくのが普通だが、シサ夫人も例外ではなく、家具や、書籍、聖母マリアを象った画布などの動産を挙げている。

とりわけ我々の目をひくのは、一二〇ペソで購入されたものだという「中国製のサテン地のタペストリー」である。一二〇ペソとは当時、かなりの大金、だいたい同時期のデータでは、リャマを使ってポトシに物品を運んだインディオ運送業者の一ヵ月の給金が五ペソ、またリャマ一頭の値段は七ペソであった。また「中国製の皿四枚」を、やはり遺言書にリストアップするボリビアの大首長の事例なども付け加えることができよう。また一七世紀の初頭、クスコのインカ族の人々が、スペイン在住の同朋インカ・ガルシラーソに「歴代インカ王の肖像画」を贈っている。これはスペイン王権に対し、旧インカ王族としての諸特権が下賜されんことを陳情する運動の一環であったが、インカ王たちの肖像は「中国製のタフタ織りの白布」に描かれていたという。

## マニラの活況

こうして東アジア世界とアンデスとを結ぶ「銀の道」が太平洋に刻まれた。この道は、もちろん人間が移動するための道でもあった。帝国のアジア拠点マニラは、まさに人間の坩堝《るつぼ》という様相を呈している。人口わずか二〇〇〇人の小さな町は、スペインによる植民地化が進むと急速に拡大し、建設後三〇年で二万八〇〇〇〇人に、そして一六二〇年には四万一四〇〇人にも達した。その中には、スペイン人二四〇〇人、日本人三〇〇〇人、中国人一万六〇〇〇人、そして二万人のフィリピン人が含まれていた。

フランシスコ会士バルトロメ・デ・レトーナによれば、一七世紀の前半のマニラの活力に満ちた商業は、多種多様な人々を吸引しており、「四大世界の王国、地方、国家で、ここに代表を送り込んでいないところはなかった」という。最初に挙げた冒険的聖職者セバーリョスの軌跡が、彼自身の肉体の運動によって描かれたスペイン帝国の輪郭を示しているとすると、マニラは、まさにスペイン帝国が凝縮された空間となっていた。

荒野泰典は、儒者・藤原惺窩《せいか》の鹿児島地方の旅行記に基づき、この知識人が、港町・内之浦で、南方世界の文化に触れた際の、新鮮な反応を紹介している。滞在中に、唐船が入港しているのを知った惺窩は、乗組員の唐人（「唐」はひろく「外国」を意味したとされる）と筆談でコミュニケーションをとり、内之浦からルソンまでは、航程にして四～五日しかないことを知る。そしてある船頭の父の家を宿とし、その息子から「ルソンのガラス製」の盃と「異域」の酒肴で接待を受ける。その人物は、前年ルソンを訪れていた。異国での体験談を聞かされ、強い刺激を受けた惺窩は「天地は至大《しだい》、然《しか》るにこの国は狭隘《きょうあい》、どうして見聞を広めない者が広い知識を得ることができようか、ああ」と嘆息したという。

惺窩のように至大な天地に思いを馳せ、あるいはやむを得ぬ事情で、日本列島を離れスペイン帝国の圏内に包摂されていった人々がたくさんいたであろうことは、たとえば新世界の各地に残された、「ハポン」出身と名乗る人々の痕跡から了解される。すでによく知られるようになったが、アンデスの首都リマに、一七世紀の初頭、百余名のアジア系の人々が住んでいたことがわかっている。すなわち一六一三年、同市で実施された人口調査によれば、市内には「ポルトガル系インディア出身のインディオ」五六名、「チーナ（中国）のインディオ」三八名、そして「日本《ハポン》のインディオ」二〇名が居住していることが調査官によって確認された。「日本の血統《カスタ》」に属すると分類されたこれらの人々の多くは、スペイン人の邸宅に従属する奴隷（顔に烙印を押されている者もあった）や靴下職人・襟職人であり、都市下層に生きていたと見られるが、皆キリスト教の洗礼名しか名乗らず、日本列島の文化的痕跡はすでに文書には何ものこっていない。

## 中国征服計画と帝国の限界

スペイン帝国は大西洋と太平洋とを包摂する巨大な空間を獲得した。だがインカ帝国が北方のエクアドル地方までその拡大を極めたことによって、それが結果として帝国の瓦解を招いたと考えられるように、スペインの場合にもそろそろ帝国の限界というものが意識されはじめている。それをフィリピン社会から本国に向けて働きかけられた、「中国征服計画」の帰趨《きすう》をめぐる一連のエピソードからうかがい知ることができる。

すでに一五六五年のアジア進出以来、中国を征服すべしという構想はあったが、それがマニラにおいてある現実感をもって語られだしていた。とりわけ異教徒への布教という運動を自らの生のエネルギーとしている修道士の間に、それは強かった。また本章にしばしば登場する総督サンデ博士も、中国征服を現実性の高いものと考えていた一人であり、彼は一五七六年、本国への報告書の中で、四〇〇〇から六〇〇〇の兵力を派遣しての征服プロジェクトを本気で提起している。中国の人々は「偶像崇拝者であり、男色者、掠奪者、海賊である」から、サンデによれば、征服戦争を正当化する理由にことかかなかった。フェリペ二世が、こうした提案に真摯に耳をかたむけることはなかったが、中国征服への熱情はフィリピン植民地で強さを増していく。とりわけ一五八〇年、ポルトガルがフェリペ二世によってスペインに併合されたという出来事を契機に、多幸症的になっている宮廷周辺では、救世主待望的な空気が感じられるようになり、これが中国征服計画と微妙な化学反応を起こすことになる。

一五八六年、総督・司教をはじめ、マニラのすべての聖俗界に属する官僚などが署名をした中国征服のための請願書が作成される。それをマドリードのフェリペ二世の宮廷に届ける役を仰せつかったのが、中国滞在の経験を持つイエズス会士アロンソ・サンチェスだった。請願書では征服のための具体案が示され、一万二〇〇〇人のスペイン人兵士、さらに六〇〇〇人の日本人同盟兵、そして同数のフィリピン人が軍事的に動員されることになっていた。アメリカにおける征服の経験からすれば、軍事行動が進展すると、中国の民は専制的な支配者に対する反乱を始めるであろう、といった点も楽天的に考慮されている。

サンチェスは一五八七年、アカプルコ経由でスペインに到着する。しかしながら、アジアの布教運営に障害がもたらされることを恐れたイエズス会中枢は、サンチェスの動きを強く警戒した。彼らは、すでに豊かな新世界経験を持つホセ・デ・アコスタに、サンチェスの運動を阻止することを依頼する。アコスタは、リマのイエズス会の管区長を務めあげ、アンデスにおけるインディオ布教の方針策定の中核にもあり、当時のイエズス会の知性を代表する人物であった。

アコスタはサンチェスに対して、中国征服の無益なることを説いたが、その背景には、彼が構想していたインディオ文化三類型論があったとされる。すなわちアコスタの理論によれば、インディオと総称される人々には、三つのタイプがあった。

第一は、優れた政治や司法の組織を有し、正しい理性を備えた者たちである。とりわけ「文字」を有することによってその文明が特徴づけられる人々であって、その代表的存在が中国人、ついで日本人がこの類型に入るとされた。これらの人々に対して布教をする時には、けっして強制力がもちいられてはならず、彼ら自身の理性と神の内的な働きかけによって、正しい宗教へと導かねばならない。

第二の類型には、文字の使用や成文法は知らぬものの、統治や裁判の仕組みを有し、威厳ある宗教儀礼を実践する人々、すなわちペルーやメキシコの先住民社会が含まれる。彼らの宗教には人々を虐げる欠陥もあり、正しい教えに導くためには「力」の使用もやむを得ない場合があるとされる。

そして最後の類型には、アコスタが「野蛮人」とさげすむインディオが相当する。定住もせず、法や政治システムをもたない獣的な存在である、アメリカの辺境部に生きるこれらの人々の心を改めさせるには、力による強制が必須なのだ……。こうした類型論を鍛えていたアコスタにしてみれば、マニラの人々の提起した高文明中国に対する武力征服論は、愚の骨頂、笑止千万であった。アコスタの説得が効を奏し、また王室もまったく関心を示さず、結局サンチェスに託されたマニラ発のプランは永久に棚上げにされてしまう。

この一連の出来事は、カトリック教会内部の優れた分析的知性が、終末論的な熱狂を克服したエピソードとも考えられるが、それと同時に、マニラにまでたどり着いたスペイン人の多くが、結局、アジア世界が蔵する深い歴史と文明の価値をほんとうの意味でつかむことはできていなかったことの証左でもあろう。スペイン帝国によるアジアの支配とは、その富を中継的に引き出すだけの表層的な性格のものであり、まさにそこに帝国の限界が露呈していたともいえるだろう。実際スペイン帝国は、サンチェスがマドリードにやって来た一五八八年、イギリスへの進攻を試みた「無敵艦隊」を失うのである。この失態が、スペインが大きな衰退局面にあることを、はっきりと世に伝えたことはあえて書くまでもない。

カトリック王国スペインの圧倒的な拡がりと、そこを貫いた人とモノの流れのディメンションは本章から理解できたのではないかと思う。ただ、まだ言い残していることがある。それは、こうしたスペインの帝国的発展において、経済の分野で、あるいは知性の分野で、必ずしもその素性を朗《ほが》らかに告げることなく、かけがえのない貢献を果たしていた人々の存在である。

たとえば、このホセ・デ・アコスタ。彼はコンベルソの系譜に属すると考えられている。またラス・カサスの思想をアンデスにおいて現実化すべく奔走したドミニコ会士、ドミンゴ・デ・サント・トマスは、後年、ドミニコ会の影響力を排除しようとする人々の策動によるスキャンダルに巻き込まれたことが知られているが、その時彼の攻撃材料に使われたのは、その出自、すなわち、彼の父方がイスラーム、母方がユダヤの血統に属するという、系譜にまつわる根拠のはっきりしない醜聞であった。

またそのラス・カサスこそがコンベルソの系譜に属する人間であると主張する研究者もいる。そのインディオに対する深い愛情の表出は、スペイン人に対する憎悪の対偶なのであるといった過激な議論が展開される。

父祖の宗教を捨て、カトリックに帰依した多くのユダヤ系の人々が、宗教界そして知性の世界に深く進出し、スペイン帝国の拡張と維持において重要な役割を担っていたことは確実である。しかし彼ら自身の意識的な操作によるものなのか、あるいは単に捏造の産物だからなのか、その出自についての論究が試みられる時は、いつも「〜と推定される」といった不確かな語尾が伴われ、今の研究段階において、血統の系譜から、思想史における歴史的議論を展開することはあまり実りあるものではないと私には思われる。コンベルソ性とかユダヤ性といった言葉は、何かを語ったようでいて、歴史的な実感として何も伝えないことが多い。

だがしかし、ユダヤ系の人々の力強い活動の軌跡がはっきりと描き出され、その歴史的意義が輝いた世界も確かに存在した。それが一六世紀から一七世紀にかけての、海洋における商業の世界である。本章で見た大洋を貫く道に、富を流し込む水圧を供給していた人々の多くが、彼らコンベルソであった。帝国経済の陰の推進者ともいえるこの人々に対する弾圧が一七世紀の前半、リマ、そしてメキシコではじまる。外部への拡張を終えた帝国は、その内側に「敵」を見いだし、彼らの富に狙いを定めた。次章でその様子を見てみよう。

# 第七章　帝国の内なる敵　ユダヤ人とインディオ

## 布教をめぐって

### ある異端審問官の報告

この六〜八年にブエノス・アイレス、ブラジル、メキシコ、コロンビア、ポルトベロからペルー王国にはいって来たポルトガル人の数はきわめて多いとされています。当市は、既婚・独身のポルトガル人で満ちておりました。この人々は、商業の君主となったのであります。「商人通り《メルカデーレス》」と呼ばれる通りは、ほとんど彼らのものでした……小売り屋台店《カホン》もすべて彼らのもの……金襴織《ブロケード》から粗布、そしてダイヤモンドからクミンにいたるまで、彼らの手を通らぬものはなかったのです。ポルトガル人の店仲間を持たないカスティーリャ人は、商売での成功はおぼつかないとされておりました……彼らはこの土地の支配者として君臨しておりました……。

これは一六三六年、リマ市の異端審問官が本国に向けて送った定例報告書の一部である。多少の誇張は認められるが、実際これが書かれた一七世紀の初頭、リマではたくさんのポルトガル人が活発な商いを営み、商業界をほぼ独占する勢いで生活をしていた。前章で見た、大西洋・太平洋に構築された海の回路の物流の機動力となっていたのは、改宗ユダヤ人《コンベルソ》を多く含む、これらポルトガル系の商人だった。この人々が大海にひろげた商業網の圧倒的な規模と実態については後に述べるが、しかしながらこの報告書において注目すべきは「この土地の支配者として君臨しておりました……」と一連の状態がみな過去の時制で記されている点である。すなわち三六年の時点においては、その「六〜八年前から」際立ちはじめていたポルトガル系商人の商業王国がすでに過去のものとして認識されているのである。何が起こっていたのか。

実は、この報告書が書かれる前年からはじまったリマ異端審問所によるコンベルソ訴追は峠を越え、すでに有力なポルトガル系商人の多くは、審問所の監獄の中で、訊問と拷問の日々を耐え忍んでいたのである。目に余るほどの羽振りを示していたユダヤ系商人たちが、異端審問によって取り締まられ、商業におけるその寡占状態が解消されるにいたった、と事態を簡単にまとめることはできるのだが、しかし出来事の背景には、スペイン帝国が内蔵する、宗教と人間、正統と異端、そして寛容と不寛容という根本的な問題の炸裂を再び看取することができる。このユダヤ系商人の迫害という事件を軸に据えつつ、この章では征服《コンキスタ》以降のペルー植民地社会における宗教と社会との関係を考えてみたい。

## 初期段階の布教

インディオの精神的救済という目的を達成することを前提として、新たに「発見」された土地の領有を認められていたスペインの王たちは、彼ら自身の宗教的情熱にも衝《つ》き動かされ、「カトリックの布教」という大きなプロジェクトを真摯に推進した。ペルー植民地社会では、布教の動態について、四つくらいの段階に区分することができ、そこに、第三、四章で見たイベリア半島における「寛容＝説得」と「不寛容＝強制」という二つのベクトルが再び交錯するさまがはっきりと観察される。

まず最初の段階は、征服《コンキスタ》後の渾沌とした社会状況の中で、インディオへの布教が手探りの状態ではじめられていく時期だが、内乱が続発し、聖職者が絶対的に少ないこの時期、多くのインディオが、どさくさに紛れたような状況で洗礼水を浴びていった。当然、福音が届かない世界に沈潜していたインディオもたくさん残されており、裁判における宣誓の際、非キリスト教徒であるがゆえに、十字架の替わりに、「太陽・月・星」のもとで真実を述べます、と通訳に語る人々も、史料に散見される。

まもなくドミニコ会の主導のもと、修道士を中心としたインディオに対する布教が本格化すると、ラス・カサスの精神をアンデスの土地において具体化しようとする人々が現れる。この布教の第二段階の支軸は、すでに第五章でも見たドミンゴ・デ・サント・トマスだった。

彼はラス・カサスと同様、インディオに高い精神的能力を認め、強制力に拠ることなく諄々《じゅんじゅん》とカトリックの教えを語りかけ、納得させるという改宗の方法を模索する。その彼が重視したのが「言語の問題」であった。彼は布教者自身がまず土着の言語を学び、インディオの精神世界にわけいっていくという布教体制を構築すべく、苦労してケチュア語の文法書を編む。フェリペ二世に捧げられたその書の献辞で彼は、ケチュア語の優しく甘い発音の響きを讃えるとともに、この言語が、ラテン語やスペイン語に比肩しうる確固たる構造を備えているということを説く。ペルーの人々を、陛下の他の臣民と同様に扱うに価しない野蛮な連中だなどと言い募る人々の謬見《びゅうけん》には、どうか惑わされませぬよう、とも述べている。

土着の言語を尊び愛《め》でるこのサント・トマスの姿は、中世の再征服運動《レコンキスタ》の最中、イスラーム教徒に神の言葉を伝えるため、アラビア語学校を整備し、修道士たちの学習を布教の根本に据えた、あのドミニコ会の人々と確実に重なる。異文化に属する人々と共生する日常の中で鍛えられてきた「他者の存在を、他者のありのままのかたちで認めよう」とする精神は、このように、遠くアンデスの地にまで届いていた。この精神の延長線上において、彼が主導したエンコミエンダ恒久化に対する抵抗運動（第五章参照）、そして先住民にアンデスの統治権を返還すべきであるという主張をとらえることができる。

## 副王トレドと強制集住政策

だがこうした寛容を基調音とする社会構想は、副王トレドの登壇により破綻し、アンデス布教の第三の時期がはじまる。人工村への住民の強制集住政策《レドゥクシオン》や輪番労働制《ミタ》の施行など、ト

フランシスコ・デ・トレド　第5代副王として、インディオ社会に激しい強制力をもって政策を行使した

レドの諸政策はそれまでのアンデスの風景を物理的に変革しようとする激しさを有していた。だが、看過できないのは、こうした世俗的な利害関心に衝き動かされたように見える諸施策の背後に存在する、副王の宗教に対する意識である。

この頃ペルーの宗教者や行政当事者の間で盛んに論じられるようになった問題は、インディオの「偶像崇拝」にどのように対処するかということだった。本来、唯一絶対の神のみに捧げられるべき崇拝が、神の被造物のほうに向けられてしまっているという倒錯した忌まわしい事態が、カトリックに改宗したはずのインディオの間に蔓延しているという認識が、彼らの間では共通のものとなっていた。事態を重く見たトレドが導き出したアイデアこそが、強制集住政策であった。

在任中に自らが実施した諸業績の意義を振り返りつつ、トレドはこう記している。

> インディオたちが荒野や岩間、山塊や地の裂け目に散り散りになって生活し、スペイン人との接触や交流を嫌がって逃げ隠れしているうちは、彼らに公教要理やキリストの教えを授け、文明的な暮らしをさせることはまったくもって不可能だった。

それゆえ彼は、インディオの意志を顧みることなく、激しい強制力を行使してインディオたちを住み慣れた山野の住処《すみか》から引き剝《は》がし、スペイン風の人工的空間に無理やり詰め込んでいったのである。集住を忌避する人々には、平然と鞭《むち》が振るわれた。

興味深いのは、こうした住民の強制的な移動は、アンデス単独の事例ではなかったことだ。トレドがアンデスにおいて統治をはじめたちょうどその頃、帝国の中枢スペインのグラナダ山中では、旧イスラーム教徒の大反乱が発生していた。一四九二年のグラナダ王国の陥落以降、暫時イスラーム教徒として生きていく自律性を許容されていた人々は、しかし一六世紀に入り、かつてのユダヤ人と同じように、改宗するか、半島を出るかという選択を迫られていた。結果として多くのイスラーム教徒が改宗し、モリスコ（キリスト教に改宗したイスラーム教徒）という通称を得てイベリアに踏みとどまったのだが、彼らは旧キリスト教徒からは蔑《さげす》まれつつ、また一方では、父祖の宗教を棄てることもできずに、鬱々とした日常を送っていた。

このモリスコたちが、一五六八年、北アフリカのイスラーム教徒やオスマン帝国の支援を期待して、一斉に蜂起《ほうき》したのである。それは半島南部の広い範囲を戦火に包む大規模な内乱であったが、結局、甚大な人的被害を残して一五七〇年に沈静化した（アルプハーラスの反乱）。圧服されたモリスコたちには、過酷な処置が待っていた。すなわち、同年一一月、王室はグラナダに残存するモリスコを、カスティーリャの各地に強制的に移住させることを命じる。約八万人ともいわれる旧イスラーム教徒たちが厳しい風雨・雪の中を移動させられたという。行き倒れになって命を落とす者、あるいは我が子を捨てていく親の姿がそこにはあった。

## 異端審問とインディオ

このように新旧両大陸において、内なる敵である異教的存在を、暴力的に排除・矯正しようとする思考が、表現されるかたちこそ異なれ、勢いを得ていた。そのことは一五六九年、メキシコとリマに異端審問所が開設されたことによってもわかる。これは新世界にユダヤ人、あるいはプロテスタント勢力が浸透する動きを阻止しようとするための重大な措置であったが、象徴的にも副王トレドがペルーに渡るために乗り込んだ船舶には、リマで新しい異端審問所を構成することになる異端審問官の面々が同行していた。

ここで問題になったのは、果たしてインディオを異端審問が裁くべき対象とすべきか否かという点だった。新世界の異端審問は設立当初からの大原則として、インディオを審問の対象から除外していた。インディオはキリスト教徒になって日も浅く、ユダヤ人やイスラーム教徒とは異なり、キリスト教徒と交流した時間も短いゆえ、未成年者と同質の、保護を必要とする存在であるという理由からであった。だが副王トレドなどはまさに、インディオにも異端審問が適用されるべきと主張する強硬論者の代表であり、ビルカバンバ・新インカ王朝の首領トゥパク・アマルを、反対論を顧みずに極刑に処したことに象徴されるように、彼はスペイン・カトリック王権の絶対性、そして宗教的純粋性を追求する過程で、そこに違和をもたらすものは暴力を行使してでも排除するという、非寛容の思想を体現していた。

　さらにこの時期の宗教をめぐる言説において注目すべきは、インディオの偶像崇拝的実践を、国際関係の文脈の中で強引に解釈しようとする見方が出現している点である。すなわち強制論者たちは、精神的に未熟な劣等者インディオは、スペインの海外植民地とその富を蚕食しようとするプロテスタント諸勢力につけ込まれる帝国の脆弱な部分である、偶像崇拝的行為を厳しく統制し、インディオの宗教性をカトリックによって強固にせねば、植民地自体の安寧が危うくなるとした。

**リマの大広場**　中央に絞首台と処刑された人物が描かれている。グァマン・ポマ画

　たとえば、アンデス南部高地でインディオへの布教活動に従事した聖職者バルトロメ・アルバレスは、一五八八年頃、次のような面白い記述をのこしている。

　インディオは、イングレス〔スペイン語でイギリス人を意味する〕という名前に大変あこがれている。イングレスというのは、インガ〔植民地時代、インカはスペイン語でインガと書かれることが多かった〕から来ており、インカ王を意味する、だからみんなが〔インディオもイギリス人も〕一緒になるに違いない、と連中は言うのだ……もしこの世界、そして私たちの王国を秘かに航海している異端者〔新教徒〕たちが、本などをばらまきはじめれば……異端の教義は、インディオたちによって、あっという間に、喜んで受け入れられてしまうであろう。

インカとイギリス、という不思議な組み合わせは第一〇章で見るように、一八世紀、スペイン王の支配の軛《くびき》から自らを解き放たんと望むインディオにとっては、たんなる語呂合わせ以上の意味をもつようになるのだが、このインディオと外国諸勢力の結託の可能性という言説は、一七世紀のユダヤ人による「大いなる共謀」が弾圧される際にも、再び浮上する。

## アコスタの布教論

しかし一五八一年、ペルーの政治的舞台からトレドが退場すると、それ以降二十数年間は、インディオ宗教をめぐる抑圧的な言説は静まる。八二年にはリマで第三回大司教座管区会議がひらかれ、インディオへの布教をめぐる基本的な方針が策定された。この会議の成果として特筆すべきは、布教の実際の現場で、スペイン語を話さない先住民信者と差し向かわなければならない聖職者が携行できるよう、「ケチュア語」「アイマラ語」そして「スペイン語」三語訳による「公教要理」や「告解集」などが編纂されたことだ。この会議、そしてこれらのマニュアルの編纂を導いたのが、アロンソ・サンチェスの中国征服論に対して強硬に異を唱えた、あのイエズス会士ホセ・デ・アコスタであった。

ペルー管区長として、当時のイエズス会のインディオ改宗事業を牽引したアコスタの思想の中核にも、まず説得ありき、という考えがあった。暴力的にインディオの偶像を破壊するのではなく、穏やかに彼らの心にキリスト教を染み込ませていく。それがアコスタの布教精神の根本にあった。だが彼が考える「インディオ文化三類型」論にもうかがわれるように、ペルーやメキシコの先住民文化については、その高度な文明性を認めるものの、布教を妨げる存在を排除するための力の使用は肯定されていた。ここにアコスタ布教論の特質が認められ、説得と寛容の精神を土台に据えながらも、強制力の使用を担保し、寛容と強制という二つのベクトルが均衡する。第三回大司教座管区会議以降、しばらくのあいだは、このバランスを維持する布教体制が機能していた。しかし、一六〇九年、事態は突然新しい展開を迎える。

## インディオ・ユダヤ人同祖論

### インディオの起源をめぐって

一七世紀、ペルーの宗教界では、正統カトリックに対して宗教的異質性を示す二つの集団に対する激しい抑圧が相次いで生起した。その二つの集団とは「インディオ」と「ユダヤ人」である。この二つの集団が示す差異は、現代を生きるわたしたちには自明の事柄だが、しかし実は一六世紀から一七世紀にかけて、この二つの集団を、ある共通性のもとで認識しようとする思考が絶えず潜伏しており、それは一七世紀の宗教的弾圧とも通底している。

新世界とスペイン人が接触して以来、つねに知識人の思考を刺激し続けてきたのが、インディオの起源をめぐる問題であった。インディオはどこからやって来たのか？　プラトンの叙す失われた大陸アトランティスを伝わってだろうか？　陸路を通って？　それとも海を渡って？　さまざまな仮説の中でも、最も特異な光を放ち、とりわけ宗教者たちによって真摯に考えられていたのが、「インディオ・ユダヤ人同祖論」であった。

イベリア半島の中・近世期に広く受容されていた宗教的ヴィジョンに、一二世紀、フィオーレのヨアキムが唱えた千年王国主義があった。そのヴィジョンによれば、至福千年を迎える前提である「精霊の時代」が本格的に到来すると、一二人の新しい長老が出現し、彼らによって異教徒が改宗されることになっていた。ユダヤ人などを含むとされたこの異教徒のカテゴリーに、コロンの航海によって、新世界の住民インディオが新たに加わった。この人々のキリスト教への改宗が達成されれば、千年王国の実現は加速される。ペルー、そしてとりわけメキシコに渡った聖職者たちの熱情を支えていたのがこの未来をめぐる見取り図だった。

そして新世界に到来したキリスト者たちは、この千年王国主義の構図を非の打ち所のないものにすべく、もうひとつの要素をもちだしてきた。それがインディオを、イスラエルの「失われた一〇の支族の末裔《まつえい》」であると見なす考え方である。聖書外典である『エズラ』の第四書によれば、アッシリア王の捕虜となったユダヤ人の一〇の支族は、その後、異教徒の群がり住む地を去り、人間の誰も住まない遠隔の地に入っていったという。さらに『ヨハネの黙示録』において「最後の審判」の際に、この一〇の支族が再び戻ってくると預言されていると考えられていた。至福千年の到来を真摯に待望する人々にとって、この失われたイスラエルの民を見いだし、そして彼らをキリスト教へと改宗させるという構想は切実なものとなっていったのである。

それゆえ聖職者たちがアメリカで見いだした先住民が、もしもこの「失われた人々」であるならば、神の王国の実現にとって、これ以上望ましいことはない。実際、インディオたちを見よ、彼らは、ユダヤ人が示す特質をまさに共有しているではないか。彼らは臆病で、弱々しい、儀式めいたことも好きだ、ずる賢く、嘘つきでもある。加えて、服装も似ている。短袖の上衣にマントを羽織るという一般に見られるインディオの姿は、盛装するサムソンと同じである……。こうした表面的な類似点を弄《もてあそ》びながら、当時の一流の知識人たちが、「インディオ・ユダヤ人同祖論」を声高に主張していた。

## 異端のドミニコ会士

この等号から導き出される関係論を、極端なかたちで展開した人物がいた。一五七二年、創設まもないリマ異端審問所により裁かれ、その膨大な裁判記録が遺されたフランシスコ・デ・ラ・クルスという名のドミニコ会士である。彼の奇異な生涯の全容については、いずれ機会をあらためて論じてみたいが、ペルーを代表する学僧ともてはやされていたこの人物は、あるリマの若い女性にとり憑いた、悪霊とも天使ともつかぬ霊的な存在が放つ神学的メッセージに心から陶酔してしまった。そして、それを自らの学識と融合させて、ついには、アメリカという空間に旧世界の腐敗から免れた新しい教会が生みだされるであろう、という気宇壮大なヴィジョンを構想した。

異端審問所によって六年にもわたり身柄を拘束されたクルスは、監獄という極限状況において、狂気にまみれたその宗教的ヴィジョンを加速させ、遂には、自身がペルーの「教皇」として君臨する新しい神の国の誕生を叫ぶにいたった。彼は獄中で自らを「ユダヤの王ダビデの末裔」「ユダヤ人の救世主」と任ずるようになる。そして、その論理的な帰結として、「失われたイスラエルの民の末裔であるインディオ」を救済すべく「クスコに住むインカの血をひく皇妃《コヤ》」との婚姻を通じ、一〇支族の末裔たるインディオと自らを融合=混血させると言い放った。クルスのこうした想念は、異端審問所によって厳しく断罪され、長い収監と拷問の揚げ句、一五七八年、極刑を宣告され、彼は焔の中で絶命する。

ここで興味深い巡り合わせがあった。ドミニコ会士クルスの裁判が結審を迎えようとしている時、審問の所定の手続きとして、権威ある神学者に被告の異端性を考量することが委任されるのだが、その役を任ぜられた者のひとりがイエズス会士アコスタだった。クルスはアコスタと対面し、数時間にわたって、自らの宗教的テーゼをめぐる激しい議論を繰り広げた。

結局、神学者たちの詮議の結果、クルスは頑迷かつ兇悪なる異端者として処断されたのだが、クルスの異端思想は、アコスタによって別のかたちでも否定されている。アコスタの名は、彼の優れた「インディオ起源論」によっても知られており、それは当時のイエズス会的知性の見事な達成として、今日においても高く評価されている。

彼は、ほぼ現在の定説ともなっている、アメリカの先住民がアジアから北方アメリカを経て、陸伝いに徐々に南下し、大陸各地に拡散していったという考え方に近似した説を、厚みのある議論を展開しつつ唱えたのだが、そのアコスタが、起源論における謬見の最たるものとして退けたのが「インディオ・ユダヤ人同祖論」であった。

同祖論を否定する時のアコスタの脳裏には、この誤った考え方に固執して刑場の露と消えたドミニコ会士の姿があったのではないかと思われるが、その著書『新大陸自然文化史』において、彼は同祖論を「ひどく軽薄な推測」と一笑に付す。そしてユダヤ人が文字を有すること、インディオの知らぬ金銭を愛好することなどの明白な差異を取り上げ、また自分たちの言語と古俗を保つことを好み、世界のどこにあっても他者と異なった生き方を貫くユダヤ人が、新大陸に限って、すべてを忘却してしまうなどということはあり得ない、と理路を尽くして否定した。

こうした胸をすくような科学的議論がすでに展開され、「異端者」の肉体とともに消滅したかに見えたインディオとユダヤ人とを接近させようとする考え方は、だが一七世紀にはいっても、「血の純粋性」という、あのイベリア半島の近世に固着した言説に紛れ込みながら、鈍い影響力を保っている。

## 偶像崇拝根絶巡察

一七世紀の初頭、アンデスの宗教界に再び不寛容の思想が覆うようになった。ここに布教の第四段階が現れる。一六〇九年、リマ近郊の山間部にあるワロチリ村に赴任していたフランシスコ・デ・アビラ神父の尽力によって、ある深刻な事態が露見した。それまで神父の眼前では、よきキリスト教徒として振る舞ってきたインディオたちが、カトリックの儀礼を営むそぶりの背後で、当地の伝統的な神性への信仰に回帰していた。彼の布教区が、いわば背教者で満たされているという事実が明らかになった、というのだ。

アビラ神父はインディオたちを糾問し、さまざまな呪物や、祖先の遺骸などを暴露した。そしてこれらをリマ市に運び込み、インディオ社会において、今日においても偶像崇拝的状況が持続していることの確かな証拠として、聖俗の有力者の目の前に突きつけた。ワロチリ村からの告発を真摯に受けとめたリマ大司教は、ただちにアビラを筆頭とする巡察使たちを任命、こうしてリマ大司教座管内に、ラテンアメリカ史上希有な制度である「偶像崇拝根絶巡察」が生まれた。リマを中心とするペルー中部山岳地帯の広い範囲に住むインディオたちは、その後一世紀以上の長きにわたって、巡察使たちの影に怯《おび》えなければならなかった。

巡察使に任命されたのは、インディオ社会の実情をよく知る布教区司祭たちであり、彼らは検事、書記官、警吏、そしてケチュア語通訳によって構成された巡察団を率いて、アンデスの急峻な山道をラバの背に揺られて移動し、何も知らされぬインディオたちの村を急襲した。

一行が村落に到着すると、教会に呼び集められた信者に対して、偶像崇拝的実践のすべてを自ら告発することを促す「布告」が読み上げられ、証拠収集の後、ただちに容疑者の身柄が拘束されていった。こうして、自白を引き出すための手段として拷問をもちいることをも許された裁きがはじまった。もうおわかりのように、この偶像崇拝根絶巡察は、アンデスのインディオを攻撃目標とする「異端審問」制度以外の何ものでもなかった。

この運動をたちあげた発想を端的に示しているのは、中心的役割を担ったイエズス会士アリアガの論稿である。そこでは、冒頭まず、スペインのユダヤ人について言及され、「清浄きわまりない」スペインという土壌、すなわち福音の種子がかくも「純粋」に絶え間なく育てられ、異端審問による警戒怠りなかったスペインにおいてさえ、「悪の種子」たるユダヤ人を根絶やしにすることがどれだけ難しいことであったかということが縷々《るる》述べられる。さらに彼は信仰の過ちについて、それが「母乳」を通じて子供に吸われ、遺伝的に継

偶像崇拝根絶巡察使　グァマン・ポマ画

承される形質であると述べていく。こうして、一六世紀の段階では神秘主義的ヴィジョンのもとでとらえられていたユダヤ人とインディオの関係論において、一七世紀に入って不寛容の心性が優越していくと、両者は、生来から埋め込まれた欠陥、汚れた悪の種子を共有する存在と考えられるようになる。

巡察が遺した審問の記録は、一七世紀のインディオたちの多様な宗教的実践を詳《つまび》らかにする。リャマやクイの血が山岳の神に捧げられ、あるいは巨石に振りかけられる。芳醇なチチャ酒が饗されるなか、太鼓が打たれ、人々が歌舞に酔いしれるさまざまな祝祭。コカの葉やトウモロコシの粉などをもちいた治療儀礼……。だがそれらは、偶像崇拝の「発見者」たちが強弁するような、悪魔によって教唆された反教会的な異端とはおよそ性質を異にするものであった。それはアンデス世界の日常に生起する種々雑多な問題や関心事、すなわち農事の成功、家畜の繁殖、病気の治癒、村を離れていく人々との絆の確保といった切実な事柄に対応するための方法でしかない。しかも布教の現場に派遣されたスペイン人司祭たちの多くは、アンデスの寒村で日々のミサや告解のために精進するよりは、インディオたちを手なずけ、あるいは恫喝《どうかつ》して彼らの労働力を利用し、在勤中にできるだけ多くの利益をあげることに汲々《きゆうきゆう》としていたこともわかっている。

いずれにせよ、こうした巡察によって、巨石などのワカはことごとく打ち毀《こわ》されて、その跡には十字架が屹立《きつりつ》し、また秘かに崇拝されていた祖先の遺体なども焼却された。村人を偶像崇拝に固執させた主犯の老若男女の肉体には、見せしめのため、公開の場で鞭が振るわれた。悔悛の姿勢を示さぬ頑《かたく》なな者たちは、リマに特設された「聖十字架矯正館」に送致され、厳しい監督のもとカトリックの再教育が施されていく。

　外敵につけこまれやすい、植民地社会の重大な脆弱性と認識されていたインディオの宗教的実践には、このようにして強い箍《たが》が嵌められ、将来、スペインの内なる敵へと成長するかもしれなかった小さな初期の腫瘍は摘出されたと考えられていた。しかしリマのエリート層は、さらに深刻な脅威が社会の隅々にまで浸潤していると、声高にその危機感を訴えはじめる。「大いなる共謀」が見つかったのだと。

## 新世界のユダヤ人

### ある張り紙

　一六三九年一月二三日の土曜日、リマの大広場《プラザ・マヨール》で開催された異端審問判決宣告式《アウト・デ・フェ》において、リマ異端審問所は計七三名の者に判決を言い渡した。そのうち六三名の者たちが隠れユダヤ教徒《フダイサンテ》として裁かれ、さらにその中の一一名は火刑台に送られるという、リマ異端審問史上、異常な事態が発生した。この一一名の中には、ポルトガル生まれの商人、マヌエル・バウティスタ・ペレスの姿があった。一六一九年リマにやってきた彼が、このアウト・デ・フェでその四九歳の命を奪われるまでの歴史を探っていくと、スペイン帝国のなかに生まれた、海を媒介として自律するひとつの特異な「社会」の存在と、そしてそれが示した一

リマ大広場の大聖堂　ペルー副王領の宗教問題に関する司令塔の機能を有していた。著者撮影

瞬の光輝が浮き彫りになる。

一六二七年、リマの広場に一枚の張り紙が貼られた。子供の字に似せて書かれた匿名のそれには、次のようなことが読み取れた。

モーセの律法を学び知りたいものは、ディエゴ・デ・オバリエ、ロドリゴ・ダビラ、そしてマヌエル・バウティスタ・ペレスとお話しなさい。彼らがそれを教えてくれるでしょう。

この張り紙が、ただちに大事《おおごと》を生起させることはなかったものの、それは八年後にリマ市の住民に衝撃を与える出来事の不吉な前触れではあった。

本章の冒頭にも引いたが、この頃、リマ市をはじめとするペルー各地で際立った存在感とともに躍動していたのが、どこからともなくやって来て住み着くや、瞬く間に商業的成功を収めていくポルトガル系の人々であった。彼らはどのような人々であったか。

まず私たちの視線をもう一度「一四九二年」というあの決定的な年に戻してみよう。カトリック両王による追放令が、イベリア半島のユダヤ人にとって破壊的な意味を持ったことはすでに見た通りだが、彼らの多くは最も身近な隣国ポルトガルに避難の場を求めた。当時のポルトガル王ジョアン二世は、財政的な利害関心から、彼らが領内に定着することを許したからである。

スペインからは陸続とユダヤ人が到着する。しかし彼らの安寧の日々はけっして長く続くことはなかった。ジョアン二世の跡を継いだマヌエル一世は、カトリック両王の娘イサベルを娶《めと》ったが、両王は花婿に、結婚の前提として、彼らに倣《なら》ってユダヤ人を国土から追放することを要請した。マヌエル王は、しかしながら、ユダヤの人々の知力と経済力が、国家にとって欠くべからざるものだということを正しく認識していたので、一四九七年、彼らをカトリックに強制的に改宗させ、国内に残留させた。その結果、すでにポルトガルで生活をしていたユダヤ系住民も加えて、大量のコンベルソが出現することになった。

## ポルトガル系商人のネットワーク

一六世紀のポルトガルでは、このコンベルソを中心とする強力な商人階層が出現し、この人々はやがて「同じ土地の産の人間」という意識を核にして、ポルトガル同郷者集団＝ナシオンという特異な存在へと成長していく。このナシオンについて、最近瞠目《どうもく》すべき研究を著したスタドニック・ギズバートによれば、この商人階層を構成した者の多くはコンベルソであったが、旧キリスト教徒も含まれており、また両者の通婚も存外進展していたとされる。それゆえ宗教的にも社会的にもナシオンはハイブリッドな特質を強く有していた。いずれにしてもこの人々は、どこに中核地や拠点を置くというわけでもなく、いわば海原の上を含めて、大西洋が創りだす巨大な世界に飛散し、富が滔々と流れる回路を張り巡らせていた。

すでに一五世紀から、ポルトガル人はギネアやサン・トメといったアフリカの各地に進出し、金や香料、そして黒人奴隷などを運び出し、それをヨーロッパ世界にもたらすと同時に、また北大西洋諸国や地中海世界にも深く浸透していた。さらに一五世紀の末にカスティーリャを主体とするスペイン勢力が、アメリカに植民地を築きはじめると、ポルトガルの商人もそこに浸透していった。

当初はセビーリャを拠点として、西アフリカの黒人奴隷をスペインに供給する役割に甘んじていたポルトガル商人であったが、徐々に新世界そのものに、自分たちの船舶を送り出しはじめる。すなわち一六世紀初頭には、ポルトガルの船舶がカリブ海地域に姿を見せていることを警戒する報告が現れはじめる。そして一六世紀なかば頃までには、彼らはサント・ドミンゴ、カルタヘナ、メキシコ市、そしてリマなどを主な営業拠点として、さらにそこから中南米世界の広大な後背地へと商取引網を張り巡らしていった。もちろんこの網は、イベリア半島から地中海世界、そして北ヨーロッパ、アフリカまでをも包み込んでおり、やがてメキシコ経由でアジア世界にまでも到達するだろう。

このネットワークは、はなからスペイン帝国公定のモノや人の流通回路から逸出するものだった。すでに見たように、大西洋の海原には、ただ一本の公道である「インディアス海路」が敷かれ、厳重に護衛された二つの船団がそこを粛々と往還していた。その海路を通航する移住者やモノは、インディアス通商院の統制下におかれて、また植民地経済の基幹的要素である黒人奴隷や「水銀」なども、国家の独占のもとに置かれている。こうした統制は、海をめぐる「知」の領域にも及んでいた。すなわち、帝国が海域を制御するための命綱でもあった「海図」は、厳重な管理下におかれ、船が難破した際には、船長はこれを破棄することも命じられていた。

しかしながら「ナシオン」の人々は特異な機動力をもって、スペインの国家的束縛から逸走し、それを無化していく。このありさまを鮮明に描ききったスタドニック・ギズバートは、一六世紀の大西洋は「立ちはだかる障壁」としての海から、多様な土地と人間とを結節する「道」へと変貌したのだと力強く論ずる。スペイン帝国は、海という場を、白らの閉域として統制しようとした。しかし無限の広がりを持つ海とは、けっして国家や帝国が「線引き」をし、囲い込んで管理できる空間ではなく、無数の航跡を描き出すことのできる流動する場である。そしてまた商業（資本）も海とまったく同じ、国家的・集産主義的な制御からつねに自由になろうという律動をはらんでいる。一六世紀の後半から一七世紀前半にかけての数十年、ポルトガル商人たちは、この海と商業の自由を自分のものとして輝いた。しかしこうした脱中心的な動きを、スペイン帝国は、排他的な宗教的純粋性の箍《たが》をしめることによって抑圧しようとした。スタドニック・ギズバートをはじめとする諸研究といくつかの史料に基づいて、そのありさまをしばし見ていこう。

## 併合された二つの国家

一六世紀後半、ポルトガルの「ナシオン」の人々は、商業の比重をインドを中心としたアジア交易から、加速度的に成熟する大西洋経済圏に移していった。とりわけ彼らが顕著な存在感を示したのが、黒人奴隷交易の部門であった。当時、プランテーション経営の展開とともに、中南米各地で奴隷労働力の需要は急速に増加していた。おもな供給地であった西アフリカ世界に昔から拠点を持っていたポルトガルの人々は、当然この分野で幅を利かせることができた。

ポルトガル商人の活動に勢《はず》みをつけたのが、一五八〇年、あれよ、あれよという間に実現してしまったスペイン王フェリペ二世によるポルトガルの併合であった。ポルトガル領インドをも手にしたフェリペ二世は、言葉の真の意味で、「日の沈むことなきカトリック王国」の盟主となったわけだが、この併合から大きな利益を抽出したのは、ポルトガル商人たちでもあった。

併合によって、西葡両国の交流を遮《さえぎ》っていた政治的な境界線は曖昧になり、その結果多くのポルトガル人、とりわけ、かつてスペインを追われて隣国に逃避したセファルディーム系の住民が、再びスペイン領内に大挙して帰還してきた。そしてこれらのユダヤ系の人々の多くが、スペインをいわば跳ね板にして、アメリカ世界へと勇躍していったのだ。しかしその一方で、新参者を抱え込んだスペインの旧キリスト教徒の間に、ひとつの固定観念が醸成されていく。すなわち、全てのポルトガル人はコンベルソであり、商人であって、そしてユダヤ教実践者であるという陰鬱な円環が形をなしていったのである。

併合されたとはいえ、新世界に合法的に入ることができたのは、スペイン王国出身者に限定されていたが、たとえば裕福なポルトガル人たちは、王室になにがしかのご祝儀を差し出すことによって帰化の勅許を下賜され、法に則《のっと》ったかたちで移住することもできた。しかし、大きな海原を中心に生まれていたのは、法的にみても経済的にみても、とても「多孔質」の世界であって、そこを移動することは、法によらなくても、さほど難しいことではなかった。

たとえばアメリカに渡るスペイン船舶の多くに見いだされたのは、海上を舞う木の箱を操る技術によって重宝されていたポルトガル出身の船乗りたちであり、下船した彼らがアメリカの地に融けこんでいくことは容易であった。さらにこの時期、スペイン王室と黒人奴隷を供給するための契約である「アシエント」を締結したナシオンの人々がほぼ独占していた奴隷交易も、彼らが柔軟な経済活動を展開することを可能にしていた。というのも奴隷交易船は、インディアス海路一本に収斂していた船団システムの束縛から自由であり、大西洋を随意に航海することが可能だったからである。彼らは単独の船舶で航海することも、小さな船団を自由に構成することもできた。半島を出た船は、黒人たちを積み降ろしたりするために、大西洋上の島々やアフリカ沿岸の諸地域を点々と経由してスペイン領アメリカに入ってくる。この諸中継地点を媒介として、ナシオンの人々は移動していった。

## 大西洋経済圏の盟主

公式ルート・インディアス海路自体を「密航」することも頻繁におこなわれていたようだが、この時期とくに顕著になっていたのが、南回りのルートを経てのアンデス世界への浸潤であった。ポルトガル系の人々はブラジルまでは合法的に移動することができた。だからそこから越境してブエノス・アイレスに入ってしまえば、アルゼンチン北部を経由して、ポトシ、リマへと北上していくことは容易であった。この経路にナシオンの人々は殺到していく。インディアス海路以外の通商路を認めなかったスペイン王権から見れば、これは不愉快な状況であった。興味深いのは一六〇二年、アンデス・チャルカスの聴訴院《アウディエンシア》とスペイン王権との間でおこなわれた書簡のやりとりで、その中で王室は、信仰疑わしき大勢のポルトガル人が、ラ・プラタ川を通ってアンデスに入ってきた現況に憤慨し、このユダヤ系の人々の「誤った信仰」、「悪しきセクト」が、カトリックへの帰依という点では未だ心もとなく、しかも、耳目に新しいものにすぐ影響されるインディオの間に蔓延《まんえん》することだけは避けなければならない、それゆえかかる事態に注意が喚起され、彼の地からこれらの人々が「清められる」ことを望むものである、という意志を明らかにしていた。

しかし、ナシオンの人々はアメリカ各地に急速に定着していく。アルゼンチン北部トゥクマン地方においては、住民として登録された外国人成人男性一二四名のうち一〇九名が、改宗ユダヤ人を多く含むポルトガル人であり、同地の全白人男性の一四パーセントに達していた。また一六〇一年、ポトシにおいて、登録外国人男性一四四名の半数がポルトガル系であった。ある算定によれば、ナシオンの人々の総数は二万人にも及んでおり、それなりの都市をひとつ構成するに足りる規模を有していたが、実際には、彼らは大西洋を取り囲む陸塊の各地点に飛散し、あるいは海原を往還する船上で生を営んでいた。その結果が、本章冒頭の引用にある情景であった。リマ市中心部の「商人通り」はポルトガル系の人々で占められ、またポトシには「ポルトガル人通り」「ポルトガル人街区」が生まれていたし、メキシコ市ではその心臓部である大広場《プラサ・マヨール》・大聖堂《カテドラル》のすぐ裏の三ブロックは、ナシオンの商人たちが占拠していた。瞬く間に、アメリカ商業の盟主と化したナシオンの実態を、ポルトガルに生まれ、リマに定着するに至ったマヌエル・バウティスタ・ペレスの姿のうちにとらえてみたい。

## マヌエル・バウティスタ・ペレスの異端審問

### ナシオン商人の足跡

異端審問所は、逮捕した容疑者に対する訊問を開始するにあたり、かならず当該人物の来歴と系譜を詳《つまび》らかに述べさせる人定質問の手続きをおこなうが、一六三五年、隠れユダヤ教徒《フダイサンテ》の嫌疑でリマ異端審問所に収監されたマヌエル・バウティスタ・ペレスも、審問冒頭で、自らの来し方を異端審問官に陳述している。彼は一五九〇年頃、ポルトガルはコインブラ管内のアンサで、グラナダ出身の父親から生まれたコンベルソの系譜を継ぐ人物であった。その後スペインのセビーリャに移って商取引の世界に身を置くようになる。

一六一八年、アフリカ海岸ギニアに渡った彼は、奴隷交易の世界に本格的に身を沈める。その後カルタヘナに拠点を置き、西アフリカからの奴隷の運搬業務をこなしていたが、ある時カルタヘナまでの奴隷運搬に際し不慮の出来事に遭遇し、積み荷の黒人奴隷の多くを失う。彼はこの損失を補塡すべく、カルタヘナに留まらずに、さらにリマにまで南下して残余の「商品」を売り捌き、十分な利潤を回復した。彼はこれを契機に、営業の拠点をペルーの首都に移し、奴隷売買を軸とした多角的な経営を、海いっぱいに展開した。そして没収財産の評価額だけでも五〇万ペソにも上ったとされる巨万の富を築きあげるに至る。

図は、「ナシオン」の人々が張りめぐらした商業ネットワークの一部の模式図である。これを見ればただちに了解されるように、各拠点自体がもつ商域は小さくとも、拠点のひとつひとつがハブとして機能すれば、瞬く間に巨大な物流空間が生成する。マドリードに拠点を置いたある織物職人の例はそれを明瞭に示唆している。彼はアントワープ、ナント、ボルドーそしてバイヨンヌなどの北ヨーロッパの各都市に展開したポルトガル系商人から毛織物の豊かな供給を受けていた。彼はこれをマドリードの市場で販売すると同時に、南方のセビーリャ、リスボン、マラガなどに拠点を持つ商人たちにも仲介する。一方、これらの南部の商人の中には、スペイン領インディアスの拠点と連繫する商人がおり、そしてインディアスにはリマなどとのネットワークを維持する人物が待ちかまえている、という具合である。いくつかのハブを経由すれば、北ヨーロッパで生産された毛織物の販路は、軽々とリマにまで到達するのである。

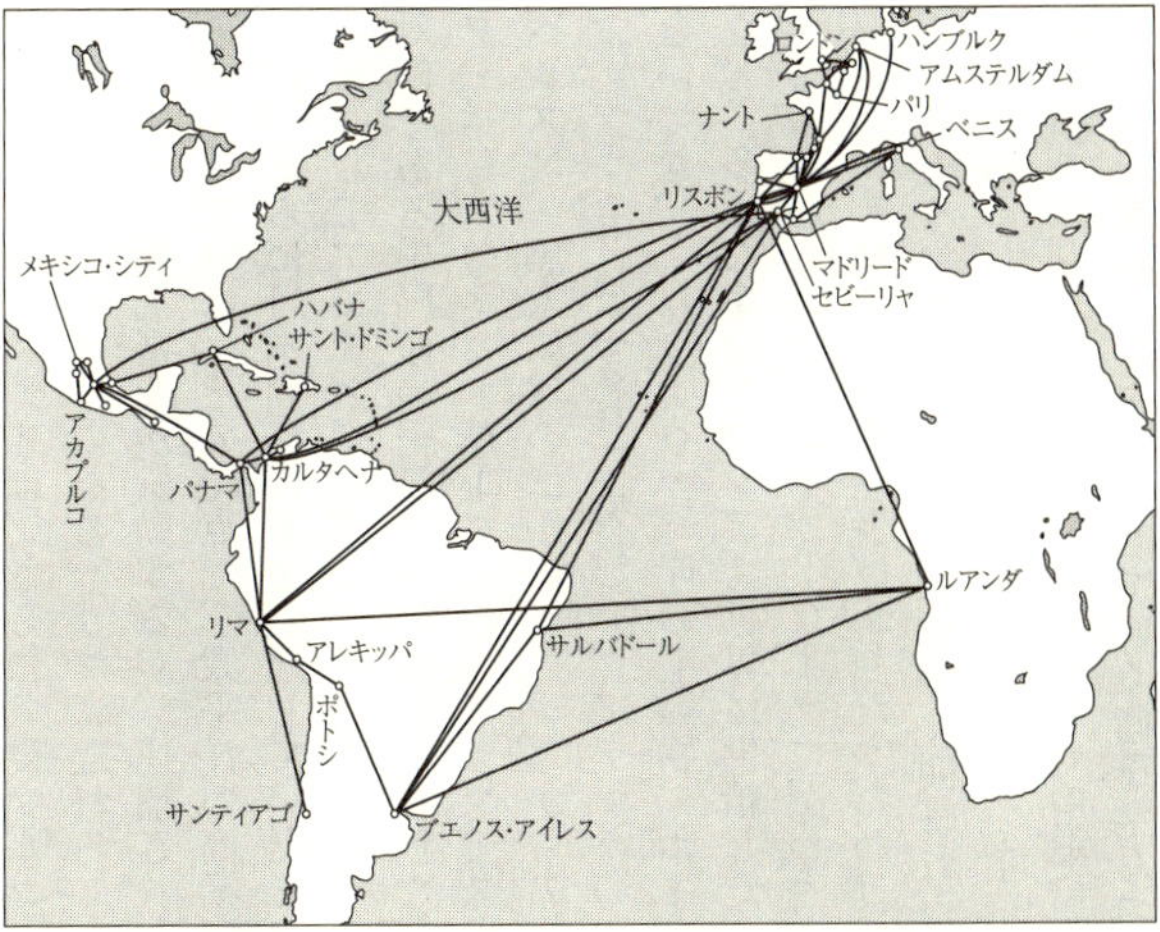


ポルトガル系商人（ナシオン）のネットワーク　Studnicki-Gisbert の著作より作成

このネットワークを最大限に展開したナシオン商人の一人が、バウティスタ・ペレスであった。彼の商圏も地球的な規模を有していたが、そのハブのひとつとなったメキシコに目を向けてみよう。ここには、いわばメキシコにおけるバウティスタ・ペレスと同質の人物で、当地のユダヤ系住民の指導者的存在であったシモン・バエス・セビーリャがいた。ポルトガルのカシュテロブランコで育ったコンベルソ系のバエスも、家族とともに移動したセビーリャにおいて商人として育てられ、後に折伏されて再びユダヤ教に回心する。彼は毛織物の販売委託品をもってヌエバ・エスパーニャに渡り、それを徐々に売り捌きながら財を蓄積した。メキシコ全土を経巡って商業網を構築したシモン・バエスは、さらにアカプルコからマニラにいたるあのガレオン貿易の世界にも深く関与するようになる。リマに遅れること数年、メキシコにおいても隠れユダヤ教徒を訴追すべく異端審問が始動するが、逮捕されたシモン・バエスら多くのユダヤ系商人の財産の大きな部分は、その時点で、太平洋の商業回路に投じられていた。ナシオンのネットワークは、さらに日本列島にまで到達していたとされる。

こうしてアンデス産の銀は、ナシオンの手によって、メキシコを経て極東に運ばれ、その対価である中国産の絹織物や陶磁器、香料などがリマにも届き、そしてそれらはバウティスタ・ペレスのネットワークにのってアンデス世界の後背地に流れていった。バウティスタ・ペレスは、黒人奴隷のほかに、アジアからの物産、そしてメキシコ地方に産するコチニール（臙脂虫《えんじむし》より抽出される染料）、グアテマラのカカオやタバコといった物産にアクセスすることができ、またヨーロッパ産の毛織物、ポーランドの琥珀《こはく》、チリの杉材、ベネズエラの真珠など、多彩な産物をアンデス世界に供給した。

もちろんナシオンのネットワークに関わった人々すべてが、バウティスタ・ペレスやシモン・バエスのような大立者ばかりだったわけではない。バウティスタ・ペレスも、リマに定着するようになる前は、黒人奴隷に囲まれた不衛生な船上で、海原に翻弄される命がけの日々を過ごしていたのである。ナシオンの人々は、彼のように、まずは直接の現場で取引にあたるエイジェントや船員として商いの道に入り、各地の拠点に定着すると、徐々にネットワークを流れる富を制御していく術《すべ》を学んでいく。また小さな店舗を構えて小売商を営む人々や、屋台をひいてリマ大広場《プラサ・マヨール》で商売を展開したり、あるいはアンデスの山中を商品を抱えて旅する行商人といった、微弱なステイタスに甘んじている者も大勢いた。たとえばアンデス山中の町々を、ビクーニャの毛や真珠、絹製品を三頭のラバに積んで、細々と利鞘を稼いでいた行商人。あるいはリマ大広場に屋台を出して紙や布を販売していた小売業者。こうした人々が、リマやメキシコの異端審問によって裁かれたポルトガル系ユダヤ人のなかに多く見られたとされる。とはいえ彼らの荷物にも、ベネズエラ産の真珠や中国製の絹織物が見いだせたのであり、マイナーであったとはいえ、小商人たちも、大西洋につくられたネットワークに確実に繋がっていた。

## 蔵書家としての横顔

このネットワークに生命力を与えていた重要な要素は、同じナシオンに所属するという意識であった。そしてそれは、疑似家族的な帰属感覚に発展し、また友情や婚姻を通じた新しい関係の構築は何よりも大切にされていた。

また特筆すべきは、ネットワークを流通した情報、そしてその媒体としての書簡の重要性である。その中には「隔てる距離がこれほど大きくなければ、お義母様にお目にかかり、孫たちを見ていただきたく思いますのに。妻ドニャ・ギヨマールも、お義母様のことをいつも思い、寂しくしております。たとえ距離は大きくても、どうぞわたくしたちの心はひとつです」というマヌエル・バウティスタ・ペレスが、スペインに住む義母に送った美しい手紙も見られたが（バウティスタ・ペレスは、画家を雇って家族の肖像画を描かせ、それをセビーリャの姑に送っている）、書簡の多くは、価格の変動、商品の供給状態、交換や利子のレートなどをめぐる商業技術にかかわる重要情報を含んでいた。彼らは紛失の危険を回避するため、ひとつの書簡のコピーを二〜三部作成し、密輸船や奴隷船に乗って移動する商人やエイジェントに託して頻繁に情報を交換したとされる。「こうした方法により、ポルトガル人は、インディアスで起きていることすべてを把握し、必要なすべての商品を売却したり運び去ったりするための、絶好機をとらえることができるのだ」と、スペイン人官僚は分析する。

マヌエル・バウティスタ・ペレスには、妻ギヨマールと六歳の長男フランシスコを筆頭に、生まれたばかりのニコラスまで五人の子供がおり、リマの中心部に大邸宅を構えて、何ひとつ不自由のない生活を送っていた。「日本製の机」が置かれた彼の書斎の壁には、ヨーロッパ、アメリカ、アジアの諸王国の地図が数枚かけられていたという。こうして、リマで落ち着いた生活を送りながらも、しかし彼が「世界」というものをつねに意識し、そしてその動きを把持しようとしていたことを雄弁に物語っているのが、彼が耽読《たんどく》していた書物の数々である。

バウティスタ・ペレスは一六三五年八月一一日に異端審問所に逮捕される。その三週間後、異端審問所の役人が彼の邸宅に赴き、没収対象となった彼の全財産をリストアップした。その結果、一三五冊にも及ぶバウティスタ・ペレスの蔵書のタイトルひとつひとつが記録された。商人として、高度な利潤追求のシステムを大西洋いっぱいに構築していた彼の、活字に飢《かつ》えた知識人としてのもうひとつの顔が、これらの書物から浮かびあがる。

リスボンから、歴史に関する面白い本を送ってください。一〇〇ペソまで出せます。ルイス・カブレラ・デ・コルドバの『フェリペ二世史』の一・二巻があれば嬉しいです。それからディエゴ・コウトの『〔アジア史〕第七巻』、ドゥアルテ・ヌニエス・デ・レオンの『ポルトガル諸王史』第二部など、ポルトガル語でもカスティーリャ語でも、歴史関係の興味深いものなら何でもお願いします。

これはバウティスタ・ペレスが、一六二六年、イベリア半島に旅立とうとしている義弟セバスティアン・ドゥアルテに渡したメッセージである。彼の蔵書には宗教書や、あるいは当時流行の小説『エル・ブスコン』、『ラサリーリョ・デ・トルメスの生涯』、あるいはセルバンテスの『ペルシーレスとシヒスムンダの苦難』なども見受けられるが、この手紙にもよくあらわれているように、その中心的な関心は歴史に向けられていた。

その全蔵書についての分析によれば、一三五タイトルのうち、歴史書は三分の一の四七タイトルにもおよび、世界史、ヨーロッパ史、アジア史、アフリカ史など、彼がその商域としていた世界を網羅していた。商業の健全な営みには、こうした学問的な知恵の支えが不可欠であるという真摯な認識に、このユダヤ系ポルトガル人が到達していたことを示している。

さて彼の没収蔵書には、宗教関係のものが三三点含まれているが、しかしどれも、聖人伝やマリアの「無原罪の御宿り」(第四章参照)をめぐる書物など、敬虔なカトリック教徒としての美質を際だたせるような本ばかりであった。事実、バウティスタ・ペレスはリマでももっとも敬虔なカトリック信徒の一人と考えられていた。彼の審問では、弁護側の証人が一三名出頭しているが、そのうち七名は聖職者であり、なかにはイエズス会士の前ペルー管区長も含まれていて、彼らの証言は、熱心に聖体を拝受し、あるいは信心講などにおいてもふんだんな喜捨をおこない、信仰心篤く生きてきた一人の商人の姿を浮き彫りにする。

## バウティスタ・ペレスの信仰

バウティスタ・ペレスは、キリスト教徒としてまじめに生きていたにもかかわらず、隠れユダヤ教徒という無実の罪をきせられて裁かれたのか? とんでもない、敬虔なカトリックとしてのバウティスタ・ペレスの顔は、見せかけのものなのだ、と断定するのが、たとえば彼が処刑された一六三九年の異端審問判決宣告式《アウト・デ・フェ》を叙述したある記録者である。

外面的には、彼は偉大なるキリスト教徒であった。至高なる聖体の祭礼を熱心に執りおこない、ミサや説教に聴きいったが、しかしそれは主に、「旧約」の歴史が扱われていたからだ。懺悔《ざんげ》・告解をまじめにおこない、子供たちには、聖職者の家庭教師をつけていた。だが「ナシオン」への執着が強かったから、子供たちの洗礼はポルトガル人の聖職者の手によってなされることを欲した。こうしてよきキリスト教徒として振る舞っていたか

ら、人々の目を眩惑することはできた……けれども異端審問所にはそれは通用しなかった
（抄訳）

バウティスタ・ペレスをはじめとするコンベルソ系の人々の宗教性というものは、いったいどのような性格であったのか？　同郷意識や疑似家族的な意識、あるいは頻繁に交わされる書簡を通じた緊密なネットワークとともに、ユダヤの教えに忠実に生きるということが、ナシオンを繋ぐ大事な紐帯となっていたことは確実であると思われる。ナシオンに属する商人の間では、ユダヤ教への再改宗の誘いが頻繁に見られた。モーセの律法に従ってさえいれば、富はどんどん増えていく、景気は上向きになっていく、といった言葉とともに。

だが、近年指摘されているのは、ポルトガル系コンベルソの宗教・意識の多様性である。完全にカトリックに帰依している者がいる一方、実生活においてはキリスト教的諸儀礼を実践しつつも、ユダヤ教的な儀礼に執着している者から、ユダヤ教への回帰をあからさまに宣する者にいたるまで、彼らの宗教的心性は多彩であった。実際、一六三九年の判決宣告式で、バウティスタ・ペレスとともに火刑に処せられた医師フランシスコ・マルドナード・デ・シルバのように、ユダヤ教に最後まで固執し、その至高性を理論化すべく、異端審問所で論陣を張ることを辞さなかった真性のユダヤ教実践者も存在したのである。

とはいえ、一四九二年の追放令が惹起した離散《デイアスポラ》によってスペインを離れてポルトガルに入り、しかもそこで強制的な改宗の圧力にさらされたのち、再びスペインに戻っていったセフ

アルディームたちが、ユダヤの正統的な伝統を維持・保存することは難しかったともいわれる。タルムード（ユダヤ教の口伝律法とその注解の集大成）やトーラー（律法）といった、ユダヤの正統性を保証する源へのアクセスを断たれた彼らは、逆説的にも反ユダヤ教の書物などをもちいて、失われつつあったユダヤ教の実践を再構成するという努力をしていたとされる。食事・衣服規定や割礼、安息日の実践法、贖罪日《ヨーム・キップール》やエステル王妃の祝祭などをめぐる反ユダヤ主義者たちの言説が、コンベルソにとっては、ユダヤ教を再生させるためのかけがえのない素材となっていった。

それゆえ自分たちのユダヤ教は劣化しているという点を、リマのナシオンの人々は懸念していた。真偽はわからないが、バウティスタ・ペレスはその同胞との会話のなかで、リマではモーセの律法について知られているのは、ごく大ざっぱな事柄に過ぎない、火曜日と金曜日に断食をし、土曜日を安息日とすること、あるいはベーコンや鱗のない魚を食べることを忌避する、といったキリスト教徒の誰もが知っているような俗っぽいユダヤ教の祭儀以上のことを実践する人は見たことがない、と愚痴っていたという。

## 「大いなる共謀」

バウティスタ・ペレスの邸宅の書斎には、つねに親しいナシオンの人々が集まり、ユダヤの儀礼やモーセの律法について議論していたという。バウティスタ・ペレスを訴追した人々は、このペルー随一の富豪こそが「ヘブライの人々のナシオンの託宣者」「大隊長」としてコンベルソたちによって崇められた存在であり、「大いなる共謀」の首謀者にほかならないと断罪し、結局彼を異端審問判決宣告式の場に引きずり出したのである。すでに述べたように、その八年ほど前から、リマの広場にバウティスタ・ペレスを誹謗《ひぼう》するポスターが貼られ、ユダヤ系ポルトガル商人に対する風圧が高まっていたことは確かである。だが、この一六三五年に突如、ユダヤ人に対する激しい抑圧の嵐が襲った背景にはどのような事情が存在したのか。

それは一言にすれば、大西洋の商業を一望のもとに統御し、アメリカの生み出す帝国の富を吸い上げていくポルトガル系商人に対する反動の結果であった。スペイン本国では一六二一年、フェリペ四世が即位する。前王の時代から始まっていた寵臣政治は維持され、オリバレスが政治の実質的主導権を握る。弛緩した帝国の政治・経済のシステムを再構築すべく、オリバレスは改革評議会を創設して綱紀を粛正し、各分野で改革の鉈《なた》を振るったが、とりわけ経済の領域において目指されたのが商業の活性化であった。彼は国王に「スペイン人を商人に変えることが必要です」と語ったとされるが、再生の起爆剤として彼に見いだされたのは、ポルトガル系の実業家・商業従事者たちであった。

オリバレスは、それまで王室財政に深く食い込んでいたジェノヴァの金融家を排除し、その代替として、ポルトガルの実業家たちを招き寄せた。ナシオンの人々も、このオリバレスの意志に応え、両者は急速に接近していく。ポルトガル人たちは宮廷財務の領域にどんどん浸透し、多様な政策提言をおこなったともされる。それは貿易の自由化や、いまだ蔑《さげす》まれている商人階級を帝国のエリート社会に融合させるといった事柄から、貨幣システムの改革、さらにはオランダの東・西インド会社に範を求めた貿易会社の設立などであり、まさしくナシオンの人々が機動性を発揮しやすい空間を構築することが目指されていた。

さらに提言の中には、一五世紀以来の反ユダヤ主義の遺産であり、「新キリスト教徒」階層の社会的上昇をさまたげる桎梏《しっこく》となっていた血の純潔法《リンピエサ・デ・サングレ》を廃すべしといった主張も含まれていた。こうした政治的な言説は、国家の統制をものともせず、大西洋空間を自由に往還していたナシオンの人々の、ひとつの到達点を示していよう。だが彼らの擡頭に対する怨恨《ルサンチマン》が、まもなく反動的抑圧として波立ちはじめる。

「ポルトガル人は血を吸う蛭である……」

ナシオンの人々が活力溢れる経済活動を展開する一方、それまで国家によって保証されてきた貿易特権が侵害され、本来手にすべき利益を奪取されていると感じるセビーリャやリマを拠点とする旧来からの特権的商人階層が存在した。彼らの商業的生命線は、もちろんインディアス海路であったが、ナシオンの人々は、ラ・プラタ経由でヨーロッパ産の商品や奴隷をどんどん運び込み、そしてポトシが産する銀をますます運び出していった。鈍重なインディアス海路を通って、高騰した値が付いたヨーロッパの品々が植民地に届く頃には、すでにポルトガル系の商人が運んできた安価な商品が出回ってしまっている、という事態に特権商人たちは直面していた。

一七世紀に入ると、リマ商人の破産が相次ぐ。一六一〇年の勅令では、密輸の規模があまりにも大きいゆえに、インディアス海路が瀕死《ひんし》の状態にあることが嘆かれている。こうした流れを受け、リマには一六一三年、コンスラード、すなわち、特権商人によって構成される組合の結成が認められた。コンスラードには、商事訴訟の裁断権や、商取引をコントロールする権限が与えられていたが、明らかにポルトガル系商人に敵対的な組織として誕生した。一六一九年には、ポルトガル商人を大西洋貿易から排除すべく、子供を含むすべての外国人を追放すべし、というあからさまな請願を国王に対しておこなってすらいる。こうした動きが顕著になると同時に、スキャンダラスな言説が流通しはじめる。

一六二一年、オランダとの一二年におよぶ「休戦協定」が失効すると、同国はスペイン領アメリカに対する攻勢に転ずる。一六二四年には、西インド会社の船舶が、マゼラン海峡からペルーの太平洋側を北上し、カリャオを出航した銀積載船の襲撃を目論む。この企ては阻止されたものの、同年ブラジルのバイアが西インド会社によって占領されるという、スペイン帝国にとっては由々しき事態が発生する。反ナシオン勢力は、このオランダの動きの背景に、ポルトガル人の暗躍を嗅ぎつけようとした。

確かに、国家的な境域をものともしないナシオンの人々は、スペインの仇敵であるオランダ本国をも、その商圏に統合していた。なぜならばオランダにもたくさんのセファルディーム系商人が活動しており、彼らを通じて北ヨーロッパの産物を商業網に取りこんでいたからである。こうした事情は、反動勢力が、オランダによるバイア占領は南米のポルトガル系の人々の手引きによるものである、と言い立てることを許すことになった。

こうしてポルトガル人勢力を中心とする「陰謀」が、南米で画策されつつあるというナラティヴができあがる。そして注目すべきは、ここにも「インディオ」が加味されることだ。カトリックへの信仰心や忠誠心が薄い人々、すなわち南米のインディオや黒人たちが、オランダを支援し、ポルトガル人と組んで陰謀を支えているという言説も、力を得ていくのである。

ポルトガル人は血を吸う蛭《ひる》であり、敵の利益のために、私たちのインディアスの血を吸い取っている、彼らはペストのような存在であり、スペインというカトリック的純粋性に満たされるべき政体を内部から冒す病である……。こうした言葉が、さまざまなパンフレットの上に踊り、流布する。そしてこの陰謀説は、もう私たちにはおなじみのプロットを用意してきた。

## 儀礼的冒瀆、再び

一六三二年、マドリードに戦慄が走った。ポルトガル人の男の子が異端審問所においてある告白をしたのだという。それによると、ある晩、彼の家族とその友人が集まり、いつものユダヤの祭儀を催したのだが、その夜はある特別な儀式もおこなわれた。すなわち会衆の前に、キリスト像が持ち出され、集まった人々が鞭でもって、聖なるキリストを打擲《ちょうちゃく》したのである。キリストに対する儀礼的冒瀆！　この告白はただちに公にされ、マドリードの教会では説教師たちが、この陵辱を激しく糾弾した。

そして一六三五年、リマで「大いなる共謀」に対する大弾圧が開始された。その四年後に開催された審問の終了を告げる異端審問判決宣告式《アウト・デ・フェ》には、六三人の隠れユダヤ教徒《フダイサンテ》が引き出され、バウティスタ・ペレスを含む一一人が火刑台に上げられた。この摘発の背景では、コンスラードと異端審問所が共同歩調をとっていた可能性が指摘されている。この人々は自らの利権を守るために、異端審問という装置を利用したのだった。そしてその異端審問所自体が当時財政難に喘《あえ》いでいて、その運営資金を確保するため、ポルトガル系商人の富を標的にしたとも考えられている。

いずれにせよ、一五八〇年頃から一七世紀にかけて、自由闊達な大商業世界を大西洋に築いたポルトガル系のナシオンは、異端審問所の機敏な対応によって消滅した。メキシコにおいても、それから遅れること四年、やはり彼の地の異端審問所がナシオンを破砕する。メキシコにおけるバウティスタ・ペレスのパートナー、シモン・バエス・セビーリャもこの世からいなくなった。

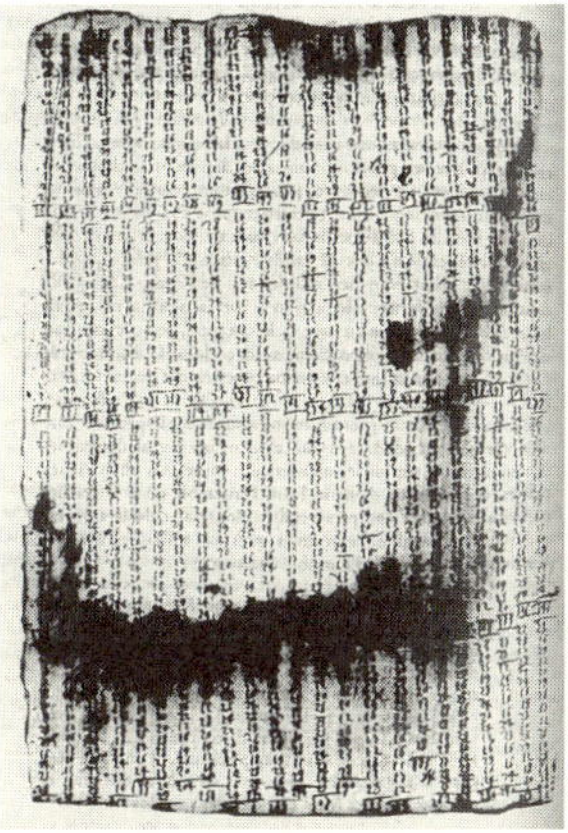

**数字で暗号化された書簡**　獄中のバウティスタ・ペレスは仲間や家族にあてて手紙を送っていた　Wachtelの著作より

リマにおける審問中、マヌエル・バ

ウティスタ・ペレスは、最期の瞬間まで、自らの潔白を主張し、キリストへの心からの帰依の証を異端審問官に訴え続ける。しかし、異端審問所は彼に激しい拷問を加えた後、極刑を宣した。獄中にあっても、情報の人バウティスタ・ペレスは、収監された仲間や外界の家族と、暗号化されたものを含め、たくさんの書簡をやり取りしている。獄吏や門番の買収がいともたやすかったからだが、それが厳密な秘密主義が貫徹されるはずの異端審問所内の実態であった。

**僕のタイタ**

書簡は獄中で苦悩するバウティスタ・ペレスと、彼の帰りを待つ家族との、固く優しい絆の存在を伝える。留守宅をあずかる義弟シモン・バエスは、次のように書き送っている。

私は義兄《にい》さんの署名入りの手紙を届けてくれた神のお慈悲に感謝しています。この手紙が、義兄さんは獄中で死んでしまったという心ない連中の噂を打ち消してくれました……義兄さんの息子は、聖母マリアの前でこう祈っています。『どうぞ、僕のタイタ〔ケチュア語で「お父さん」の意〕を連れ戻してください。だって、僕は父さんにうんと会いたいのです』……。

義兄さんからの二度目の便り、嬉しく読みました。……私は〔異端審問所の〕門番に二

○ペソ少々と、ペンとインクを紙の中に忍ばせて渡しました。……門番は姉さんが作ったチーズケーキも義兄さんに届けてくれると思います。姉さんとドニャ・イサベルは、たくさんの抱擁を義兄さんに送っていますよ。昨日などは一日中、インディオたちが持ってきた「コパカバーナの聖母」様にそのご加護をお祈りしていました……。

家族の願いも空しく、バウティスタ・ペレスはその最期の瞬間を迎えた。彼は、威厳をもって判決を聞き、そして己の仕事をするようにと執行人を促したという。

こうして「大いなる共謀」は「未遂」に終わった。ユダヤ系のナシオンは、ほぼペルーの地から消滅した。スペイン帝国は、大西洋世界に浸潤した、帝国の純粋性を阻害する病を除去することができたと信じた。だが彼らは、ナシオンの人々がつくりだしていた富の流れをも切断してしまったことに、あとで気がつくことになる。「陰謀」弾圧の後、リマの商業界は大混乱を来した。この章の冒頭に引用した、本国に送られた報告書で、異端審問官はポルトガル人の跋扈《ばっこ》を過去形で語り、多くの人々が監獄の中に入れられたことを示唆しているが、それとともに、多くの商人たちの逮捕・収監と財産没収によって、信用貸付が機能しなくなり、この世が今にも終わるのではないかと、この土地の人々は悲嘆しております、と書き記していた。

# 第八章　女たちのアンデス史

## メスティーソの誕生

### 市場に響く声

ユダヤの男性たちが社会的に抹殺された後、辛い運命を双肩で受けたのが女たちだった。マヌエル・バウティスタ・ペレスの妻ドニャ・ギヨマールは、夫ばかりか義弟をも失い、実兄もセビーリャに追放された。彼女は審問所に没収された夫の財産の返還を求めて訴訟を起こしたが結局敗れ、幼き子供たちを貧困の淵から救うべく、当局に年金の慈悲を懇願せざるをえなかった。「大いなる共謀」に対する弾圧の嵐を生き延びたポルトガル系の人々は、インディアスにとどまったとしても、商業の表舞台からは遠ざかり、山の後背地などへ引き籠り、現地社会に融け込んでいったとされる。

しかしながら、彼らがリマの街角から姿を消した後、物を商う声はけっして途切れることはなかっただろう。すでにユダヤ人とならび、リマの商業界をたくましく生きていた人々が存在したからだ。女性たちだ。

一六二〇年『新世界ペルーの歴史についての覚書』を著したフランシスコ会士のサリーナ

ス・イ・コルドバ師は、リマの周辺の山海から、季節を問わず多彩な産物や珍味が怒濤《どとう》のように流れ込み、世界に冠たるといってもよい豊かさを誇る市場《いちば》を牛耳っているのは「女性だ」と断ずる。しかもその女性たちは、ムラート女性（白人と黒人の混血）や黒人女性、インディオ女性やメスティーソ女性（白人とインディオの混血）などであり、しかも都市の下層に位置づけられる人々でもあった。師はこう述べる。女たちは、天幕を張って商売をする。インディオ女性は地面に毛布や茣蓙《ござ》を敷いてそこに品物を載せ、一方、ムラート女性や黒人女性は木製の机に商品を広げる。女たち一人一人の所場《しょば》はしっかり把握され、とても整然としているので、市場には、テントや机で街路と街区のようなものが出来上がり、世界各地原産の野菜や果物が、溢れんばかりに売られている……。毛織物などの外国製品を扱うユダヤ系ポルトガル人の屋台が消えた後、リマの商いの世界は、こうした色とりどりの商品を売る、色とりどりの肌をした女たちが支えていったのだと私は思う。

男性たちが動き、つくりあげる植民地社会の表の舞台。政治、そして宗教の権力関係が織りなす世界では、これまで見てきたように、寛容と非寛容の精神が対峙し、閉ざされた世界に、純粋な血と思想が満たされることを欲望する精神と、それに抗《あらが》う意志とが交錯し、時には酷薄な命のやりとりすらなされる。だがリマの広場を中心に生まれた女たちの世界には、こうした血や人種をめぐる諍《いさか》いの影は希薄である。いやむしろ、彼女たちは人種や階級の差がつくり出す壁を、それがまるで存在しないかのように振る舞い、さまざまな交わりを日常的に展開していた。これから見てゆくように、征服後《コンキスタ》、インカとスペインとを結びつける媒介的機能をまず担ったのは女たちであり、のみならず、彼女たちもアンデスの歴史を動かしてゆく役割を確実に果たしていた。

## インカ皇女たちの運命

一五三二年、インカとスペインが軍事的に対峙し、前者がスペインの軍門に降った事情はすでに見たが、征服という、非日常的な厳しい時間を生きる征服者《コンキスタドール》たちの荒ぶる心が求めた癒しの先には、アンデスの女性たちの姿があった。容易に想像できるように、コンキスタドールたちの一群には、スペイン人の女性はほとんど見られなかった。こうした状況の中、スペイン人男性はインディオ女性と結ばれていく。

先スペイン期のアンデス社会においても、インカ王が地方社会からその臣従の意志を勝ち取っていく時の重要な触媒のひとつは、「女性」であった。地方の首長《クラカ》は、その娘をインカの愛妾として差し出し、あるいは彼の村の見目麗しい女たちは、国家的目的のために、選別された乙女《アクリャ》としてインカ官僚によって引き抜かれていった。一方インカの側も、地方の大首長の歓心を買うため、あるいは軍事的貢献の恩賞として、彼の後宮に生きる女たちを贈与する。女性を介した政治的関係の構築というアンデスの伝統は、スペイン人という新しい人間集団の出現を前にして、ただちに呼び出された。

カハマルカでの戦いが終わると、インカ王の大勢の娘や妹たちがスペイン人に提供された。たとえばインカ王アタワルパは、父王ワイナ・カパックの娘であるイネス・ワイラス・

ユパンキをフランシスコ・ピサロに提供し、二人の間にはフランシスカとゴンサロという二人の子供が生まれる。のちにフランシスコ・ピサロは、このイネスを捨てて部下にやり、別のインカ皇女アンヘリーナ・アニャス・ニュスタと新たに内縁関係を結び、二人の子供を持つが、このアンヘリーナもやがて、すでに本書でも何度か登場した記録者《クロニスタ》ベタンソスと結ばれる。ピサロとイネスとの間に生まれたフランシスカとは、今日、意外なところでお目にかかれる。彼女はピサロの異母弟で、叔父にあたるエルナンドと後に結ばれ、スペインに渡り、すでに本書で何度も登場したスペインのトゥルヒーリョで過ごした。この町の中央広場に面して、ひときわ大きな邸宅がそびえている。「征服宮」と名付けられているこの建物には、そこにまつわる人物たちの横顔が彫り込まれているが、そのひとつが、第一一代王ワイナ・カパックの孫娘、フランシスカなのである。

スペイン人にインディオ女性を贈るアタワルパ　グァマン・ポマ画

カハマルカに入った最初のスペイン人女性だと自称するベアトリス・デ・サルセドは、一五六二年に実施されたある調査で当時のカハマルカを回想し、この地で大勢のインカ皇女と交流をもったと述べているが、ピサロ軍の重鎮であったエルナンド・デ・ソトが、やはりワイナ・カパック王の

トゥルヒーリョの「征服宮」 壁面の彫刻のなかには、ピサロの異母弟エルナンドと、帽子を被った妻フランシスカの胸像も見られる。著者撮影

娘と結ばれ、レオノール・デ・ソトという混血の娘をもったことを証言している。このレオノールは後にスペインに渡り、コンキスタでの父の軍功を理由に、恩賞の恵与を国王に請願するが、その時彼女が父の貢献の証拠として提示したのが、副王トレドが本国スペインに送付した、あのインカの歴史とコンキスタを描きだした「画布」だったという。

こうした事情の背景に、戦勝者スペイン人による暴力的強制があったことは間違いないが、インディオ社会の側が、アンデスの新しい支配者との関係を構築すべく積極的に女性を提供する動きも存在していた。記録者インカ・ガルシラーソは「最初の頃、インディオ女性がスペイン人の子供を宿すと、彼女のすべての親族が、そのスペイン人をあたかも偶像のように敬い、進んで奉仕を提供したものだ」と述べているが、女性はまたしても、新しい支配者と従属者とを繋《つな》ぎとめる蝶番《ちょうつがい》として利用された。

このような関係から生まれた存在がメスティーソだった。ガルシラーソをはじめとして、たくさんの混血の人々が、とりわけクスコや首都リマを中心としてこの世に誕生していく。

## イベリア半島からやってくる女性たち

コンキスタ直後のしばらくの間は、スペイン人同士が戦う内乱の合間をぬって、インカ皇女をはじめとするインディオ女性とコンキスタドール、そしてその混血の子供たちによって、つかの間の家庭生活は営まれたことであろう。

だが事態は間もなく変化しはじめる。新世界の支配がはじまった当初、王室はスペイン人と先住民との混淆を奨励し、異文化集団間の交流が進展することを積極的に模索した時期があったが、しかしやがて、先に見た「二つのレプブリカ」という理念に基づいて社会が制度的・空間的に差異化されていくことになる。これは同時に、スペイン人の男性はスペイン人の女性を娶《めと》るのが相応《ふさわ》しい、という純潔性重視のイデオロギーが作動したことを意味するが、実際その後スペイン王権は、新世界のスペイン人男性に対して、インディオ女性との内縁関係の解消を勧告した。その結果、コンキスタドールたちは、旧世界からやって来るスペイン人の花嫁たちをその家政に迎えはじめる。

インカ皇女の母を捨て、スペイン人女性を正妻に迎える、という父の行動を目のあたりにしたインカ・ガルシラーソは、その著書で次のようなエピソードを紹介し、こうした事情を辛辣に叙述している。だから話半分で聞かなければいけないとも思われるのだが、新世界に遥々《はるばる》渡ってきたスペインの女性たちの目的はただただ、莫大な富を手にしたコンキスタドールの玉の輿に乗ることであった。そうした女たちのために、ある時、いわゆるお見合いを目的とした夜会が開かれたのだという。ガルシラーソによれば、その時の会話だそうだ。数人の女性が控えの間から、会場の男たちの様子をうかがっている。

「あたしたち、あのコンキスタドールたちと結婚しなければならないそうよ」

「この壊れた連中と結婚ですって。ごめんだね。こんな連中、くだばればいいんだ。まるで地獄から抜け出てきたみたいじゃないか。あの男は足が萎えている、これには手がない、あれは耳無し、こいつはひとつ目、あれは顔が半分っきゃないじゃないか。まともなのだって、顔は傷だらけだよ」

「何言ってるんだい、あたしたちは、連中の見端《みば》と結婚するんじゃないよ。あの男たちのインディオを相続するためなんだよ。老いぼれさんはまもなく死ぬよ、その後、好きなだけ若いのと結婚すればいいじゃないか、古びて穴の空いた鍋を、新しいやつに替えるみたいにさ」

こうした女性たちがイベリア半島からぞくぞくと到着しはじめ、古参エンコメンデーロに嫁入りする。その結果、先住民の内縁の妻たちはインディオ社会に戻っていくか、あるいは夫の部下のもとに、「夫から」嫁資を用意されて嫁いでいく。行き場を失っていくのが混血の子供たちだった。機を見るに敏であったのだろう、インカ・ガルシラーソは、このように変成するアンデス社会を後にし、新しい可能性を求めて父の故地スペインに雄飛するが、アンデスに生きていたその他大勢のメスティーソの男女の処遇をめぐって、植民地当局はおおいに困惑する。

## 混血の娘たち

メスティーソは「危険な存在」とみなされていた。男性の場合は、手に職をつけることや商いに精をだすことが推奨され、通訳の仕事についたりする者も多かったが、なかには父親とともに征服の前線に赴き、武器や馬を操り、武勇に秀でる者も多かった。為政者たちは、メスティーソがスペイン人よりも巧みに火器を使いこなすさまを見て脅威と感じ、また犯罪に走った彼らが、インディオの衣裳を身に着けるや、母の世界であるインディオ社会に潜伏してしまい、身柄を確保できなくなることを懸念していた。メスティーソ男性やムラート男性に対する武装解除令がだされるのも、時間の問題であった。

一方混血の娘たちの場合には、彼女たち自身が「危険」に晒《さら》されている、という認識が共有されていく。近世期、乙女《ドンセーリャ》をめぐる観念は、血の清浄と貞潔の思想によって裏付けられていた。彼女たちは結婚するまで、外部の男性との接触を限りなく避け、母親によってその処女性を監視されつつ、家屋敷に引き籠っていることが理想とされた。一五世紀末のスペイン文学の傑作、コンベルソ系の作家であるフェルナンド・デ・ロハスが著した『ラ・セレスティーナ』は、まさにこの理想的な環境におかれていた乙女とその恋人が、遣手婆《やりてばば》セレスティーナの魔手にかかって破滅する物語だが、こうした危険から娘たちを守らなければいけないというイデオロギーは、新世界にも移植されていった。

しかし今、アンデスの地で保護の対象となるのは、スペイン人を父に、インディオ女性を母として生まれた娘たちであり、スペインとは異なった様相が展開する。たとえば一五五一年、インカの古都クスコで、征服者＝エンコメンデーロたちが、彼らの権力を象徴する合議機関である都市参事会に集まり、彼らの混血の娘たちを収容する修道院の設立を決定する。彼女たちの純粋さを損なう劣等な血を持つインディオの母親から、娘たちを奪い取り、キリスト教的な環境のもとで彼女たちを「レメディアール」するという考え方が、修道院誕生の背景にあったとアメリカの史家バーンズは論じている。レメディアールというスペイン語の動詞は「治療する・矯正する」といった意味を持つが、こうして創立された聖クララ女子修道院は、メスティーソ女性から、その身に染みついたインディオ文化を洗浄し、全きスペイン人女性と同質な存在にしていくという、まさしくひとつの「再生装置」として機能することになった。

創立時、六〇名の女子が修道院に入ったが、そのうちスペイン人女性は三名だけであり、残りのほとんどは混血女性だった。インディオ村落を通りがかったスペイン人に発見されて、修道院に連れてこられた娘もいた。また新しくやってきたスペイン人妻との、ややこしい関係を避けるために、父親に修道院に入れられる少女のケースもあったようだ。

## インカとスペインの紐帯

修道院に入った女性のなかには、修道誓願をたて、閉ざされた世界で生涯をすごした者もいたようだが、多くの娘は、一時的に収容された後、外部世界に再び戻っていった。つまり彼女たちは、良き習慣やお作法をたたき込まれ、祈禱《きとう》の仕方や読み書き、裁縫などを学び、「スペイン人婦人」へと矯正されると、クスコの花嫁市場に投入されていったのである。とりわけ、スペイン人女性の絶対数が少ない植民地時代初期には、こうして再生された混血女性たちが「スペイン人のレプブリカ」の構築において重要な役割を果たしたのである。

特筆すべきは収容された女性のなかに、ビルカバンバのインカ王サイリ・トゥパックと、その姉妹にして妻であったドニャ・マリア・クシ・グァルカイとの間に生まれた一粒種、ドニャ・ベアトリス・クララ・コヤがいたことだ。説得されたサイリ・トゥパックが、スペイン国王に帰順したために、ユカイの谷に大きな所領を下賜されたことはすでに述べたが（第五章）、その死後それを相続したのが、このベアトリス・コヤだった。彼女は、父がビルカバンバを離れた一五五八年頃に生まれ、五〜六歳の頃、聖クララ修道院に入る。ベアトリスは、インカとスペインとを繫ごうと画策する人々によって、まさにその鎹《かすがい》としての価値を見いだされたのだった。

彼女は、副王トレドにより、スペインのインカに対する勝利を象徴する飾りとして利用された。修道院で立派な教育を受けた彼女を、ビルカバンバ制圧成功の喜びに満たされた副王は、作戦を指揮した功労者にして、またイエズス会の創始者イグナティウス・デ・ロヨラの甥の子でもあるマルティン・ガルシア・デ・ロヨラに花嫁として与えたのである。やがてマル

二組の夫婦の婚姻風景を描いた絵画　左の男女がイエズス会のマルティン・ガルシア・デ・ロヨラとインカ皇女ベアトリス・コヤ

ティンと彼女の間には、アナ・マリアという娘が生まれるが、この娘はスペインに渡り、やはりイエズス会総長、聖ボルハの孫である人物と結婚する。インカ族の末裔とイエズス会との、インカ皇女を媒介として結ばれた紐帯は、現在もクスコのイエズス会教会の入り口を飾る、二組の夫婦の婚姻の風景を描き出した絵画によって想起され続けているが、この紐帯は、後に見る一八世紀末のトゥパク・アマル大反乱においても意味を持ってこよう。さらに大反乱との関係で特筆すべきは、一六一四年このアナ・マリアに、ユカイの谷に広がる豊饒な「オロペサ侯爵領」が与えられたことだ。この侯爵領こそが、インディオの大反乱の導火線となる。

　このように、インカ皇女をはじめとするインディオの女性たちは、スペイン人の欲望をその身体で受け止め、混血という果実をアンデス世界に送りだすことにより、インカとスペインとを結びとめたのだったが、しかしながら、女たちが独自の術《アルテ》をもちいつつ、男性中心の社会原理に対し、異議を申し立てていたことも間違いない。そのひとつは「魔術」であった。

## 女性と魔術

中・近世期の社会において、男性と女性は、露骨に不均衡な関係のもとにおかれていた。男性は理性的であり、女性は感情的である、男性は「文化」と結びつき、女性は「自然」と交わっている、エバがアダムより生じたことに明らかなように、「原因」としての男性が「結果」としての女性より優位にある、といった発想が一般化していた。女性は、公共圏において言葉を発し、権力を行使することはできず、家庭において逼塞《ひっそく》しつつ、男性を支える存在たるべし。聖クララ修道院創設の背景にあったのも、このような考え方であった。

しかしこうした女性嫌悪《ミソジニー》の思想の裏には、男性の女性に対する「畏怖」の感情が潜在してもいた。女性には「権力」はそぐわない、しかし、彼女らは別の「力」をもっている。それは「治癒する力」であったり「占う力」であったり、あるいは「予見する力」であったが、この力を肯定する人々からすると、女性は男性よりも神に近い存在ということになる。それは「聖女」を生み出す思想へとつながっていく。ところがこの女性固有の力を否定する人々は、その力の根源に「悪魔」という邪悪な存在を見いだし、女性に対する警戒を強めていく。先天的な弱さを持った女性は、悪魔に籠絡《ろうらく》されやすいのだ、と。

公的な権力から遠ざけられていた女性たちによって、こうした魔的な力が、生存のための実践的な術としてもちいられていたことはアンデス植民地時代史のごく初期から認められる。たとえば最近、ペルーの史家ロストウォロフスキによって明らかにされた、魔術をめぐる興味深い訴訟の事例がある。その中心的な人物は、まさしく先に見た、ワイナ・カパック王の娘にして、ピサロの最初の愛妾、イネス・ワイラス・ユパンキだった。征服者の領袖の寵愛を失ったイネスは、ピサロの小姓的な存在であったアンプエロというスペイン人のもとに嫁がされた。イネスと新しい夫との間には三人の子供が生まれたものの、その生活は彼女には辛いものだったようだ。なぜなら一五四七年、イネスによる、夫アンプエロ殺害未遂事件が発覚するからである。彼女は夫の虐待を受け、また外出も許されないという日々を送っていた。彼女はその苦境から、「魔術」に頼ることによって逃れようとしたのである。

訴訟（まだ異端審問所は設置されていないから、裁きは世俗の裁判所がおこなった）では、男女のインディオ邪術師が拘束された。キリスト教にいまだ改宗していなかったため「太陽と大地」を通して真実を述べることを宣誓した彼らは、イネスに頼まれて、その夫の荒ぶる気持ちを鎮めるため「獣脂」を焦がす呪法を調整したことを供述した。獣脂を焼くと、アンプエロの影が現れ、そこを漂い、もう怒ることはやめたと、語ったという。さらにはアンプエロが四年たったら死ぬことを目論み、その食事の中に忍ばせるべく、あるハーブを用意したことも自供した。結局これらのインディオたちは極刑に処せられたが、依頼者のイネス・ワイラスにはなんのお咎めもなかったようであり、彼女はその後も夫婦関係を維持していることが確認されている。

なにぶん、初期の時代の頃のデータであり、この犯罪の背景の詳《つまび》らかな事情はわからないが、興味深いのは、処刑されたインディオの邪術師の「顧客」には、ドニャ・イネスのみならず、主人の暴力に耐えかねて、その気持ちを鎮静させるための術を施してもらっていた黒人奴隷シモンや、やはり夫の暴力を「癒す」ことを希《ねが》った「カスティーリャ出身の夫人《セニョーラ》」が含まれていた点だ。魔術は、このように、公権力が提供する方法によっては身を守ることのできない社会的弱者にのこされた数少ない武器だったが、重要な特徴は、魔術の領域における「脱人種性」である。これから見る一七世紀のリマの女邪術師たちの世界においてもそれは際だっていた。

## 魔女と「インカの力」

### リマの裏通り

一七世紀の都市リマにおいて、すでに見た「二つのレプブリカ」をもとにした統治理念は、ほとんど形骸化していた。それは一六一三年に実施された市内の人口調査から判然とする。調査の結果、当時のリマの人口は二万五〇〇〇人ほどであったことがわかるが、エスニシティに基づく分類に拠れば、スペイン人が約一万人、黒人約一万人、インディオが約二〇〇〇人、メスティーソ約二〇〇人、ムラート約七〇〇人となっており、この時期、「スペイン人のレプブリカ」たる都市リマに、インディオや混血の人々が居住することは既成の事態となっていた。男女の差はどうか？　男性の数が女性を圧倒していた一六世紀の頃とは大いに状況は異なっており、女性の数のほうが、男性の数を上回る勢いであった。一七世紀のある記録者《クロニスタ》は、多少誇張を交えながら、「女性の数は男性の倍はある、なぜならば彼女たちは男性とは異なり、海陸の旅はしないし、戦争にも行かないから、より長生きをするのだ」と観察しているが、一方このことは、恋愛や結婚の市場バランスにおいて、女たちが不利な立場にあった可能性を示唆している。一七世紀、彼女たちが熱を込めて「恋愛魔術」を繰りひろげていった理由の一端はここにあるのかもしれない。

一六六〇年前後、教会権力は、恋愛成就などを目的とした「邪悪な行為」に耽《ふけ》るリマの女たちに、満遍なく摘発の網を被せてゆくべく、その抑圧装置をフル稼働させた。すなわちインディオ女性に対しては「偶像崇拝根絶巡察」(第七章参照)を、そしてスペイン人や黒人女性、混血の女性に対しては「異端審問」を適応させながら、追いつめていったのである。特に一六六〇年代になると、サルミエント・デ・ビベーロという根絶巡察使が現れ、リマ市に住むインディオ女性たちを標的とする。

ビベーロの巡察のなかで浮かびあがってきた興味深い人物が、フアナ・デ・マヨという名の先住民の老女である。彼女は巡察使に逮捕された一六六九年の時点で未亡人、首府から四〇〇キロほど離れた海岸部の大きな町イカの出身であった。彼女がいつリマにやって来たかはわからないが「スペイン人のレプブリカ」での生活が長かったことは、供述調書に、彼女がラディーナであったと記されていることからもよくわかる。ラディーナとは「スペイン語に長じたインディオ女性」に対してもちいられた言葉だった。フアナは逮捕後の陳述でも、ケチュア語の通訳を必要とすることなく、根絶巡察使と丁々発止やりあっていく。

　直接話法が織りまぜられた裁判記録を読んでいく私たちを圧倒するのは、「歯はすべて抜け落ち、やぶにらみであった」という「背丈の小さな」この老女が、リマの夜の世界を我がもの顔に跳梁する姿であり、そして、人種やエスニシティを超越して張りめぐらされた、彼女の顧客や仲間の妖術使いたちの間のネットワークである。彼女の客や邪術仲間になったのは、スペイン人女性、メスティーソ女性、黒人女性、ムラート女性、サンボ（黒人とインディオの混血）女性、そしてインディオ女性というように、およそ都市リマに見いだしうるあらゆる人種に属する人々だった。権力をもつ男性たちが構想した、人種によって明瞭に差異化された二つのレプブリカ、というイデオロギーは、女性たちの生き生きとした日常的交わりの中で、見事に破綻していた。

　彼女たちの生活の舞台は「カリェホン」と呼ばれる都市リマ独特の居住空間であった。中庭や炊事場、家禽小屋が共有され、その周りを部屋が取り囲む、ちょうど日本のかつての長屋を想像すればよいかもしれない。魔女審問に関わった女性の多くは、フアナ・デ・マヨのように未亡人であったり、名目的には結婚していても、出奔した夫とは長期間の別居状態にあって複数の男性との逢瀬を楽しんでいたり、あるいは内縁関係にあった男から捨て去られたような女たちであった。彼女たちはこのカリェホンに共同で部屋を借りて、一緒に住んでいることが多かった。男に愛想を尽かされて、悲嘆に暮れて広場で泣いているメスティーソ女性が、インディオ女性に優しく声をかけられ、その部屋に呼び入れられるといった情景が、記録から浮かび上がってくる。

### ファナ・デ・マヨの恋愛魔術

ところで、ファナ・デ・マヨは、「反キリスト教的な邪悪な術」を行使したことによって巡察使に逮捕された。しかし、邪悪な術とはいったいどのようなものだったのか。まずは病気治療術がある。当時スペイン人植民者がヨーロッパ世界からもたらした「先進医療」とは、せいぜいが瀉血《しゃけつ》くらいであり、むしろスペイン人たち自身が、薬草や薬湯などをもちいるインディオたちの伝統的な医療技術に依存する場面があったくらいである。異端審問所付きの医師による瀉血治療でも快復しない囚人の狂気を癒すべく、審問官が、インディオの老女に薬草の処方を依頼するといった、異端審問所の存在意義を考えれば、ある意味では異常な事態も生起していた。

ファナは薬草の知識を豊かにもっており、女友達と連れだって、リマ近郊の丘に草花摘みにしばしば足を運んでいた。たとえば親友のメスティーソ女性が長患いで苦しんでいた時、邪術にかけられていることを病因と診断したマヨは、まずは薬湯を処方している。現代ペルー社会においても、「クランデーロ」と呼ばれる民間施療師が、西洋医学の恩恵を受けない民衆の健康を支える大切な役割を担っているが、彼らの治療行為の多くは、さまざまな呪物や液体を用いた魔術的な性格のものである。そこではしばしば病因として、人間関係の歪みから生じる「嫉妬」や「怨恨」がさぐられ、そうした歪みを匡《ただ》すべく、対抗魔術を通して治療が施されている。今日、ペルーの街角で日常的に見られるクランデーロの系譜は、ファナ・デ・マヨに遡ることができよう。

しかしファナ・デ・マヨの術の多くは、顧客層からもわかるように、「女性の領域」に関わるものであった。つまり男性社会が行使する権力や暴力を、彼女たちの術で統御し、男たちとの関係において主導権を握ることを目指していた。

すでに一世紀近く前にインカの皇女イネスが苦しんでいたように、植民地社会の男たちは、日常的に女性たちに手を上げていた。浮気がちな娘婿が娘に暴力を振るうのに悩み、ファナのところにやってきたアナというインディオ女性は、ファナの非正統的な技法に頼ることに、キリスト者としての良心から躊躇《ちゅうちょ》してはいるものの「婿さんの座るところにふりかけておけば効くから」と小瓶に入った液体を渡されている。異端審問や根絶巡察の記録の端々に「アマンサール＝宥める」「リガール＝縛る」といったスペイン語の動詞が散見されるが、これらの直接目的語は、みな「彼」であった。あるいは浮気性の男の心を操作する技法や、やって来ぬ男たちの所在を突き止めたり、その心の向かう先を見定めたりするための占術や呪術。インディオ女性フランシスカは、やはり娘婿の浮気の調査を依頼する。ファナはコカの葉っぱを二枚、盥《たらい》に浮かべ、娘婿と浮気相手の女性に見立てて、その浮かび具合から、恋愛関係の今後の進展を占っている。

いわゆる「媚薬」の調合、とりわけ先に触れたピカレスク小説『ラ・セレスティーナ』に由来すると思われる「セレスティーナ母さんの粉」と彼女たちが呼んでいた薬の調剤は、フアナが得意とするところであった。ファアナは顧客にリマの大広場で商いされているオレンジの花やキズイセン、麝香《じゃこう》などを購入させ、自らはラバの背に揺られて、薬草の本場、リマ郊外に広がる「スルコの谷」に出かけ、さまざまな植物を採集して薬を調合していた。特に「セレスティーナ母さんの粉」に執着していたのは、スペイン人の女たちであった。

一八世紀初頭、リマを訪れたフランス人旅行家フレジエルは、次のような興味深い観察を遺している。

> 当地の女性は、本国スペインほど男性によって監視されてはいないが、昼間は滅多に外出しない。ところが日が暮れるや、自由きままにお出かけだ。まさかこんなところに、といった場所にもしばしば出没する。お日様が出ている間はあれほどお淑《しと》やかだった彼女たちが、夜になると、最も大胆な女へと変貌するのである。誰にも気づかれないように顔をショールで覆った彼女たちが、フランスでは男性がするようなお仕事をなさる。

ショールで顔を覆いながらリマの街頭を闊歩した、中には高貴な女性をも含むこの「顔隠《タパ》し女《ーダ》」たちは、都市リマの名物であるとともに、スキャンダルを惹起するとして、教会や行政当局が真剣に憂慮する存在でもあった。一六二四年には、「顔隠し女条例」が、副王によって発令される。「彼女たちは、顔を露《あらわ》にせねばならぬ、皆に見られ、認識され、判断され、その身元がはっきりとわかるように」と述べるその法令は、社会的・人種的差異を、顔を覆うことによって無化し、行動の自由を求めた女たちの動きを押さえ込もうという意図を持っていたわけだが、一八世紀の外国人旅行者によって依然として特筆されていることからも、禁令の効果はあまりなかったのだろう。

事実「セレスティーナ母さんの粉」の製造元であるインディオ女性フアナ・デ・マヨを追い求めたのは、若い男の気持ちを虜にすることしか考えていなかった「顔を隠したスペイン婦人」たちだったという。彼女らは、愛人の精液をハンカチに染み込ませたものを手に、フアナ婆さんを訪れたのだった。

「顔隠し女（タパーダ）」たち　ショールで顔を覆うことで自由にふるまっていた

## 抵抗の意志

一見したところ、女たちのお飯事《ままごと》、慰みごとでしかないようなフアナ・デ・マヨの魔術であるが、しかしそのような日常的些事のようなもののなかに、聖俗の権力に対する女性たちの「反抗」や「異議申し立て」の契機を認めることができる。フアナ・デ・マヨ審問がおこなわれる数年前に、リマ市においてインディオの反乱が未遂に終わっている。実行前に露見し、破綻した反乱計画ではあったが、政治的には凪《なぎ》の状態にあったとされる一七世紀ペルー植民地に波紋を生じさせた、重要な動きであったと考えられている。マヨの記録に、この反乱の余韻が残っている。マヨの甥が、反乱の首謀者の一人として捕らえられ、処刑されていた。

「お通夜」のために処刑場に出かけたマヨに付き添ったメスティーソ女性は「あんたには何でもできるのに、甥御さんが首を括られんよう、何かできんかったかね」と問う。それに対しマヨは「試みてみたよ、何度も。でもどうしたって、極刑八人、釈放四人という結果しか出なかったのさ」と答えている。ファナは、植民地体制への叛逆を試みて命を散らせた仲間の救済に、その呪術的実践を向けていた。性愛の領域では独特の強度を発揮するファナ・デ・マヨの邪術も、公権力を動かすためには、しかしあまりにも微力であったというべきなのか。

死が充満する処刑場は、この時代、邪術的実践者を引き寄せる磁場のようなものになっていた。彼女・彼らは処刑場に散乱する「絞首縄」を求めて集まってきている。これはイベリア半島からもたらされた伝統であり、スペインでは、絞首縄の断片を所有することで、愛の吸引力を得ることができると考えられていたとされるが、一方都市リマにおいては、縄の断片を持っていると、司直の手から自由でいられるという信仰があり、犯罪常習者などがこれを求めるべく、刑吏につきまとっていたという記録もある。恋愛呪術の裏面においては、こうした権力に抗する意志が常に伏在していた。

一六六九年二月に逮捕・収監されたファナ・デ・マヨの審問は、同年一〇月結審した。検事側は、ファナ・デ・マヨの邪術に、知覚能力を奪うような危険な力が含まれている可能性があるため、さらなる自白を引き出すべく「拷問」の執行を巡察使に請求している。実は、娘が不倫行為をしていた際、母フアナは娘婿にそれを「視《み》えなく」する粉を用意したのだという。そのせいで、娘が不倫相手と同衾《どうきん》している現場に夫がいてもそれに気付かず、また粉のおかげで娘、娘婿、そして密男《まおとこ》三人が同じ部屋の中で仲睦まじく生活をしていたのだという。だが巡察使は、この点は不問に付し、老女への長期の収監がすでに処罰となっていると判断し、「今後はよきキリスト者として、神を畏れ、聖体を繁《しげ》く拝領するよう」勧告し、執行猶予の判決を下した。

## 操作される権力

このように都市リマに及んだ偶像崇拝根絶巡察は、山岳部において見られたような、悪魔と結びつく異教の残存物「ワカ信仰」対「カトリック教会」という壮絶な宗教闘争の様相を示すことはなかった。都市のそれはむしろ、対抗宗教改革、すなわちプロテスタント勢力の伸長に抗してローマ教会側が企図したカトリック体制刷新の一環としてとらえることが可能である。つまり民衆層が示す、キリスト教道徳や正しい宗教実践のあり方からの逸脱傾向を是正し、適切な宗教的教育を施すことによって、心身を規律化・社会化していくことが目指されていたのである。実際、巡察使からカトリック教義に関する初歩的なテストをされたフアナは、三位一体の教えとか、聖母マリアへの信仰とイエスへの信仰の差異などを正しく答えることができず、「信仰箇条を学べ」と叱責されている。

しかし、こうしたファナ・デ・マヨの勉強不足は、単に彼女の学習能力の低さからくるのではなく、女性たちが教会権力との間に保っていた独自の距離感に由来するとも考えられる。審問には、告解《コンフェシオン》（懺悔）や聖体拝領をめぐっての、ファナとほかの女性たちとの間で交わされた興味深い会話が記録されている。ある術のセッションに参加したものの、行為の非正統性をくよくよ思い悩むインディオ女性に対し、「せいぜいあんた方は神さんに祈っているがいいさ、きっと似非《エセ》信心家として列聖されますよ」と嘯《うそぶ》き、神父様には何と告解しよう、と相談されると「聴罪司祭に見たことを言っては絶対にダメだよ、こう言えばいいさ、神父様、覚えていないのですが、すべて犯した罪について、懺悔いたします、とね」とアドヴァイスをする。対抗宗教改革期の教会は告解という制度を通じて、信者の罪意識というものを微細に析出することを目論んでいたが、ファナたちは、見事な嘲笑的距離をこの制度からもとっていたのだ。

さらに興味深いのは、権力側が彼女たちを搦め捕ろうと投ずる網の性質を、ファナ・デ・マヨが見抜いていた点である。友人から「こんなことをしていたら、いつの日か不意打ちを食らうわ」と言われ、「不意打ち？　ばからしい、異端審問は私には関係はないんだよ」と断じている。インディオ女性ファナは、リマ異端審問所がその訴追の対象から、彼女たちの「人種」を除外していることを熟知し、またおそらくは根絶巡察の刑罰が、キリスト教の再教育を主目的とする軽微なものであることを十分に了解した上で、夜の世界を跋扈《ばっこ》していたのである。

だがファナ・デ・マヨが正しく認識していたように、同じ時期、インディオ以外の女性に対しては、異端審問所が厳しく訴追の目を向けていた。そこでは、多様な人種・文化を背にした数多くの女性たちが、密告などによって芋づる式に検挙されていったが、こうした非インディオ系の女性たちも、巧みに教会権力の包囲網を逃れようとしていた。

異端審問所に逮捕されたあるスペイン人女性は、その顧客に、「もしも術について聴罪司祭に懺悔することになったら、術を授けてくれたのはスペイン人女性ではなく、インディオ女性だと言っておくれ、インディオ女性は異端審問の管轄外だからね」と頼んでいる。非インディオ系魔女たちは、このように先住民ファナ・デ・マヨと相補的な関係にあった。

### コカの祈りとインカのイメージ

重要な点は、スペイン語を巧みに操るファナ・デ・マヨが、薬湯などをもとにしたアンデスの呪術伝統にヨーロッパ的な媚薬の観念を接続させて独特の魔術的世界を創出していたのに対し、やはり、おもに恋愛邪術を実践したとして異端審問所に逮捕された非インディオ系の女たちも、アンデスのインディオ的伝統を旺盛に摂取していた点である。そしてここでとりわけ私たちの関心をひくのは、非インディオ系の魔女たちが「インカの力」を自分たちのものにしようとしている点であり、その力を引き出すための重要な媒介物となっていたのが、あのコカの葉であったことだ。

異端審問所は、スペイン官僚体制のひとつの象徴のような存在とされるが、帝国を支えた厳密な文書主義の思想はこの制度をも貫いていた。それゆえ審問所の実直な書記官たちは、性愛の力の強さを増すために女性たちが案出した呪文のごときものの一語一句を、その差異に神経をはらいながら、律義に写し取っていた。彼らの官僚的勤勉さのおかげで、私たちは今日、「インカの祈り」や「コカの祈り」といった興味深い呪句を知ることができるのである。


「我がインカよ、我が父よ。吾はこの葡萄酒で汝を洗礼いたす……汝は洗礼水を受けていないがために、苦悩しておられるのだから……」

「我がコカや、我が母よ。吾は汝への信仰により、これを願う……汝に対して偶像崇拝を捧げた全存在の名にかけて。インカの、皇妃《コヤ》の、太陽の、月の……」

「我がコカや。汝が植えられた大地ゆえに、インカの寵愛を受くる汝、我が愛しき人を連れ来たまえ……」

「我が皇妃よ、我が姫《パリヤ》よ、我が女主人よ。吾は汝を悖徳《はいとく》によりて口にするにあらず、人に危害を加えんがために口にするにあらず、汝はただ吾に恵みを与えたまえ……」


白人、黒人、そして混血の女性たちは、このようにしてコカの葉を噛みながら、すでにアンデスに亡きインカの王を招喚し、彼女たちの願望成就への執り成しを請うた。その多くが裁判記録に署名ができず、いわゆる非識字層に属していたと考えられている彼女たちが、すでに書字化・書物化され、当時のリマの知識人の世界を流通していた「インカ帝国」をめぐる歴史叙述に触れていたとは考えにくい。「インカの祈り」には、「帝都クスコ」も「変革の王パチャクティ」も「偉大なるワイナ・カパック」も現れない。しかし注目すべきは、インカがこのような「正史」から切断されることによって、むしろ抽象的な力として、その存在感を示しつつあることである。

たとえば不敗の存在としてのインカのイメージ。「被告の夫が司直の手にあったとき、コカを噛みながら、秘匿していた呪文を、コカの葉ひと噛みごとに唱えた。我がコカや、我が皇女《ニュスタ》や、我がインカよ。汝が負かすことのできぬものは何ら存在しなかったがゆえに、我が夫が絞首されぬよう、判事の心を打ち破られんことを……」。

**植民地時代のインカの女性**　インカ独特の幾何学模様のマントをはおり、インカの花を手にしている

また、大勢の皇妃に囲まれた王という、一夫多妻的なインカ後宮の強烈な性的イメージが彼女らに届き、そこからインカに愛される皇妃＝コカという発想が生まれ、カトリック的な道徳の世界から逸脱して生きる人々を勇気づけるものとなっていた

と考えられる。さらには山の精霊《アプ》とのインカの同一化も見られる。「チュンバラソ、カイグアラソ、カサンガ、インカ……」という呪文の記録があるが、チュンバラソやカイグァラソはアンデス山岳部の重要な山の精霊であったとされる。

さらにべつのスペイン人魔女はコカを噛みながら、顧客の女性たちに「インカ、皇妃、姫、そして大地の下にいる古代の人々」に「ミンガール」し「モチャ」すること、そして大地に焼酎を撒くよう誘《いざな》っている。ミンガールとは、ケチュア語で、供犠や贈与を通じて何かを依頼することを意味し、モチャは神的存在への儀礼的な挨拶であったが、「インカ」は山岳や大地に潜む先スペイン期に由来する力を象徴する存在になっていく。

リマの女性たちによってこのようにして招喚されたインカの表象は、たしかにいわゆる「真面目な世界」において生成したものではなかった。しかしそれにもかかわらず、いやそうであったからこそ、後のアンデスにおける歴史的発展をとらえるための大切な徴候として価値をもつ。一八世紀の後半、アンデス世界を覆い尽くす「インカ的ユートピア待望」という観念の重要な構成要素は、歴史の桎梏《しっこく》から切り離され、世界の変革をもたらすような純粋な力となったインカであったと考えられるからである。

次章から見ていくように、植民地時代を終焉へと導く「反乱の世紀」の表舞台にインカが立つためには、民衆層によって練りあげられた、このイメージが不可欠であった。

# 第九章　インカへの欲望

## クスコのインカ貴族

### インカ貴族の行列

植民地時代を生き続けたインカ族。近年、歴史家たちの視線がこの人々に向けられつつある。一五三二年のカハマルカの戦い、そしてその四〇年後にクスコ大広場《プラサ・マヨール》で執行された、ビルカバンバ王朝最後の首領トゥパク・アマルの処刑の後、インカはスペイン帝国に完全に呑み込まれてしまった感があった。アンデスの先住民は、地域的多様性や社会的階層性などを大幅に捨象され、十把《じっぱ》一絡《ひとから》げに「インディオ」と括られてしまった。とりわけ副王トレドによる大改革の後、彼らは、貢納や労役提供を通して、スペイン王権を支えていく存在に矮小化されてしまう。人口の多くを失い、圧倒的な植民地主義の前で萎縮した感のあるインディオ世界だが、しかし社会の隅々で、それに抗する微細な運動が生じていたことは、これまで見てきた通りである。そして、征服《コンキスタ》の暴力によって抹消されてしまったかに見えたインカは、植民地時代を通して、いくつかの「水脈」をつくりながらその生命を維持していた。

前章で見たリマの夜の世界において、多様な文化的・人種的背景を持つ女性たちの呪文を通じて呼びかけられていた「大地の力の体現者としてのインカ」も、異端審問記録の中に偶然見いだされた、そうした水脈のひとつであった。しかし、いにしえのインカの記憶が活き活きと保たれ、しかもそれが生身の人間によって体現され、想起されていた場所が、植民地都市として再生したクスコであった。

本書の冒頭で、クスコの町の中心に今も息づくインカの石壁の道を散策した時、「一二角の石」をはじめとする緑白色の石たちの並び重なるその上部に、かつては大司教の屋敷として使われ、今は博物館となっている白壁の建物が置かれていることを確認しておいた。ちょっと覗いてみよう。所蔵されているさまざまな歴史的遺物のなかでも、ひときわ存在感を放っている一連の絵画がある。かつてクスコ市の外れにあるインディオ教区サンタ・アナの教会に安置されていたことから、美術史家に「サンタ・アナ連作（聖体祭連作）」と呼ばれているものである。

まずその絵を見てみよう。私たちの視線がまずひきつけられるのは、山車を導く白装束の人物である。頭上に豪奢な飾りを載せ、銀の錫杖を手にするこの人物の胸には「太陽神」が輝いている。すでに見たグァマン・ポマ・デ・アヤラの描き出す王の姿を想起すれば、この人物がインカ王であることは間違いないであろう。それでは、これは先スペイン期のインカ王の行幸する姿を描き出したものだろうか？

しかしインカの時代、王の身体と大地との接触は避けられていたから、彼は輿に担がれて移動したはずではなかったか。だが今、彼の足はしっかりと大地を踏みしめている。何かお

聖体祭の行列　左端にインカ王に扮したインディオが描かれている。「サンタ・アナ連作」より。Dean, Carolyn, *Inka bodies and the body of Christ: Corpus Christi in Colonial Cuzco, Peru.* Durham: Duke University Press, 1999.より

かしい。それに画面下部の行列を見ている群衆の中には、黒人とおぼしき人物も見られる。しかもインカ王はズボンを穿いている？　少しずつ絵画のディテールを視線がとらえ始めると、これはすでにヨーロッパ文化に支配された環境の中に現れたインカ、つまり植民地時代に挙行されたインディオたちの行進だということがわかってくるのである。

　この絵は、スペイン支配下のクスコで催された宗教的祝祭において、行列を繰り出した先住民の人物を描いたものであり、連作の他の絵画からもわかるように、この時、複数のインディオが同じような衣裳を身に着け、市中にその姿を現していた。この祝祭は、カトリックの大祭のひとつの「キリスト聖体祭」であり、一連の絵画は一六八〇年

頃に制作されたと考えられているのだが、絵画の中心的モチーフとなっているインカ王に自らを擬して聖体台を導いたのは、当時クスコ市に居住していたインカ族の各王家《パナカ》の代表であった。

## インカ貴族の王旗掛

第五章で見たように、スペインによる征服後、旧王都クスコに生き延びたインカ族は、反スペインの旗幟のもと、武力抵抗を試みたあげく破滅した人々と、スペイン人の権力と協調し、支援する道を選んだ人々とに分断されたが、このうち後者の人々は、征服者によるインカ史編纂のプロジェクトを利用しつつ、植民地時代のクスコに、再び一二の王家を再生させることに成功したのである。スペイン人記録者《クロニスタ》が通時的に定立した単系の王朝が、王家を核として、都市空間の中に、共時的に、横倒しになるように再現された。

クスコ市には、八つのインディオ教区がカトリック教会によって設定されていたが、インカ族の人々はここに王家ごとに集《つど》って住んでいた。そして彼らは、先に見た紋章や系図といったシンボルのみならず、あるひとつの制度を創出することによって、一二のインカ王家を、インディオ貴族が結集する特権的な存在として確立することを目指したのだった。それが「クスコ八教区のインカ貴族の王旗掛」という役職である。クスコでは毎年七月二五日、「聖ヤコブ《サンティアゴ》の祝祭」が催されていた。聖ヤコブの名は、本書において、すでにもう何度も登場してきた。あのイベリア半島の再征服運動《レコンキスタ》において、キリスト教徒の守護聖人としてその軍事活動を支えた聖人である。またピサロは鬨《とき》の声として、その名をカハマルカの空の下で叫び、アタワルパ王に向かって征服者たちを突進させた。そしてクスコを囲繞《いにょう》したマンコ・インカの軍勢を蹴散らすべく、白馬に乗って出現し、インディオを畏怖させた聖ヤコブ。いわば自らの王国と歴史を否定した象徴的存在の祝祭に、インカ族は「スペイン王旗」を掲げながら粛々と参加したのである。

自らの存在意義を無化するような、この逆説的行動の意味については後に考えてみたいが、一六世紀、おそらくは皇帝カルロス五世の治世下、八教区に住むインカ貴族は、同輩の中からスペイン王旗を掲げる旗持を任命するようになった。選ばれた者は、七月二五日の聖ヤコブの祝日、そして聖体祭の時に、額に王徴である「房飾り《マスカパイチャ》」を着装し、インカの時代を想起させるようなゴージャスな衣を身にまとった。そしてスペイン人住民たちが独自に選出した「スペイン人の王旗掛」の後に続いて歩んでいった。こうして二つのレプブリカによって構成された植民地社会を象徴するような儀典が生まれていく。

一五九五年、この「クスコ八教区のインカ貴族の王旗掛」が正式に制度化される。その時の様子を記す史料が遺されている。それによるとクスコ市のインディオ担当判事が、王旗掛選出はいつも混乱が生じるという理由で、自らイニシアティブをとって選出手順を定めた。判事は、以降はクスコの上《ハナン》・下《ウリン》に分かれるインカの王族集団からそれぞれ一二名の選挙人を出させて二四名の選挙人母体をつくり、その中から一名の王旗掛を選挙するというシステムを案出した。こうしてスペイン人の指導のもと選挙人会が誕生した。やがて一二の王家からそれぞれ二名が送られるというかたちが定着し「二四選挙人会」と正式に呼称されるようになった。浮沈はあるものの、この団体は一九世紀の初頭まで、二〇〇年以上にわたって存続する。メンバーは上質な毛でできた臙脂《えんじ》色のかつての王徴「房飾り」を祭礼などで着用することができたがゆえに「マスカパイチャの正統インカ」とも呼ばれた。

## 歴史化されるインカ

植民地都市クスコにこのインカ貴族と称する人々はどのくらいの数が生活していたのだろうか？　ガルシラーソによると、一六世紀の終わり、男子直系のインカ系の住民が、クスコには合計五六七人居住していたことが報告されている。これは成人男子の数であると考えられ、女子や子供を含めると数千人が生活していたと考えられる。またクスコ地方に居住する全インディオ人口の五～一〇パーセントくらいがインカ貴族であったという説もある。「ドン」という称号を認められ、スペインの下級貴族《イダルゴ》と同等の地位を王から認められたインカ貴族は、勅令によって納税や強制労働の義務を免除され、貴族身分に付帯する諸特権を与えられていた。スペイン王権は、アンデス各地のインディオ首長たちにも同様の特権を認めていたが、クスコほどたくさんの貴族層が、しかも一挙に生み出されたのは異例であり、中南米全体を見ても希有であったと思われる。興味深い点はインカ貴族たちが、一般の平民インディオと彼らを差異化するこれらの権利を、勅令などを通じて確保するのみならず、華麗な衣裳や装飾品を身に着け、インカ王と化したその身体を都市空間において披露し、誇示していたことだ。

一六一〇年、これらのインカ貴族が、クスコで見せたあるパフォーマンスの様子の仔細を記録した史料がある。この年、イエズス会の創始者イグナティウス・デ・ロヨラがローマ教皇によって「列福」されるという報せがクスコに届く。婚姻という契機によって、インカ王家とイエズス会の間に不思議な縁《えにし》が生まれたことはすでに述べたが、インカ族はこの慶事をわがことのように祝った。式典はクスコ大広場と大聖堂を中心的舞台に二五日間にも及んだが、各王家は、教区ごとに、創設の古い順から、日替わりで行列を繰り出した。

とりわけ、聴衆たるスペイン人を興がらせたのは、一二王家を代表する者たちが正装して登場した日であった。祖先のインカ王に擬した人々は上質な毛織物クンビでできた衣裳をまとって輿に乗り、手には錫杖といういでたちで、従者が掲げる日傘の下を進んでいった。もちろん各王の額には房飾り《マスカパイチャ》が垂れていた。各王は、行列を見守るクスコ市の俗界権力の代表である地方官吏コレヒドールの前にさしかかると、頭を少し傾けて敬礼をし、これに対し、官吏も頭上の帽子をとって返礼したという。

ロヨラ祝賀祭に現れたインカ族の行動で、とりわけ私たちの関心を呼ぶのは、王家の人々が、都市中心で披露した所作を通して、インカ王朝の「歴史」を再現し、想起する機会としていたことである。すなわち彼らは行列の中で、帝国が発展する重大な契機となった「対チャンカ戦争」での戦勝場面を再現し、勝利の歌を福者ロヨラに捧げた。さらに大広場に、湖で囲まれた城を再現する。この湖こそ、北部エクアドル地方をインカが征服した時、激しい戦いの舞台となったあの「血の湖《ヤワルコチャ》」（第二章参照）であり、王家の人々は戦闘を再演し、投降者を演ずる人々を金の鎖に縛りつけて、コレヒドールに引き渡した。

インカ族の人々は、王家とその創始者である各王の連なりを、スペイン帝国の公定史《オフィシャル・ヒストリー》の中に刻印し、そして国王から授かった特権によって貴族としての地位をクスコに確立したのみならず、その歴史とその後継者としての誇りを都市を舞台として顕示した。このようにして「歴史化されるインカ」の水脈が、はっきりとしたかたちをとる。

## 非インカ系インディオの動き

しかしやがて、この「歴史化されるインカ」に抗するようにして、別の水脈が現れる。インカの高貴な歴史や権威を自らのものにしようとする、本来インカ族の系譜や血統とはまったく無縁の人々が出現しはじめるのである。もとより公式に結成されたとはいえ、二四選挙人会自体は決して安定した機関ではなく、史料からは、疫病の発生などによって後継者が不在となり、選挙人を派遣できない王家も出ていたことがわかる。王族の拠点が不安定であるのにつけ込み、非インカ系のインディオが、その高貴な歴史を領有しようと動きだす。

たとえば一六八〇年、第八代ヴィラコチャ王の末裔であるというインカ貴族たちから一通の請願書がクスコ市当局に提出されたが、それはインカ族とは無縁のあるインディオが、カトリックの復活祭に際して房飾りを着用して練り歩いたことへの異議申し立てであった。インカたちは男の行動を阻止しようと摑みかかって喧嘩となり、当局に逮捕されていた。マス

だ。カパイチャをめぐる騒動は、植民地時代、クスコの日常的な風景の一部となっていたよう

その意味で興味深いのは、一六八五年にインカの末裔たちが連名で提出した嘆願書である。彼らの怒りの矛先には、ドン・フランシスコ・デ・ウクルカナというある非インカ族の男がいた。インカ族の面々を自宅に招いたウクルカナは、チチャ酒や葡萄酒を大盤振る舞いして酔わせたあげく、彼とその息子を「インカ貴族の王旗掛」に選出するよう強要したのだという。しごく奇異に思われるのは、ウクルカナの出自である。彼はあのエクアドルから来たカニャル族の出身であるとされ、カニャル人などの異邦人がかたまって住んでいた「サンタ・アナ教区」に首長として居住していた。すでに私たちは、インカ時代、そして征服時代に、この部族がインカ族と反目し、スペイン人を援ける行動をとってきたことを見た。また植民地時代に入ると、首領として力を揮《ふる》ったチルチェという人物の昂《たか》ぶる反インカ感情を、やはり祝祭における所作のうちに目撃した。そう、あのインカ族の生首の模型を、クスコ大広場で掲げた男である。よりにもよって、そのカニャル族の首長が、この一七世紀の末にはマスカパイチャに忍び寄ろうとしているのだ、しかも酒の力を借りてまで。少し長くなるが、インカ族の主張の内容を見てみよう。ここにはインカとカニャルの間に征服後も長く持続した敵意と「植民地期の房飾り」に潜む象徴的意味が鮮やかに現れているからである。

件のウクルカナは、王旗を持ち出すことなどできない、なぜならばこの男は、インカの

末裔でも子でもなく、カニャル人の子孫だからである。カニャル人たちは、カニャルの徽《しるし》を身に着け、兵士に扮して聖体祭に登場するよう、副王であられたトレド閣下によって法令で命じられている。なぜならば、カニャル人やチャチャポーヤ人は、このクスコ市の産ではなく、キトなどからやってきた余所者であって、インカの王たちが奉仕させるためにクスコに連行してきたのである。またこの王国が征服された時、彼らはスペイン人征服者と一緒にいたから、カニャル人としての徽を下賜されたが、彼らはその後、監獄の番人や死刑執行人の役務を負わされる代わりに、税を免除されているのだ。かかる理由ゆえに、彼らにはマスカパイチャを装着することも、スペイン王旗を持ち出すことも許されてはいない。かかる振る舞いは、我々、および我々の子々孫々を由々しく侵害することになる。なぜならば一介のインディオごときが、我らが徽を帯びることは、我々に流れる王の血、そして我々の貴族性のゆえに国王陛下がその勅許状を通じて恵与された栄誉を傷つけることになるからである……。

## 血統をめぐって

「サンタ・アナ連作」には、インカ王家の行列とは明らかに異質な、あるインディオの集団が描かれている。嘆願書から、この人々こそカニャル人であることがわかる。同じ免税特権を有するとはいえ、一方は死刑執行人という卑しい務めによるものであり、我々のそれは、王族であるがゆえの貴性に由来するのだ、とインカ族の人々は、北方からやってきた異邦の人々を侮蔑した。しかしそれにしても、「我々に流れる王の血」という表現は、イベリア社会の基調音となっていたあの「血の純潔《リンピエサ・デ・サングレ》」の思想が、インカの末裔の精神において深々と内面化されているさまを示しているようで興味深い。

「聖体祭」　画面左下に描かれているのがカニャル人たち。サンタ・アナ連作より

もちろんこれまで見てきたように、インカ王権自体も、選別された乙女《アクリャ》の集団や神聖王の近親婚などを通じて、血の純粋性をめぐる厳格な思考を有していた。すでにアンデス固有のこうした考え方があったがゆえに、それはスペイン帝国の掲げるイデオロギーにほどよく調和することができたのだろう。しかしこの例に限らず、植民地主義の支配するアンデス社会において、インディオたちの精神には、スペイン帝国の純潔思想が深く浸透していたことがわかる。たとえばそれを、インディオの記録者《クロニスタ》グァマン・ポマ・デ・アヤラの叙述をめぐる、シルバーブラットの考察などから理解することができる。

グァマン・ポマは血の純潔性と系譜の正統性ということを、あるべき社会の礎石に据えていた。「神の創造物として相応《ふさわ》しく、またアダムとその妻エバの子として相応しくあるためには、純粋なスペイン人、純粋なインディオ、そして純粋な黒人でなければならない」と彼は述べる。そしてこの純粋な集団を統治するのが、集団における崇高な存在、すなわち貴族層であった。各集団を隔てる分断線を越境することは否定され、集団の成員には不釣り合いな結婚が禁じられる。ここから帰結するのは「越境」行為の産物である「混血」という存在の否定であった。それこそが先住民社会の衰微、そして植民地のカオスの根本因であるとインディオの記録者は断じている。

一六世紀の中頃、増えゆく混血層の問題に手を焼いていた副王が、異人種間の婚姻のもたらす弊害を訴え、分相応の結婚のみ許されるべし、と主張していたことが想起されるが（第五章）、こうした思考は、すでにインディオによっても共有されるようになっていたのだ。興味深いのはグァマン・ポマのユダヤ人に対する姿勢である。血の純潔性に信を置く彼にとって、ヘブライの民はメスティーソ以上に堕落した、汚れた存在とみなされていた。異端審問がしめす思想をあたかも体現したかのようなグァマン・ポマは、植民地社会を生きるすべての人たちは、自らの「血統証明書」をつねに携行しなければならないとすら提言しているのである。

とはいえ、グァマン・ポマ自身がこうした「血の純潔」に固執することの愚かしさや弊害を熟知していたことも確かだ。彼はこのようなことを書いている。「この土地では誰もが騎士になることができる。半ペソさえ支払えば……」。同様のことをインカ・ガルシラーソも指摘していて、クスコに住むインカ族を自称する人たちの多くは、証明書をでっち上げた偽りのインカにすぎないと嘲笑している。「血の純潔」への固執は、このように植民地社会の人間的関係を歪《いびつ》に規定していた。

間もなく見るように、こうした血統そして系譜への執着こそが、一八世紀の終わりにアンデスを根柢から揺さぶるインディオ大反乱の重要な要因のひとつとなるのだが、一方で、グァマン・ポマの議論の中には、当時流通していた血の純潔思想とは異質な色合いもたしかに存在する。すなわち彼は、社会は「純粋なスペイン人、純粋なインディオ、純粋な黒人」で構成されなければならないと論ずると同時に、その考えをさらに深化させて次のようにも記している。

「スペイン人はカスティーリャを、インディオはインディアスを、そして黒人はギニアを統治すればよいのである」、「インディオがこの王国の本来の所有者であり、スペイン出身のスペイン人は、他所者、ミティマエスなのである」。純潔性の思想の極点において、彼が何を目指していたかは明白になる。すなわちそこには「アンデス世界＝インディオたちだけで純粋に満たされた世界」という発想が胚胎していた。後に見るようにこの考え方も、一八世紀に入って社会を揺さぶるインディオの抵抗運動を支えたのである。

## インカの再歴史化

もう一度カニャル人問題に戻ってみよう。生首を掲げて、インカ族との差異を強調することにより、クスコ社会におけるその特異な歴史と存在感をアッピールしてきたカニャル人が、今や「インカ族」に自らを融合させようとしていた。興味深いのは、一六八三年にカニャル人・チャチャポーヤ人が居住するサンタ・アナの教区のインディオ役人が、四名連名でリマ在住の人物にあてて出した権利委任状である。

この書状を通じて、彼らは聴訴院《アウディエンシア》に請願書を提出することを当該人物に依頼するのだが、嘆願の内容は、今後サンタ・アナの居住者を、市の監獄の獄吏や刑執行人職に就かせるのはやめにして欲しいというものであった。その理由は「執行人や獄吏になりたくないばかりにインディオが教区から出奔してしまい、住民がいなくなってしまうから」だと言う。ウクルカナが、インカ族の歴史に鞍替えしようとした背景には、社会の裏面で生業を営む人々が、インカの華々しい歴史の中におのれを解き放ちたいという切実な感情が潜在していたものと思われる。

いずれにせよ、二四選挙人会を基盤として、インカ帝国と王家の正史に執着しようとするインカ族の人々、そして本来はそれらとは無縁な人々によるすり寄りは、「歴史化されるインカ」とそれを「再歴史化」しようとする動きとして定式化することもできよう。この二つの水脈がからみ合いながら、植民地時代のインカの表象は流れていくのだが、それらが激しく貫入しあうような展開を見せるのが、一八世紀の後半のある出来事であった。

## 反乱の「前史」

## オロペサ侯爵領をめぐって

国立クスコ大学の構内に設置された「クスコ地方文書館」は、植民地時代のこの地方の激動の歴史を学ぶ者は必ず訪れなければいけない重要な研究センターだが、ある年の夏、初めてその扉を開け「植民地時代のインカ族の歴史に興味がありますか」と来訪の目的をおずおずと告げた私に、文書館員のホルヘ氏は、あれ、あなたもですか、といった風ににやりと笑い、それだったらたくさん史料がありますが、まずはこれから見るのはいかがですか、と一冊の分厚い字引のようなものを金庫からとり出し、どさりと私の目の前においた。それは大量の書類の束を、豪華な革の表紙で装丁したもので、聞けばほかにもまだ一〇巻くらいあるのだという。その豪華さと、そして豪華さ故の胡散臭さに気圧《けお》されて、その夏は結局、なじみ深い公証人文書をめくる退屈な作業の日々を過ごし、さしたる収穫もなく調査を終えたのだが、その後植民地期インカに関する史家カーヒルなどの諸研究を勉強するうちに、やがてあの豪華本が「ベタンクール家文書」と呼ばれるとても重要な文書群であったことを知るのである。

ベタンクール家文書　トゥパク・アマルにつながる系図が書かれている。著者撮影

「ベタンクール家文書」は、一八世紀の後半、ディ

オロペサ侯爵領のユカイ教会　植民地時代に建てられたものが現存している。著者撮影

エゴ・フェリペ・ベタンクールという名のインディオが、自らが一五七二年にクスコの大広場で処刑されたビルカバンバの最後の王フェリペ・トゥパク・アマルの末裔であることを立証しようとして用意したさまざまな証拠資料の集大成である。

一八世紀、クスコ近郊の豊かなユカイの谷に「オロペサ侯爵領」という大きな所領が存在した。これぞ、前章に登場したビルカバンバの王サイリ・トゥパックの娘でイグナティウス・デ・ロヨラの甥の子と結婚したベアトリス・コヤが産んだ娘、アナ・マリアに下賜された貴族領であった。その領主位が一七四〇年代に空位となり、この地位をめぐって、激烈な継承闘争が繰り広げられていたのである。

最初にこの侯爵領に名乗りを上げたのは、フアン・ブスタマンテ・カルロス・インカという人物であった。彼はクスコからスペインの宮廷までの旅を敢行し、あのワイナ・カパック王の子パウリュ・インカからその孫メルチョール・カルロス・インカを経て、ワイナ・カパック王の系譜が自らに流れ込んでいることを主張した。だが王室は、その正嫡性を疑い、オロペサ侯爵領を与えるという儀には及ばなかった。

しかし、オロペサ侯爵領継承への野望は潰えることなく、今度は処刑されたフェリペ・トゥパク・アマルの末裔であることを主張する二人の人物が法廷闘争を展開する。それが「ベタンクール家文書」を遺したディエゴ・フェリペ・ベタンクールと、「トゥパク・アマル大反乱」の指導者として、現在もペルーにおける国民的・歴史的英雄となっているホセ・ガブリエル・コンドルカンキであった。

ペルー史学において、一七八〇年に始まるアンデス大反乱は最も豊かな研究の蓄積がある領域だが、このオロペサ侯爵領継承をめぐる争いは、これまでもよく知られていたとはいえ、どちらかといえばエピソードのような扱いを受けてきた。次章で見るように、大反乱の背景には、政治的・経済的な要因があり、一八世紀に入って強化されていた植民地的搾取に対するインディオたちの深い絶望感がアンデス全域に広がっていた。研究もこの方面に集中している。また侯爵領をめぐる諍《いさか》いについては、たとえ扱われたとしても、一般的な傾向としては、国民的英雄ホセ・ガブリエル・コンドルカンキを「インカ王権正統の後継者」、そしてベタンクールを「系譜の捏造者」とするような視線が注がれていた。しかしクスコ地方文書館に蔵された「ベタンクール家文書」をはじめとする諸史料は、出来事の別の側面を私たちに伝えてくれる。

## 二人の末裔

事態の推移からすれば、英雄ホセ・ガブリエル・コンドルカンキこそが、ベタンクールの手から「インカの歴史」を奪おうとして介入してきたのだった。なぜならばベタンクールはすでに一七五〇年代から侯爵領の継承権を求めて活動を始めていた。ベタンクール側の主張によれば、一五七二年に処刑されたフェリペ・トゥパク・アマルには、フアン・ティトという名の息子がおり、ここに発する血統がベタンクールの母を通じて自らに連なっているという。さらに父方のベタンクール姓も、フランス系ではあるものの、スペイン王権とのかかわり深い、誇るべき名家だった。その祖先にはフランスの騎士ジャン・ド・ベタンクールがいた。彼はカスティーリャ王エンリケ三世の時代にカナリア諸島を征服し、のちのスペインによる同諸島領有の礎を築いた人物としても知られていた。母方からはインカの王統につながり、また父方を通して中世カスティーリャ王権の征服事業の貢献者につながるディエゴ・フエリペの請願活動は、敏腕の孫娘の婿たちが代理人としててきぱきと動いてくれていたおかげで、老インカ貴族の思い通りに進んでいるかに見えた。だがその矢先、彼の思惑は、もう一人の権利請求者の出現によって頓挫させられた。

一七七六年、ホセ・ガブリエル・コンドルカンキという名の三〇代後半の男が、トゥパク・アマル王の末裔であることを主張し、行動を開始した。コンドルカンキは、クスコ管内ティンタ地方のスリマナ村に生まれ、一二歳の時に、クスコのイエズス会が運営するサン・ボルハ学院に入り教育を受けた。インカ族との縁浅からぬイエズス会の学院の食堂には、インカ皇統の肖像画のコレクションがかけられていたとされ、そこには処刑されたトゥパク・アマル王のそれも見られたのだという。ラテン語も能くし、スペインの貴族風の衣裳に身を固めた青年は、三五〇頭のラバを用いて南部アンデス地方を幅広く経巡る運送業をも営んでいた。彼もある日、栄光あるインカの歴史が自らを貫いていることを立証すべく、証拠書類を用意し、請願活動へと身を投じた。

堂々たる「ベタンクール家文書」とは異なり、コンドルカンキが準備した一件記録は、一部を除き散逸している。後に見るように、大反乱の後、トゥパク・アマル関係のすべての書類などは当局により焼却されたからであった。わずかに残された書類からは、コンドルカンキがその系譜の淵源を、フェリペ・トゥパク・アマルの庶出の娘であるドニャ・フアナ・ピルコワコに求めていたことが理解される。コンドルカンキは、この女性がコンドルカンキの生まれ故郷スリマナのインディオ首長に嫁ぎ、その子孫である自らに、インカの血統が流れ込んでいると主張した。係争はクスコで決着を見ることなく、遠い首都リマの聴訴院《アウディエンシア》の法廷に移管されることになった。コンドルカンキは、膨大な金と時間をリマで費やした揚げ句、敗北する。一七七七年、ディエゴ・フェリペ・ベタンクールをビルカバンバ最後のインカ王の末裔であることを認定するアウディエンシア令が出され、コンドルカンキは失意のうちに故郷クスコに帰還した。

インカの正史的伝統と自らを接合すべく奮闘していた彼に、追い討ちをかけるように最後通牒を突きつけたのが、インカ貴族の拠点、二四選挙人会だった。

すなわち、一七七七年一一月、ベタンクールが正式に「ワイナ・カパック王家トゥミパンパ・アイユ」の選挙人として認められ、二四選挙人会に迎え入れられた。コンドルカンキはそれに抗議をするものの、峻拒される。コンドルカンキという人物は、インカの歴史に背を向けられてしまった。

## インカへの欲望

コンドルカンキの遺した断片的文書、そしてベタンクール家文書に目を遣ると、インカ帝国の歴史を自らのものにしようとする男たちの欲望の強度に圧倒される。両者の言い分に共通するのは、相手側の証拠資料を「捏造」と決めつけ、自らの系譜の真純性を言い張る論調である。

たとえばベタンクールはその遺言書の中で、コンドルカンキの系譜の核にいる人物、すなわちトゥパク・アマルの非嫡出の娘ドニャ・フアナは、インディオ男性とではなく、征服者《コンキスタドール》の血を引くスペイン人と結婚していたことを示す証拠資料を、その代理人が発見したと記している。遺言書のなかでベタンクールは、嘲《あざけ》りを込めて言う、「その貴性ゆえに、スペイン人なら誰でもが食指を動かしたであろうインカ王の血を引く皇姫が、インディオくんだりと結婚するのはどう見てもおかしい」と。たしかにあの頃、スペイン人たちがインカの姫たちを強く求めていたことは、すでに私たちも見ている。

だがベタンクール側が蓄積した豪奢な諸文書の中にも、致命的な瑕疵が存在する。すでに見たように、一五四〇年代、カルロス五世はインカ族の人々に、貴族を現す「家紋」を下賜する儀に及んでいたが、ベタンクール家文書にも、国王がフェリペ・トゥパク・アマルの子息であるファン・ティト・トゥパク・アマルに対し家紋を顕示する権利を下賜した旨を記す、一五四五年五月九日付の勅令の「謄本」が収められている。しかし、この時代の研究者ならば、この出鱈目さぶりに途惑うのではないか。一歳のトゥパク・アマルに息子が？　フェリペ・トゥパク・アマルの生年は一五四四年ごろと考えられているのである。ここでグァマン・ポマの苦言が思い出される。「この土地では誰もが騎士になることができる。半ペソさえ支払えば……」。いやこの国に限らず、同時期のイベリア半島においても「偽貴族」や「偽文書」の存在は、例外であるというよりも、常態であったとされている。

しかしインカになる、インカの歴史と一体化する、という欲望は、こうした疑惑の見え隠れする振る舞いのなかでその濃度を増していた。

ベタンクール家の「家紋」　ベタンクールの主張の拠りどころのひとつ。著者撮影

だが、アンデスの歴史的風景を眺めやると「インカへの欲望」にとらえられてきたのは、何もベタンクール、そしてコンドルカンキだけではなかったということも見えてくる。すでに一七世紀から、クスコ以外のアンデスの各地で「私がインカだ」と名乗りを上げる人たちが姿を見せているからである。たとえばアルゼンチンはカルチャキ地方。ここでは一七世紀半ば、ペドロ・ボオルケスというアンダルシア地方出身の遍

歴のスペイン人が、好戦的なこの部族と共生をはじめた。やがてボオルケスはこの部族を統率し、植民地権力に対する抵抗運動を組織しはじめる。特筆すべきは、インカ帝国辺境にあったこの部族の人たちが、この男を、あの「メルチョール・カルロス・インカ」であると信じ、いにしえのインカ王に対するかのように振る舞いはじめたことである。ボオルケスは、古式ゆかしいインカの衣裳を身に着け、そしてカルチャキの人たちによって恭しく輿に担がれて進んでいったという。

さらには一七四〇年代にペルー中部地方一帯に広がったフアン・サントス・アタワルパの反乱を見るのもよい。この運動は、アンデス大反乱の先駆的形態として考えられているが、反乱を率いた当時三〇歳前後の男は、自らをクスコ出身のインカであると名乗り、次のように宣したという。私たちの戦いの目的はピサロに奪われた王冠を奪取することである、彼らは自分の父の首を切断し、スペインに持って行った、この世界には、三つの王国しか存在しない、スペイン、アンゴラ、そしてアタワルパの王国だ、しかしスペイン人たちは彼の王国を奪いに来た、だが今やスペイン人たちの時代は終わり、彼の時代がやってくる……。先に見たグァマン・ポマの「純粋な世界」の実現を目指すかのような彼のメッセージは、抑圧されたインディオ大衆やメスティーソ細民の熱狂的な支持を吸引し、運動は、リマの植民地当局を震撼させる規模にまで成長する。今や、いにしえの神聖王と化したフアン・サントス・アタワルパには、大地を揺り動かす力が秘められていると畏《おそ》れられてもいた。カハマルカで命を絶たれた最後のインカ王アタワルパが蘇ったかにも見えたフアン・サントスの運動は、だがしかし、アンデス東方の密林地帯のどこかで、ひっそりと終熄したとされる。

## 反乱前夜

こうした「前史」を見るならば、インカの系譜をめぐる男たちの法廷闘争も、アンデスにおいて普遍的に見られた「インカへの追想」の一齣のようにも考えられるのだが、しかし一八世紀末にはインカという存在に込められた感情に、ある切迫した思いが確かに認められるのだ。その意味で興味深いのは、司法闘争に敗れた翌年の一七七八年、コンドルカンキがクスコの市中で展開した奇妙なデモンストレーションである。

この年、四月の復活祭と八月の聖母マリア祭の二度にわたって、コンドルカンキは、その息子マリアーノにインカ王の衣裳を身に着けさせ、町を練ったのだった。この異常な行動に対して、同年九月に二四選挙人会から抗議の請願書が出されている。彼らは厳しい調子でこう述べている、カルロス五世からこの特権を認められて以降、インカ族の選挙人たちはキリスト聖体祭と聖ヤコブ《サンティアゴ》の祝日に、房飾り《マスカパイチャ》を着用して行進をしてきた、ところがこの度、平民身分に過ぎない男が、インカ時代の古式に則《のっと》った王徴を帯び、「帝国の衣裳」を身に着けて行進したのだ、インカでも、選挙人でもない男がかかる振る舞いに及ぶことは断じて許されてはならない、かかる行為の目的は、このインディオをインカと偽るため、そして陛下が二四選挙人会にお授けになった恩寵を嘲笑するためである……。

コンドルカンキのこの行為の背景にあった動機は何であったか？　インカの血統をめぐる

司法闘争に敗北し、また古代王権の正嫡性を誇示する団体からも「似非インカ」と罵倒されたコンドルカンキは、インカの王徴と衣裳をまとった息子の肉体を都市空間に曝すことにより、その苦境からの刹那の解放を求めたのか？　あるいはインカの歴史と自らを接ぐための、最後の試みに打って出たのか。

私たちは間もなく「歴史化されたインカ」から見放されたこの運送業を営む先住民系首長が、新しいインカとして屹立するさまを見るであろう。その時「インカ」は、スペイン王権から賜った恩寵としての古色蒼然とした格式とはまったく質を異にした、アンデスの大地を揺るがすような力を帯びて出現する。征服後、アンデスの歴史を流れてきた三つの水脈が、その一身を貫く。

# 第一〇章　インカとスペインの訣別

## ブルボン改革とインディオ社会

### 一七七七年

三つの七が重なる年、スペイン人は殲滅《せんめつ》させられ、白人が支配する世界は終焉を告げる。「一七七七年」の前年、クスコをはじめとする各地のインディオたちが、こうした噂を囁《ささや》きはじめていた。それは植民地期、民衆の間で広く敬愛されてきた「リマの聖女ロリ」などの聖人たちが口にした予言だと信じられた。「ペルー王国のすべてのインディオがスペイン人に対して蜂起する、そしてまずはコレヒドールなどの役人を血祭りに上げ、そして白い顔をした人々を皆殺しにするだろう。これが確かなことには、すでにクスコのインディオたちが、彼らを統治する新しい王を任命したからだ」。

ペルーの各地で「三つの七の年」にインディオの総蜂起が計画されていることがまことしやかに語られ、調べが進むと、蹶起《けっき》を呼びかける密書を携えたインディオの集団も目撃されていた。あるスペイン人はインディオの集団に遭遇し、慇懃《いんぎん》に挨拶した。すると彼らは礼を失した態度で、スペイン人に対して雑言《ぞうごん》を吐きはじめ「やがて王国のすべてのスペイン人は滅ぶであろう、我らがこの国の正当なる継承者なのだから。我らは、都クスコからスペイン人に対する一斉攻撃の指令が出るまで待機するよう、各地に告げに行くのだ」と嘯《うそぶ》いたのだという。これらの事実が本当ならば、植民地体制を覆《くつがえ》す革命的蜂起の予兆として、細心の注意がはらわれるべきだった。しかし当局が事態を真剣に憂慮しているようにも思えない。それは、これらの言辞が呟《つぶや》かれていた場所の多くが、インディオたちの蝟集《いしゅう》する「チチャ酒房」だったからかもしれない。インディオの酔客の戯言《ざれごと》、くらいに認識されていたようだ。

## 奇妙な老人

当のクスコ市では奇妙な人物がやはり「三つの七の年」の前年に逮捕されている。齢《よわい》六〇くらいのこの老人は、自称「ホセ・グラン［偉大なる］・キスペ・トゥパ・インカ」と名乗り、ワイナ・カパック王とヴィラコチャ王の末裔であると語っている。それを証明する「金で封印された書類」も所持しているという。彼が構想する反乱計画も尋常ではなかった。老人自身がインカ王として即位する、すでにクスコのインディオ八教区の人々の間では計画が進行している、コリャオ地方（アンデス南部高地地帯）やエクアドル・キト地方とも連携が成立しており、三つの七の年、コレヒドールを手始めに、プカクンカスたちは殺害される。彼らはただ命令し、銀を持っていってしまうだけの存在だからだ。プカクンカスとは、ケチュア語で「首が赤い人間」のことで、白人であるスペイン人を意味していた。

それにしても、まるで、この三年後に実際にアンデスの地を震撼させる出来事のシナリオを前にしているかのようだ。しかしながらこの老人の過激な口吻《こうふん》にもかかわらず、クスコのチチャ酒房で物乞いをして生計を立てる、「頭の足らぬ愚者」と見做されていたからだ。彼は、結局収監先の牢屋で一七八〇年一二月一〇日に病死する。この時塀の外では、「インカ王」に率いられたインディオが実際に「プカクンカス」たちを日々虐殺していたのだが、そのことをこの「偉大なるキスペ・トゥパ・インカ」が知っていたかどうか。

## イギリスとインカ

ただこの老人は単なる愚者ではなかったことも史料を丁寧に読めばわかる。「チチャ酒房」で彼は次のような言葉を耳にする。「ほどなくキトの連中が王として即位するためにやって来るであろう、そしてまたスペイン国王はイギリス人と戦争をしている」。これらの言葉に接し、彼はこう反応する、「キトの人の即位など、何としても阻止せねばならぬ、なぜならキトの王アタワルパはインカ王統嫡流ではないからだ、だからワイナ・カパックとヴィラコチャの子孫たる私に王国は属するのだ、クスコのインディオ八教区にはインカ貴族などは存在しない、銭で位《くらい》を買った連中ばかりだ……」。インカをめぐる民衆的かつ歴史的な想像力がここには漲《みなぎ》っている。

たとえばイギリスについて。一七二三年、記録者《クロニスタ》インカ・ガルシラーソの著作『インカ皇統記』の第二版が出版されているが、その緒言には、一六世紀のイギリスの探検家ウォルター・ローリーが得たとされる予言、すなわちインカの統治はイギリスからやってくる人々によって復興されるという説話が記されていたのだという。老愚者はこのことを知っていたと思われる。すでに第七章で見たように、イギリスとインガ（インカ）を親密に結びつける考えはインディオの間に広まっていた。そしてまたキト派のアタワルパとクスコとの対立の歴史を、この老人は知悉していた。さらにここでも、インカ貴族という特権身分にまつわるいかがわしさが指摘されている。貧しきインディオの脳裏にも、インカへの欲望が渦巻いていた。

## 苦悩するインディオ

しかしそれにしても、三つの七の年を前にして沸騰していたこの「プカクンカス」たちへの激しい憎悪はいったい何に由来するのか。興味深いのは、ホセ・ガブリエル・コンドルカンキが「トゥパク・アマル」の末裔であることの公認を求めて法廷闘争を開始するのが、まさに一七七六年なのである。コンドルカンキは、酒臭い口から吐き出される、王の出現への民衆的待望に自らを吸着させるべく「インカの歴史」をたぐり寄せようとしたのだろうか。このあたりの細かな事情は残念ながらよくわからないのだが、新しいインカ＝「社会の変革者」の出現を祈念するほど、人々のおかれた事情が切迫していたことは確実であった。それでは時代を少しさかのぼり、インディオ社会を取り巻くこの頃の状況を概観してみよう。

すでに見たように、一六世紀後半以降ずっと、インディオたちはスペイン王権に奉仕し続けてきた。首長《クラカ》によって統制されたインディオ共同体《アイユ》は、国王への納税義務を負い続け、貢租はクラカによって取りまとめられて王室が任命した地方官吏であるコレヒドールに手渡された。さらに強制的な輪番労働《ミタ》は成人男子を縛り続けている。特にアンデス経済の心臓部であるポトシ銀山周辺の諸地方は、ミタ労働者を銀鉱に派遣せねばならず、他の地域にもましてこの負担が重くのしかかっていた。また征服以降、病原菌や過重労働によって、共同体の大切な命は失われ、さらに都市や他の地方に逃亡する人々も跡を絶たなかった。インディオ共同体が征服前の状態に比べ、ずいぶん衰微したことは明らかであった。しかし、アンデスのインディオ共同体は何とか生き延びようとしている。一八世紀に入り、人口増の兆《きざ》しすら見えはじめていた。ところが一八世紀の中頃から、植民地構造改革の大波が押し寄せ、インディオの社会に大きな動揺が生じてしまう。ブルボン改革がはじまるのである。

### 財務改革

一七〇一年から一三年間に及ぶ王位継承戦争の結果、スペイン本国では、ハプスブルク家からブルボン家へと王朝が交代した。この王朝に仕える、新しい啓蒙思想で武装した開明的な官僚たちは、前王朝の守旧的な統治策によって弛緩した植民地体制を刷新し、アメリカの富を増殖させ、それを窮乏する国庫に流し込むために、抜本的な経済改革を導入した。アメリカの「第二の征服」がはじまったのである。とりわけカルロス三世の統治下（一七五九〜八八）、改革は大いに進捗したが、インディオ社会にのしかかる経済的負担も劇的に強化さ

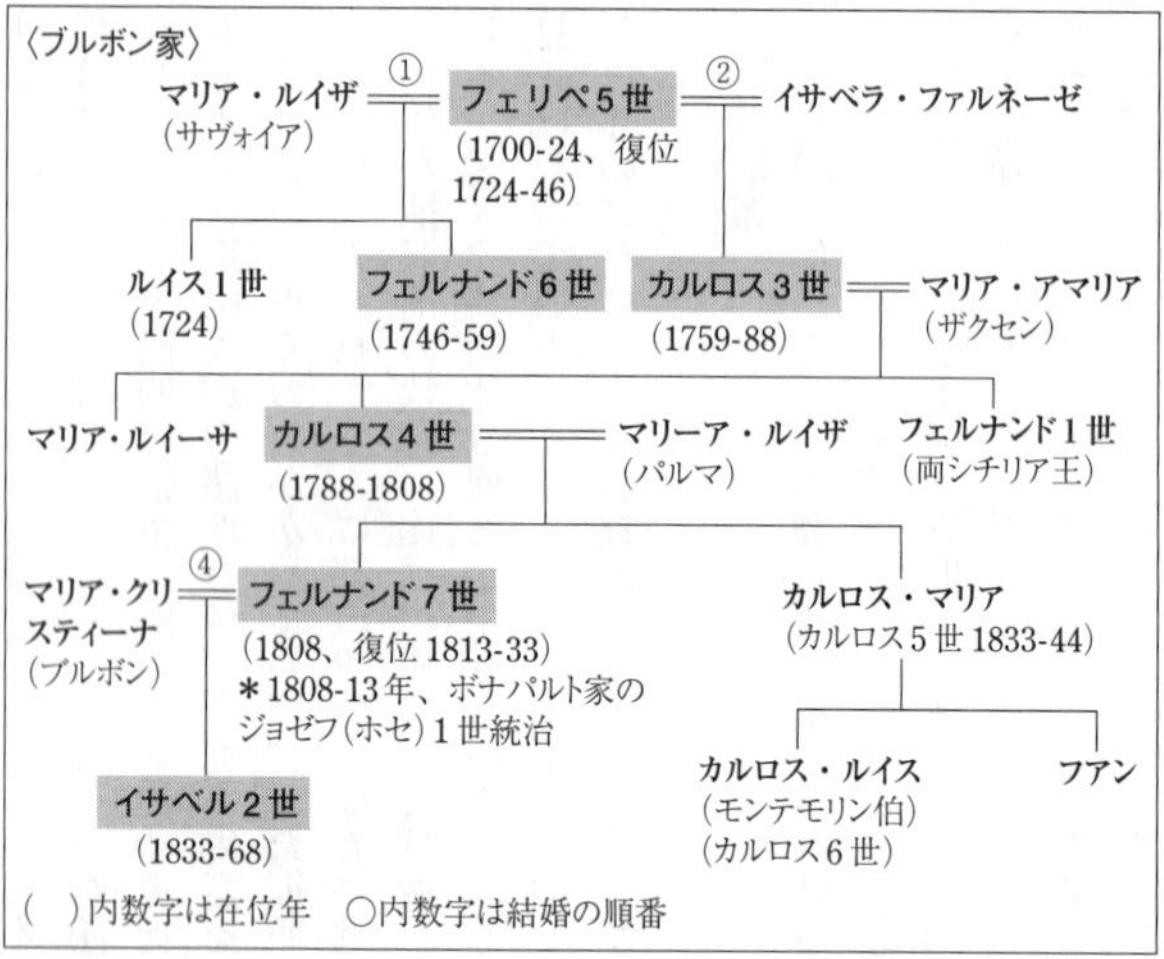


スペインブルボン家系図　立石編『スペイン・ポルトガル史』（山川出版社、2000年）をもとに作成

れていった。

まず財務の面では、改革は増税を基調におこなわれ、消費税《アルカバーラ》が二パーセントから四パーセント、そして一七七六年には六パーセントへと増額された。しかもこの年、それまで対象外とされてきたインディオたちの生産物であるトウガラシ、干しジャガイモ《チューニョ》、干しリャマ肉《チャルキ》やインディオの工房で生産された織物などにも課税されるようになったため、これらの生産物によって貨幣を手にしていたインディオ社会にも深甚な影響が及ぶ。負担の増加の象徴として人々の憎悪の的となっていったのが、徴収の合理化のために各地に設立された「税関」であった。

インディオたちの人頭税も増額さ

れ、徴収の効率化が推進されたため、たとえばクスコ地方では、一七五〇年から一八二〇年までの間に、徴収額は一六倍にもなったとされる。そしてインディオ社会から厳しく税を取り立てる責務を担ったのが、地方官吏コレヒドールであった。三世紀前、イベリア半島の政治的統一を企てるイサベル女王が、地方都市における王権の尖兵として常駐させ、アメリカに植民地社会ができて以降は、インディオを委託されたエンコメンデーロの権力を蚕食すべく各地に配置されたこの国王の代官たちは、今や王庫のための集金機械と化したのみならず、私利をグロテスクなまでに追求する地方の顔役として、インディオ社会に君臨するようになっていった。

**レパルティミエント**

彼らが致富のために利用したのが「商品強制分配《レパルティミエント》」だった。スペイン王権は、財政補塡《ほてん》のために「官職売買」を一六世紀より幅広くおこなってきたが、コレヒドール職もその対象となっていた。購入費用は莫大である。任期もついている。にもかかわらず俸給自体はつつましいものだった。それなら、なぜあえて官職のために大枚を投じ、しかもアンデスの寒村までやってきたのか。その地位に付属する諸利権を操作することによって、大いなる蓄財が可能になったからである。アンデスのコレヒドールたちは、すでに第七章で見た、あのリマの特権的大商人とも結託していた。彼らは仕官する際に、官職購入費の融資を商人たちに恃《たの》み、その際、多くの物品を掛けで購入する。そして着任すると、手土産とばかりにインディオを顧客として強制的に分配し、料金をとり立てはじめた。

　後年、反乱の最中にコンドルカンキが植民地高官に送った書簡の中で、諸悪の根源としてのレパルティミエントの存在について慨嘆している。彼は言う、レパルティミエントが私たちを死の淵に追いやっている。当初この制度は、各地の品物不足を解消するという名目で王室が導入した。適切な価格においてなされるという条件で。だが現在、これらの品物は十分に満ち足りているにもかかわらず、コレヒドールは五〜六倍の暴力的な価格をつけて販売する。品物も、トランプだ、針だ、眼鏡だ、といった無用の長物ばかり。少しでも裕福なインディオを見つけると、やれビロード、絹の靴下、レース編みだと売りにかかる。まるで我々インディオに、スペインの最新流行を追えといわんばかりに。このレパルティミエントによって、妻子は淫売になり、離婚や不倫が横行し、そして家庭や村が崩壊してしまうのである。

　そしてまた、ミタ制度もアンデスのインディオに憎悪されていた。一七八〇年一一月に反乱を開始するホセ・ガブリエル・コンドルカンキが首長を務めるティンタ地方は、ポトシ銀山への労働者派遣を義務づけられた管区の最北端であった。それゆえ、南方の銀鉱まで労働者が踏破しなければいけない距離はとりわけ大きかった。コンドルカンキは同じ書簡の中で、ポトシのミタのために私たちは三ヵ月間、歩み続けなければならない、鉱山業者は往復の旅費も、労賃も支払おうとしない、そしてインディオたちは、村に帰還すると、だいたいひと月ほどで、血を吐いて死んでいってしまう、と窮状を訴えていた。一七七七年からコンドルカンキは聴訴院《アウディエンシア》で「正統インカ」をめぐる法廷闘争を展開するかたわら、彼の村をミタの義務から解放することを請願していた。インカ性をめぐる繋争《けいそう》にコンドルカンキが敗北したことはすでに前章で見たが、ミタ労働免除の嘆願も、聞き入れられることはなかった。

## アレキッパ騒乱

一七八〇年に入ると、ブルボン改革に対する社会各層の我慢が限界に達していたことが、各地で発生した暴動を通じて表明される。一月五日、南部の都市アレキッパの町に、次のような落首が張り出された。

貴殿の首に、ご注意を、
我々の臓腑を抉《えぐ》らんと、
遠い土地からはるばると、
情け容赦もありませぬ、
仲間の税吏の方々も、
お首にどうぞ、気をつけて

「貴殿」とは当地のコレヒドールのことであった。遠い土地からはるばると……。ここには、ブルボン改革が、アメリカに生を享《う》けたスペイン人を蔑《ないがし》ろにして、イベリア半島で生ま

アレキッパ　ここでブルボン改革に対する最初の騒乱が起きた。著者撮影

れた人々を慮《おもんぱか》ったことに対する批判が反響している。

だがこうした異議申し立てにもかかわらず、有無を言わさぬ税徴収の姿勢が堅持されたため、一四日には三〇〇〇人の群衆が税関を襲撃し、掠奪行為をはたらくにいたった。メスティーソやインディオ、そして白人など幅広い階層を含む群衆は、コレヒドール邸をも襲撃したが、間もなく同市に軍隊が到着し暴動は収束に向かう。このアレキッパ騒乱に、コンドルカンキが居合わせていたという説もあるが、真偽のほどはわからない。

アレキッパ騒乱の報せは直ちにクスコ市に到着した。当時も今も、二つの都市の対抗意識には強烈なものがあるが、クスコでも落首がどんどん出現する。「アレキッパは勝利した、アレキッパは、王国の主たるクスコよりも先に声を挙げた。……国王に幸あれ、悪政よ、さらば！　我々は、苦しみながら生き長らえるよりも、殺しながら死んだほうがましだ。アレキッパに負けてなるものか！」」。クスコにはやはり一月に税関が新設されたが、三月には、主にクリオーリョとメスティーソから成る反乱計画が事前に露見し、首謀者が処刑されるという事態が発生する。コンドルカンキは、直接この動きに関与してはいなかったが、このように大反乱の予兆は、各地で感じられるようになっていた。

## 三頭の蛇

### ルパの首

一七八〇年九月、ラ・プラタ（現ボリビアのスクレ市）市壁外の一角の十字架に、一人の男性の首が晒《さら》された。男性の名前は、フロレンシオ・ルパ。ボリビア高地、ポトシの北部にあるチャヤンタ地方モスカリの有力首長であった。首のみではない。心臓も、彼の屍骸から取り出され、市を囲む丘に置かれていた。ラ・プラタ市の人々は、恐慌をきたす。この人物は、一八世紀後半、アンデス南部のインディオ社会の深層部で生まれていた亀裂を象徴するような男であり、そして晒された首の生々しさが、それからしばらく南部アンデス社会を根柢から動揺させるインディオ大反乱の過激さをも予示していた。

アンデス大反乱は、三人の男性によって担われた。一人はすでにクスコで、その失意の姿を確認しておいたコンドルカンキであったが、彼が一七八〇年一一月に反乱行動を起こす前から、すでにこのチャヤンタ地方において、一人のインディオ、トマス・カタリが、植民地権力に対する果敢な司法闘争を展開していた。彼の闘争は、やがてトゥパク・アマルの大反乱と並行するようになるが、この二人の男が斃《たお》れた後、さらにアンデス南部には、トゥパク・カタリという人物が出現し、反乱をさらにラディカルなかたちで継続させていく。興味深いのは、三人とも、その名に「蛇」を冠していることだ。アマル（ケチュア語）＝カタリ（アイマラ語）＝「蛇」。蛇は、アンデスにおいて、社会の均衡が乱れる時、そのバランスを回復すべく大地から噴出する力をシンボライズすると考えられていたとされるが、一七八〇年から、からみつく三頭の蛇が、アンデスの南部世界に大きな渦をまく。

## 規範を逸脱する首長たち

首長フロレンシオ・ルパの死に至るまでの道は、後期アンデス植民地時代の変動を示唆している。ルパは、本来成員の安寧や共同体の経済的・宗教的保持に力を注ぐべきであった共同体の首長が、スペイン人の利害関心のために生きることを選んだ典型的なケースであった。コレヒドールたちは、商品強制分配《レパルティミエント》を思う存分おこなうために自在に操れる首長を求めていた。ルパは混血ではあったものの、先祖代々モスカリ村のインディオ首長職を継承する歴とした名門に連なっていた。にもかかわらず、その経済活動は、共同体の伝統的な規範を深く侵犯していた。ミタ労働者の給養のために取り置かれた共有地を私的に利用し、コレヒドール顔負けの商品分配もおこなっていた。また住民を定期的に鉱山や精錬所に派遣してもいた。ルパに逆らった者には、その身体に鞭《むち》が振るわれたという。

コレヒドールと結託していたルパは、モスカリの村だけでは飽きたらず、近隣のポコアタ、パナカチの二村をも、伝統的な指導者層を退けてその手中に収め、チャヤンタ地方で最も有力な首長に成り上がる。しかしこの局面で興味深いのは、こうしたコレヒドールによって上から押しつけられた首長たちに対して、共同体の平民が示した行動であった。すでに見たように、ブルボン王朝の改革の真髄は、財務の合理化・効率化にあった。インディオの生産力を直接把握し、国庫に直結させることをめざす改革の当事者たちも、コレヒドールや首長などの中間管理層がそのさまたげになっているという事態を正しく認識していた。コレヒドールが首長と結託して、実際の納税者の数を少なく報告し、残余の住民を自らの私的な経済活動に投入し、利潤を得ているということもすでに知られるようになっていた。

## インディオの抵抗戦略

インディオたちは、植民地の権力者たちの間に、微妙な拮抗や齟齬《そご》が存在することを冷静に観察していた。そしてその脈絡の中で抵抗運動を巧みに組織していく。余所者のルパを首長として戴くことになったポコアタの共同体は、ラ・プラタ市に設置された聴訴院《アウディエンシア》に行進し、ルパの更迭を訴えた。ルパは「ラ・プラタ市にも、晒し台や監獄はあるのだからな」と恫喝したが、インディオは独特な戦術によって対抗した。すなわち彼らは、一七七六年八月の納税期に、従来のようにコレヒドールに貢租を渡すのではなく、その頭越しに、手ずから納めに赴いたのである。ポコアタのインディオ総勢五〇〇名は、ポトシまでの道のりをあえて踏破した。そして、独自の算定による納税者数リストと、それに対応する納税額を同地の税務官に提示したのだが、彼らの意図は明白だった。この額は、驚くべきことに、コレヒドールとルパが公示してきた貢納額を三〇〇〇ペソ以上、率にして四七パーセントも上まわるものだったのである。それまで地方役人と首長とが隠匿してきた腐敗が白日の下に晒された。税務の合理化を究極の目的とするブルボン改革の精神に寄り添い、「スペイン王権の利益の純粋な擁護者」として自らを提示することにより、チャヤンタ地方のインディオは、生活空間を圧迫していた植民地主義の前線を押しとどめようとした。

## トマス・カタリの出現

同じ頃、モスカリ近隣のマチャにおいても、コレヒドールと結託する首長に対するインディオの異議申し立ての行動が生まれていた。それはやがてアルト・ペルー（現ボリビアの高地地方）を動揺させる大きなうねりにつながっていく。マチャの首長《クラカ》も、コレヒドールの恣意によって首長職に就いたブラス・ベルナルという混血男性であったが、まずはこの人物の貢租横領をめぐってインディオ平民の抵抗がはじまる。すなわち一七七八年、マチャのインディオたちも、ポトシの税務局に精確な納税者数が記載されたリストを提出し、首長の着服を告発した。そのインディオのなかに、齢《よわい》三〇ほどのトマス・カタリがいた。彼はいわゆる伝統的なインディオ貴族階層とは無縁の、スペイン語も話すことのできない細民であったが、その辛抱強い行動力によって、やがてインディオ大衆のカリスマ的な指導者となる。

余所者首長の廃位をラ・プラタ市の聴訴院《アウディエンシア》に要請したカタリに対し、同院は、カタリを徴税担当者に任命すると同時に、ベルナルによる不正蓄財の実態を調査するよう命令を発した。だがこれらの命令を携えて帰還したカタリを、新任のコレヒドール、ホアキン・アロースは、逮捕・収監し、彼が携行してきた聴訴院令を没収、さらにベルナルに命じてカタリを公の場で鞭打たせるという所業に及んだ。しかしここでカタリは、尋常ではない行動をとる。彼はチャヤンタ地方から三〇〇〇キロも離れたブエノス・アイレスまで、数ヵ月かけて、徒歩で向かったのだ。

行く先々で施しを受けながら南の都市にたどり着いたカタリを迎え入れたのは、新設されたリオ・デ・ラ・プラタ副王領の最高権力者ベルティスであった。副王は、カタリの正義を確保すべく、聴訴院に対して、混血首長の貢租横領の実態を明らかにするよう命じた。一七七九年五月にチャヤンタに戻ったカタリは、しかしながら再びコレヒドールの命令で逮捕される。こうした試練にもかかわらず、カタリは合法的な請願活動を粘り強く持続させた。ポコアタの住民に倣《なら》ってポトシの財務局に貢租を直接納入しようとして、再び逮捕、数ヵ月の収監。一七八〇年四月、自由の身になってチャヤンタに戻ってきたものの、六月には再びラ・プラタ市にて収監される。インディオ平民カタリの抵抗の声はこうして封殺されようとしていた。コレヒドールのアロースは、スペイン・カタルーニャの名門の出身であったが、同輩らの例に漏れず、激しい商品強制分配《レパルティミエント》を展開していた。許可された商品の法定総額が一五万ペソであったにもかかわらず、四〇万ペソもの商品をインディオに強制的に購入させる一方で、「チャヤンタには聴訴院も国王役人もない、私が権力だ」と嘯《うそぶ》く男であったが、やがてその言葉を呑み込まなければならなくなる。

## コレヒドールとの対峙

カタリ収監から数ヵ月、チャヤンタ地方では、インディオたちが首長たちを吊し上げ、彼らの権力を奪いはじめる。マチャの首長ブラス・ベルナルが処刑された。そして八月二六日、ポコアタ村。流血の事態が発生する。ちょうど貢租納付と、ポトシ銀山へのミタ労働者を派遣する時期であった。軍隊を率いてやってきたアロースと、カタリの兄弟ダマソ・カタリらが対峙する。

歴史家セルルニコフの指摘として注目すべきは、暴動・反乱へとつながるこの一連の出来事の原因は、決してインディオ側のミタ労働や貢納に対する忌避ではなかったという点である。むしろインディオたちは、ミタ労働を彼らと国王との間に交わされた双務契約の重要な構成要素とみなしていた。すなわち国王に捧げられる労働奉仕は、臣民インディオの生活権の認知・保護という王の義務と互酬的関係にとらえられるという認識である。それゆえコレヒドールとの軍事的対峙という緊迫した状況においても、インディオたちは、冷静にミタヨの派遣を終えたのである。

これが二五日のこと。だが翌日、事態は急変する。コレヒドールの一行はやがて、二〇〇名ほどのインディオに包囲され、激しい投石攻撃を浴びせられる。スペイン人側には三〇名ほどの死者が出て、ついにコレヒドールは生け捕りにされる。人質となったアロースは裸足にされ、インディオのようにコカの葉を噛まされる。そしてついに九月のはじめ、長い間虜囚の身にあったトマス・カタリが自由の身となってマチャに帰還し、アロースも交換として釈放される。平民カタリがチャヤンタ地方の首長に任命され、そしてコレヒドールがチャヤンタから放逐される旨記されたアウディエンシア令が、アロースに向かって高らかに読み上げられた。こうしてチャヤンタの反コレヒドール闘争は、インディオ側の完全な勝利に終わる。

## インディオ自治空間の誕生

この時点からトマス・カタリが不慮の死を遂げるまでの数ヵ月の間、彼を首魁として、ポトシ北部地方には実質的なインディオの自治空間が生まれる。それはまたこの地方の植民地関係の再編成の時でもあった。それまでコレヒドールと結託して経済的に潤ってきた抑圧的な首長たちが厳しく弾圧される。カタリのところには、続々と各地の首長が連行され、その処分についての裁定がゆだねられる。このような状況の中で、住民の怨恨《ルサンチマン》の焦点となるのが、あのフロレンシオ・ルパであった。カタリはモスカリの首長ルパに危害が加えられることを阻止しようとするが、インディオ細民の積年の思いは、先に見たような、ルパの肉体の激しい毀損として表明された。

トマス・カタリが、あくまでも植民地体制の枠組みの中で、スペイン人支配者とインディオ共同体との関係を再編しようとしていたことは確実であり、スペイン王権との関係を切断することは意図されていなかった。たとえば自治体制のただ中でも、トマス・カタリは、従来の査定額以上の貢租を集積し、税務当局に納付していたのである。ポトシ北部地方のイン

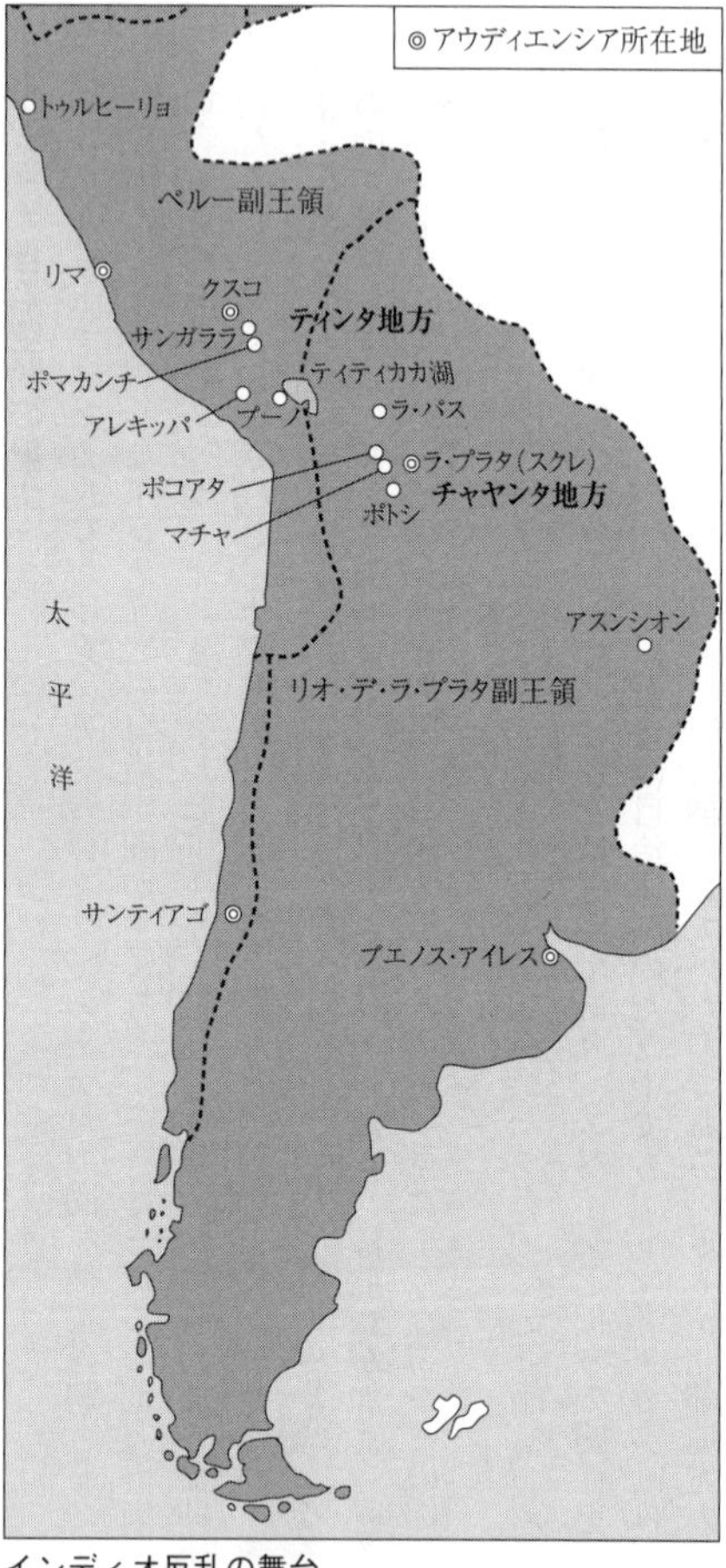

インディオ反乱の舞台

ディオの解放闘争は、ブルボン改革によって変動する政治的な状況の流れを、自らの目的に見事にたぐり寄せることによって達成されたのであった。

しかしながらチャヤンタの運動も、時の経過とともに変質する。コレヒドールとの劇的な対峙という出来事を経て、同地方のリーダーシップを掌握したトマス・カタリには、託宣を下す指導者という面が備わりはじめる。そしてまさしくこの頃、北のクスコ方面では、ベタンクールとの「インカをめぐる闘争」に敗北したトゥパク・アマルが、大反乱を開始している。

この時期の二つの運動のつながりは不鮮明だが、トゥパク・アマルの反乱が発生してから一週間後にトマス・カタリによって書かれたブエノス・アイレスの副王宛ての書簡では、チャヤンタの人々には反乱の意図は全くないこと、その目的はコレヒドールによる商品強制分配の停止と、アロースの後任を更迭することだけである、ミタ労働や貢租の献上はつねに維持されるということが強調されていた。これから見ていくトゥパク・アマル反乱との異質性がこの書簡には示されている。

しかしトマス・カタリは、思いがけないかたちで逮捕され、その命を絶たれる。一七八〇年一二月、国王への貢租を徴収すべく巡回していたトマス・カタリは、聴訴院の密命を受けた人物によってその身柄を拘束される。アロースの後任アクーニャが、年明けて一月、カタリをラ・プラタ市に護送しようとしていたところ、指導者を救出すべく集まったインディオに包囲され、窮したアクーニャは、カタリを断崖から突き落とし、その命を奪った。当のアクーニャも、インディオの群衆に虐殺される。トマス・カタリの死は、それまで植民地当局との緊張感ある合法的交渉によって成立していたインディオの自治空間を、一気に無秩序な暴力が支配する世界へと変貌させてしまう。しかし、ここでしばしアルト・ペルーを離れ、再びクスコへと目を転じてみよう。

コンドルカンキが首長を務めたトゥンガスカ村
広場には彼の像が建てられている。著者撮影

## コンドルカンキの決意

ホセ・ガブリエル・コンドルカンキが、どの時点で反乱の構想を練りはじめていたのかはっきりしていない。しかし一七七七年、先に見た、ベタンクールとの「侯爵領継承闘争」に敗北し、失意のうちにクスコに帰還した頃から、彼の意志は固まっていったと考えられる。彼は窮地に追いやられていた。その要因は、インカの正嫡性をめぐる法廷での敗北だけではない。地方首長としてのコンドルカンキの地位も決して盤石なものではなかった。彼は、一七六七年にティンタ地方のトゥンガスカ、パンパマルカ、スリマナ三村の首長に就任したが、コレヒドールの裁定によって一七六九年から一七七一年までの間、首長職を剥奪されていた。また一七八〇年にも、別のインディオ有力者から、彼の地位に対する異議申し立てを受けたこともわかっている。彼はいわば八方塞がりの状態にあった。

一七七八年、コンドルカンキがその息子マリアーノにマスカパイチャを冠して行進させるという奇妙なパフォーマンスを展開したことはすでに見たが、この同じ年、彼はトゥンガスカ村に牢屋を造ったとされる。彼は、コレヒドールたちをここにぶち込むのだ、と息巻いていた。そのことは、反乱の始まる半年前の一七八〇年四月、二四選挙人会がクスコ市参事会に提出した請願書からも察せられる。

現在コンドルカンキに謀叛の動きがあるという噂が流れているが、そのせいで我々インカ貴族の名誉は大いに傷つけられている、我々のお父様にして庇護者であられる国王陛下への忠誠心は不朽であり、かかる不埒な疑念が払拭されるべく、適切な処置をとられんことを、というのがその内容であった。二四選挙人会は、完全にコンドルカンキに背を向けた。

## コレヒドール処刑

一七八〇年一一月四日、コンドルカンキはティンタ地方のコレヒドール、アントニオ・デ・アリアガを急襲し、その身柄を拘束する。スペイン出身の役人アリアガも、やはり極端な商品強制分配《レパルティミエント》によって、同地方のインディオに激しく憎悪されていた。コンドルカンキによれば、アリアガは法定上限の三倍もの額に及ぶ商品をインディオに押しつけていた。代官はすでに用意されていたトゥンガスカの牢屋にぶち込まれる。一一月一〇日、コンドルカンキは集まった四〇〇〇人ともいわれる人たちを前に、ケチュア語とスペイン語で演説を行い、「国王陛下は、商品税、関税、そしてポトシへのミタが廃され、またドン・アントニオ・デ・アリアガは、その悪しき振る舞いによって命を失う旨、お命じになった」と告げた。その後、コレヒドールは、衆人の見守る中、処刑された。コンドルカンキが、さらに六名のコレヒドールを殺害する意図を示したとも伝えられている。

インディオを虐待するコレヒドール　グァマン・ポマ画

コンドルカンキが率いる軍勢は、クスコ市とアンデス南部とを結ぶビルカノータ川沿い、すなわち「ペルー王国の喉《のど》」とも称された、地政学的にきわめて重要な地域を中心に軍事行動を展開していった。一一月一二日には、ポマカンチの毛織物工場《オブラッヘ》を破壊する。当時、手工業的な粗布製造を目的としたオブラッヘがアンデス各地に簇生《そうせい》していたが、労働力として割り当てられたインディオは、しばしば監獄の代用ともなるような劣悪な労働条件のもとで、強制労働に従事させられており、しかもここで生産された織物が商品強制分配に投入されていたため、反乱者たちの攻撃の対象となったのである。

いずれにせよ、コレヒドールの殺害をきっかけに発生した蜂起は、植民地的制度の破砕をめざす反乱へと成長する。それがとりわけ顕在化したのが、一一月一八日のサンガラの出来事であった。コレヒドール殺害の一報はまもなくクスコ市に届いた。同市を統轄するコレヒドールは戦時評議会を結成、リマに援軍を要請する。そしてクスコ市民有志や八〇〇人ものインディオ・混血からなる義勇軍が編制された。先陣を切ったのはインカ貴族たちであった。

## サンガララ

サンガララはスペイン人支配者層にとって、一五三二年のペルー征服後はじめて、インディオ側から大敗北を喫した場となった。この村に陣を張った義勇軍の人々はコンドルカンキの軍勢に不意をつかれ、教会に逃げ込んだ。しかし聖堂に火がつき、阿鼻叫喚の中、インディオたちの攻撃によって五七六名もの命が奪われたとされる。この劇的な勝利は、コンドルカンキに同調する大衆をさらに吸引した。この時六〇〇〇人ほどであった反乱軍は、一二月には五万人にふくれあがることになる。アリアガ処刑以降、コンドルカンキは一貫して、蜂起行動の目的を、あくまでも「スペイン国王の大権」に基づき、不公正な搾取装置を廃し、腐敗官吏を打破することにあると宣している。しかし、やがて彼らの動きには、インカ王トゥパク・アマル二世に率いられた反乱という新しい性格が加わってきた。

サンガララの戦いの後、コンドルカンキは、その妻にしてすぐれた指揮官でもあったミカエラ・バスティダスとともに、自らをインカ、そして彼女をインカ皇妃《コヤ》とする肖像画を描かせたという。彼は房飾り《マスカパイチャ》を着用した。これは象徴的な身振りであった。クスコのインカ貴族たちが彼の運動に同調するどころか、それに敵対する姿勢を示したことは、この人々が保持してきたインカの正嫡的伝統に、コンドルカンキが自らを融合させることはもはやできないことを意味していた。一方、クスコの二四選挙人会に集結したインカ貴族たちの存在意義や特権を支えていたのは、紛うことなくスペインの王権である。コンドルカンキが、王の聴訴院での法廷闘争において敗北したという事実は、スペイン王権が彼を拒絶した、ということとも同義であった。しかしながら、スペイン王権の庇護のもとでいわば馴致《じゅんち》されていたともいえるインカの正嫡性から無縁の状態になったことは、逆にコンドルカンキ自身があらたにインカ王として立つ自由を与えたということになる。そしてこのことが、スペイン王権を超克するような新しいアンデス社会の創出をコンドルカンキに構想させたともいえるのではないか。コンドルカンキは自らをインカ王として、新たに「再歴史化」したのだともいえる。コンインカをめぐる「歴史化」と「再歴史化」の二つの水脈が、コンドルカンキを貫いた。コンドルカンキは、トゥパク・アマルとなる。

### トゥパク・アマル、立ち上がる

ところが新しいインカ王が出現したことにより、さらにもうひとつの水脈が流れ込んでくる。それが、あのリマの女性たちがその魔術の中に招喚していたような、超越的なエネルギーの体現者としてのインカという思考である。民衆たちが抱いていたインカへの気持ちや期待の行く先に、トゥパク・アマルという存在が現れたのだ。あるラバ追いは、スペイン王権と訣別し、トゥパク・アマルの反乱に加わったことの理由を問われて「コレヒドールもレパルティミエントも関税も消費税ももはや存在しない、小王トゥパク・アマルのみに服従しなければならない」という布告が出されたからだと答えているが、民衆の想像力の中で、トゥパク・アマルという存在は急速に昇華されていった。人々はトゥパク・アマルのことを貧者の恩人、お父様、陛下、解放者、贖《あがな》い主、レパルティミエントに苦悩する者たちみなの父、などと呼んで敬慕した。一方トゥパク・アマルも、白人たちから奪取した衣裳、コカの葉、そして酒を、追従する民衆に分配する。いにしえのインカ王と民衆との間に存在した互酬の関係が、ここに復活したかの感があった。

さらに彼には神的な属性すら付与されるようになっていく。彼の大義に殉じて死んだ人々は三日後に蘇《よみがえ》るとも信じられていた。また復活を欲する者は、イエスの名前を唱えてはならないとされた。トゥパク・アマル自身は、キリスト教や教会権力を決して否定することはなかったが、このことは、トゥパク・アマルがイエス以上の神的力をもつ存在であると民衆に認識されるようになっていたことを意味するであろう。彼は不死にして不敗の王とされた。海岸部の魔女たちの呪文の中に流れ込んでいた「アンデスの大地の力」を表象するような水脈は、ついにその行き場を、一人の男の身体に見つけた。だが、こうした異質かつ相反するような水脈をいくつも抱え込んだことは、トゥパク・アマルの運動に、分裂への潜在的可能性を埋め込んだともいえる。まずは反乱の動態を見てみよう。

## 敗北

国王大権のもとで、腐敗した者を誅し、不正な植民地の諸システムを廃す、という運動の大義を明示するトゥパク・アマルの布告が各地に送られ、またチチャ酒房が、情報網を構築するための結節点となった。こうして「分単位で膨れあがっていった」トゥパク・アマル軍は、ティティカカ湖方面へと作戦を展開する。しかしなぜかアンデス南部の植民地権力の中枢クスコ市に迫ろうとしない。さらに同調者を増やし、またアレキッパやプーノといった都市からの反撃を掣肘《せいちゅう》しようとするためだったと説明されるが、クスコ本陣への攻撃を先延ばしにしたことが、運動を挫折させた要因であるとも語られている。

「あなたには、このような大きな事業を継続するだけの情熱が欠如しています。そのことが皆の生命を危うくしているのです」という妻ミカエラの強い慫慂《しょうよう》にうながされたのか、一七八〇年一二月、ようやくトゥパク・アマルはクスコ市へ向け進軍を開始する。クスコ市を望む西方の断崖に陣を張り、市当局との間で、降伏勧告文書を介した交渉をはじめた。勧告文書は、闘争の目標が、インディオたちをコレヒドールの悪政による「奴隷」状態から解放することにあり、それは唯一トゥパク・アマルにのみ流れるインカ王たちの高貴なる血ゆえのことである、と力強く述べる。諸悪の根源であるコレヒドールの職は廃され、商品強制分配も停止される。そのかわりインディオよりなる司法官の設置が提案された。だがしかし、クスコ市当局は、この提言を一顧だにしなかった。

年があけて一月八日、クスコ攻防戦がはじまる。三万人ともいわれる大軍に支えられていたはずのトゥパク・アマルは、しかし決定的な攻撃を加えることもできぬまま、一月一〇日には市の包囲を解き、退却を開始した。トゥパク・アマル側の糧食がつきていたという説もある。また当局軍が、巧みにも、前線にインディオたちの兵士を配置したことが、トゥパク・アマルの戦闘の意志を弱めたとも説明される。トゥパク・アマルは、インカ王として、無血でクスコ市に入城しようと考えていたようだが、これまで述べてきたインカ貴族との関係からもわかるように、すでにそれは不可能となっていた。ティンタ地方に退却したトゥパク・アマルに対し、全権巡察官アレチェの組織した軍隊は攻勢に転じ、反乱開始後半年もたたぬ四月六日、首領トゥパク・アマルは、妻ミカエラ・バスティダス、そして子供らとともに捕縛された。

## 三つのインカの分裂

トゥパク・アマルの敗因を「インカをめぐる水脈」という観点で考えてみよう。反乱当初からトゥパク・アマルは、多様な民族集団で構成される社会、すなわちインディオだけでなく、混血や黒人、そしてアンデス生まれのスペイン人をも包摂しうるような刷新された社会をアンデスに構築することを目指していた。なぜならばすでにこの頃、白人支配層の中でも、アメリカ生まれのスペイン人＝クリオーリョと、スペインからやってきた「半島出身者《ペニンスラール》」と呼ばれる人々との間には深い亀裂が走っていたからである。ブルボン改革はまさしく、イベリア半島出身のスペイン人が私欲を追求し、利益を最大限に抽出すべく、クリオーリョたちが営々と築き上げてきた経済的・政治的な財産を奪っている、という構図のもとに認識されていた。さらにコレヒドールたちは半島出身者であった。再歴史化されたインカ王として立ったトゥパク・アマルが、ヨーロッパ人を排除した世界を統べる……。これがコンドルカンキの基本的構想であったといえよう。

しかしトゥパク・アマルが抱え込んだ三つのインカは、やがて分裂をはじめる。再歴史化されたインカ王に対し、「歴史化されたインカ」の拠点であったクスコのインカ貴族は、彼らの拠《よりどころ》である国王大権を防衛すべく真っ向から対峙した。また、脱・歴史化された「インディオ的インカ」の表象が流れ込んできたことにより、反乱がラディカルな民族的闘争という様相を呈しはじめたのである。転機を画したのが、多くの白人が殺害されたサンガララであったと思われる。民衆たちの暴力は次第に無軌道なものになり、トゥパク・アマルら指導者層が制御しえない勢いを得る。一七七七年をめぐるあの老愚者の予言がまさに現実のものとなりはじめた。「首が赤い人間《ブカクンカス》」すなわち、スペイン人＝白人すべてが、インディオたちの破壊の対象となっていく。一一月、あるクリオーリョの首長が、反乱に同調していたにもかかわらず、インディオではないというだけの理由で、石で打たれて死んだ。また一二月、ユカイの谷カルカでは、インディオの群衆は、シャツを着た白人とあらば手当たり次第に殺害した。彼らが教会においてスペイン人女性たちを殺害し、聖なる空間の中で、殺された女たちと交わったことを、反乱後、植民地当局者は呪詛とともに想起している。

　こうして長きにわたりインディオ社会に蓄積されていた植民地主義に対する憎悪、白人支配に対する怨念、そしてそれらを破壊したいという欲望が奔出していった。またこのたびは、聖ヤコブの呪縛も乗り越えられた。

　征服《コンキスタ》、そしてそれ以降もずうっとスペイン人支配者たちを援《たす》け続けてきたこの聖人が、トゥパク・アマルの反乱のさなか、再び姿を現したのだという。だからインディオたちは、あわてて各地の教会に安置されていた聖人像の腕を緊縛したのだった。征服者の守護聖人も、ついにインディオたちに拘束される。

彼らはさまざまな桎梏《しっこく》から自由になって、植民地権力を正面から否定した。しかしながら、こうした民衆の常軌を逸した暴力の噴出は、当初トゥパク・アマルの新社会構想を受容する意志を見せていたクリオーリョやメスティーソなどの非インディオ層を、運動から遠ざけることにもつながってしまった。クスコ包囲戦で、トゥパク・アマル軍の火器がしばしば不発に終わったのは、反乱軍にいたスペイン人による背信行為によるものだったとも言われている。こうしてトゥパク・アマルの身体に一度はおさまったはずのインカの三水流は、再び分岐していく。

## 散る肉体

一七八一年五月一八日、再びクスコ大広場《プラサ・マヨール》。トゥパク・アマルの手足は、広場の四隅へ顔を向ける四頭の馬に結ばれていた。馬たちは合図とともにそれぞれの方向に走り出す。だが彼の強靭な肉体は断ち切られることなく、しばし蜘蛛のように宙に浮いてしまった。判決を下し、処刑を見守った総巡察官アレチェは、しかたなく介錯を執行人に命じた。こうしてトゥパク・アマルはその生涯を終えた。その体がピーンと張られている瞬間、にわかに一陣の風が立ち、どしゃぶりの雨となったとされる。大広場に詰めかけた人たちは、あわてて雨宿りに走ったが、インディオたちは、天がインカをおそった不正義な死を悼んでいるのだと囁いた。

だからこそ、トゥパク・アマルの死が必要とされた、と判決の文でアレチェは述べる。すなわち、迷信に満ちたインディオたちの間には、トゥパク・アマルはインカ王本家の系譜に連なり、この王国の絶対的な君主であるがゆえに、極刑が科せられることなどありえない、という考えが広がっている、その誤謬を匡《ただ》すためにも、死刑判決、そして処刑が実施されたという知らせが宣布される必要がある、と。

当局側も、インカの「第三の水脈」が、インディオたちの心性を浸しきっている事態に恐れおののいていた。その恐れは、彼らがトゥパク・アマルの遺骸に対して施した処置からもはっきり理解される。彼の裂かれた肉体の断片は、反乱が及んだ各地に、見せしめとしてばらまかれた。頭はティンタに、胴体はクスコ包囲の際にトゥパク・アマルが陣取ったピッチュに、そして腕は、彼が首長をつとめていたトゥンガスカに……といった具合である。あたかも、彼の身体に収斂《しゅうれん》した三つのインカが、その肉体とともに飛び散ったようであった。

だが実際には、インカ王の再来としてのトゥパク・アマルという思考＝水脈は、クスコの大広場における処刑によって消滅するどころか、南部の世界へとさらに伸びていった。国王軍の掃討から逃れたトゥパク・アマルの従兄弟のディエゴ・クリストバル、そしてトゥパク・アマルとともにマスカパイチャをつけてクスコの街を歩いた息子マリアーノは、アンデス南部方面で反乱を持続していく。運動は今や、アルト・ペルーへと舞台を移すことになる。そしてここでは、遵法闘争を粘り強く展開した挙げ句惨殺されたトマス・カタリの運動を、その兄弟、ダマソ・カタリとニコラス・カタリが継続し、さらに過激化させていた。彼らが率いるインディオたちは、スペイン人やメスティーソの命を、婦女子を含めて次々に奪っていった。

## トゥパク・カタリ誕生

一七八一年二月、アルト・ペルーの政治的中心ラ・プラタ市（現スクレ市）がインディオ軍に包囲されるに至った。この時すでに、反乱の指導者たちのところに、クスコから、インカをめぐる第三の水脈が到達していたことが確認される。逮捕後の尋問で、ラ・プラタ包囲の目的を糾問されたダマソ・カタリは次のように述べている。

　トゥパク・アマル王が援けに来てくれることを知っていた。彼は諸地方の公共善のために、さまざまな布告を発してくださった。……彼はヨーロッパ人を殲滅し、インディオとクリオーリョの統一体をつくろうとしていた。新しい政府によって、すべてが一新されるのである。それは平等で、恵み深いものになるであろう。インディオの王がもたらす善に感謝すべく、ラ・プラタ市を征服して、彼を待つつもりであった。すべてのインディオの臣従の気持ちとともに、彼に跪《ひざまず》くつもりであった。彼が到来すれば、貢租や関税、商品強制分配や十分の一税などから解放され、これらの義務がインディオにもたらした苦衷なく生きられるようになることを期待していた。穏やかな静謐さとともに、インディオたちは、大地と、そして自らが生産したものの、主となるのだ。

新しい世界を構築する力をもたらすトゥパク・アマルを待望しつつ、アルト・ペルーのインディオたちは植民地主義に挑んでいた。だが捕らえられたカタリ兄弟、そして多くのインディオたちも、やがてラ・プラタ市の大広場においてその命を散らすことになった。

しかし、インディオの闘争はさらに持続される。もう一人の「蛇」が立ち上がった。コカや粗布を商っていた貧しい平民インディオ、フリアン・アパサが、シカシカ地方から出現する。ここはトゥパク・アマルの運動と、トマス・カタリの運動が収斂する地点であったが、それを象徴するように、彼は二人の先駆者たちを、自らのなかに取り込もうとした。トマス・カタリのブエノス・アイレスへの旅は、すでに神話的な存在感とともにこの地方のインディオの魂をとらえ、トマスはスペイン国王と会談したという伝説すら流布していたとされる。彼が一月に殺されると、インディオの間ではその復活が信じられるようになり、フリアン・アパサは、まさしく彼の生まれ変わりとして振る舞いはじめる。

一方アパサはトゥパク・アマルの運動とも結びつきを求めた。その妻の証言によれば、彼はすでに一〇年前から、反乱計画を準備していたとされ、トゥパク・アマルに会うためにトゥンガスカまで出かけていったという話もある。いずれにせよ彼は、二人の名前を自らと結合させた。「トゥパク・カタリ」。トゥパクはケチュア・アイマラ両語において、「輝かしい」という意味を持っていた。再び「輝ける蛇」。彼は「副王」を名乗っていたようだが、この場合「王」とは当然トゥパク・アマルを意味していた。彼が率いた運動は、クスコの領袖のそれの延長線上で考えられていたのである。しかし、彼の植民地主義に対する攻撃はあくまでも過激であり、白人は無差別にその命を奪われていく。

## ラ・パス包囲

アルト・ペルーの住民を恐怖に陥れたのが、二回、計二〇〇日以上に及ぶ、トゥパク・カタリに統率されたラ・パス市の包囲であった。アンデス山脈に穿たれた大きな窪みの底にできた都市ラ・パスは、当時この地方の経済の中心であったが、トゥパク・カタリは、窪みをのぞき込むようなエル・アルトと呼ばれる高台に、数万のインディオを率いて陣取り、都市住民を苦悩のどん底に陥れた。包囲の間、食糧は払底し、犬までが狩られ、その肉が食べられたという。多くの人々が死亡した。死因はおもに蔓延したペストによるものだったとされる。死体は街路に放置され、それを犬が喰らい、その犬が住民の口に入る。悪循環の極致において、包囲戦では万単位の人たちが死んだとされる。

やがてこの包囲戦には、クスコのトゥパク・アマル反乱の残党も加わる。しかしながら、ケチュアとアイマラという異なった言語世界に生きる人々の間に存在する、微妙な差異によるとも言われているが、トゥパク・カタリとトゥパク・アマル軍との間には不和が生じ、結局、クスコとラ・パスのインディオとの間の大同団結は実現しなかった。やがてトゥパク・カタリも敗北する。トゥパク・アマル軍の残党は恩赦を受けてクスコに戻ることができたが、しかし結局、反乱の再燃を恐れた当局によって一七八三年、抹殺される。

こうして数年間にわたった反乱は終結した。それはのたうちまわる蛇のように、激しい動乱をアンデスの南部世界にもたらしたが、しかしその結果として生まれた社会の状況は、トゥパク・アマルが夢想した、インディオとクリオーリョがインカの王旗のもとで穏やかに生活する世界とはほど遠いものであった。むしろインディオと白人の間には、深い民族的憎悪と相互不信の溝が穿たれてしまった。これはその後のアンデス社会の歴史的発展を強く規定する。

## 主体なきインカの歴史化

### インカの記憶への憎しみ

インカをめぐる記憶の消去。トゥパク・アマルを処刑した後、植民地当局は、それだけでは飽き足りず、「インカ」が生みだすイメージを恐れるあまり、すべての記憶を根絶しようとした。コンドルカンキが、インカ王の末裔であることを求めてリマのアウディエンシアでおこなった訴訟活動の証である一件記録は「その記憶が残存しないように、リマの広場で、刑吏の手で焼却される」ことが命じられた。トゥパク・アマルに極刑を宣した巡察官アレチェの沙汰は以下のようであった。

インディオたちが、異教時代の衣裳、とりわけ貴族の衣裳を身に着けることは禁じられる。それはいにしえのインカ王の記憶を呼び覚まし、支配する民族に対する憎悪を助長するだけだからである。見た目が滑稽だけではなく、我々の清らかな宗教にも適合しない。……なぜならば彼らは、衣裳のあらゆるところに、彼らの第一の神である太陽をあしらうからだ。インカの代表的な衣裳、すなわち長衣《ウンク》やマント、アルパカの毛で編まれた王冠のような房飾り《マスカパイチャ》などは破棄されるか、各地方のコレヒドールに差し出さなければならない。さらにまた、インカ貴族たちが、その矜持を示すものとして家内に飾っているインカ王の肖像画も処分されなければならないし、また教会や修道院などの壁に描かれているものは消し去られねばならぬ。インカの時代を想起するために村などで演じられる劇は禁じられなければならない。またいにしえの時代を思い出すために彼らが吹き鳴らす陰鬱な法螺貝も禁じられる。また金輪際、インディオが「インカ」と署名することは許されてはならない。こう書いてあるだけで、彼らの間には、強い影響力が及ぶからである。（抄訳）

植民地権力の、インカの記憶への憎悪と恐れが、はっきりと表明されている。権力側は、インカ表象をめぐる三つの水流を、いわば一緒くたにして葬り去ろうとした。しかしながら反乱に巻き込まれたインカ貴族たちは、あくまでも「歴史化されたインカ」の伝統に固執し、それを守ろうとする。

卑しき裏切り者トゥパク・アマルを打倒すべく、王旗のもとで命を賭したにもかかわらず、反乱終結後、インカ貴族たちは、同じ「インカ」ということで当局からは冷たくあしらわれていた。二四選挙人会も、機能不全の状態に陥る。王旗掛の選出権を求めた選挙人会に対して、当局は次のような見解を示している。

インカ貴族の王旗掛の選出は認められない。なぜならスペイン人もインディオも唯一の君主たるスペイン国王の臣下なのだから、二つの王旗が出る意味はない。彼らが行列する時には、いつも泥酔し、いにしえの自由な時代とやらを想起し、それが不当に奪われていると不遜な態度をとるからだ。それにこうした彼らの儀典を認めていたから、ヨーロッパ人に対抗しようなどという集団意識を醸成してしまい、その結果が先の悲しむべき反乱なのである……。

制度化され、歴史化された彼らのインカ的正統性は、このように蔑《ないがし》ろにされていった。

## アギラールとウバルデの反乱

一八〇五年、インカ貴族を窮地に陥れるような事態が再び生起する。いやこれは、インカ表象のもつ変革のエネルギーが、革命的反乱の試みに呼び込まれた、アンデスにおけるほとんど最後の出来事といってもよいかもしれない。この年、神秘主義的なインスピレーションを受けた、地方の中産階級に属する二人のクリオーリョ、アギラールとウバルデが、クスコを中心とする反乱を計画する。彼らは宗教的霊感に満ちた生活を送っていたが、アンデスの社会状況に直面して、鮮烈な政治的意識を抱きはじめる。

彼らは、搾取に満ちた植民地体制を転覆させ、インカによって体現される古き良き秩序を甦生させる計画を構想する。だが「インカ」はどこにいるのか？　この時彼らの前に現れたのが、インカ王の血をひくというマヌエル・バルベルデ・アンプエロというメスティーソであった。アンプエロ……インカの歴史をずうっとたどってきた私たちにとってはとても懐かしい苗字である。ワイナ・カパックの皇女でありフランシスコ・ピサロの愛妾となったあのドニャ・イネスが、ピサロにより嫁がされたスペイン人の相手がアンプエロであり、実際マヌエルはワイナ・カパックの血を引くといわれていた。ドニャ・イネスが、アンプエロを呪殺しようとしていたこともすでに見た。二人のクリオーリョは、インカの血を受け継ぎ、そしてインカの歴史と深い関わりをもったいにしえの人物の遠い末裔と、クスコで出会ったのである。

二人がこのマヌエルを通じて、二四選挙人会に反乱を支持するよう要請したともいわれるし、このマヌエルをインカ王として担ぎ出そうとしていたとも、またアギラール自身がインカ王として房飾り《マスカパイチャ》を戴冠されるという意志を示していたともいわれるが、本当のところは判然としない。だが結局、計画は事前に暴露され、また彼らが目論んだインカ貴族との連携もけっして成立することはなかった。アギラールとウバルデの二人もまた、クスコ人広場で、処刑される。

## アンデスとスペインの別れ

一八〇八年、本国スペインにおいて大きな政変が生じる。イベリア半島に押し寄せたナポレオンが、カルロス四世を退位させ、実兄ジョセフ・ボナパルトを王位につけるという挙に出る。この本国の動乱に呼応するようにして、アンデス地域においても、独立革命への動きが加速していった。一八二四年、これがおそらくインカ貴族が二四選挙人会を軸にまとまりを見せた最後の年になるであろう。この年、クリオーリョの独立派シモン・ボリーバルの軍勢によってリマから放逐された副王デ・ラ・セルナは、緊急避難としてクスコに「遷都」するが、この副王に対して、二四選挙人会は聖ヤコブ《サンティアゴ》の祝日に王旗とともに行進する許可を申請している。それが受理されたかどうか、もう史料は語らない。この後ほどなくしてペルーの独立は達成される。アンデスの人々とスペイン王権との関係はここに絶たれ、ペルーは独自の歴史をきざみはじめる。

独立の英雄たちも、インカをさかんに賞揚した。シモン・ボリーバルは一八二五年、独立達成後に初めてクスコに入るが、次のように書き送っている。「ペルー人よ、我々はまもなくペルーの帝国の揺籃《ようらん》、そして太陽の神殿を訪れよう。クスコは自由の最初の日にあって、インカ時代の黄金の支配にもまさる喜びと栄光に包まれるであろう」。保守派は古代インカ帝国を、その政治理念を象徴する存在としてもちあげる。インカの時代には、「盗みは常に厳しく罰せられ、怠慢が許されることは無かった」と論じられ、厳格かつ合理的なインカの法体系や統治システムは、強権的支配のためのヒエラルキーを構想する保守派政治家の理想的なモデルとなる。

しかしここで注意しなければならないことがある。古代インカ帝国の社会や歴史が、独立以降の為政者たちの口から賞賛される時、想起されているのは法や経済システム、合理的秩序といったような、インカ社会をめぐる抽象的な観念であり、それらを現実に創りだし整えた、生身の人間としてのインディオは捨象されてしまっているということである。「インカはよい、けれどもインディオはだめだ」という観念が、当時のイデオローグたちのインカに対する意識を支配していたとは、ペルーの社会学者メンデスの卓見だが、私なりにこの事態を規定すると、そこに見られるものは「主体《インディオ》なきインカの歴史化」の完成態である。生きているインディオと、観念としてのインカ社会を切り分けることこそ、当時の政治家に求められていたことであった。

クスコは、すでに見たようにトゥパク・アマルの反乱、さらにはアギラールとウバルデの反乱という、インカ表象によって起爆した動乱により深い傷を受けていた。もしも再び、インカをめぐる三つの水流が実際のインディオの肉体に流れ込めば、それは非インディオ系の支配者層によって統治される新しい独立後の社会を根柢から覆すような事態を招来してしまうであろう。栄光のインカ帝国史と、現実のインディオを切断すること。こうした思考がポスト・コロニアルのペルーにおいて顕著になっていった。その頃から流布していくインディオをめぐる言説の特徴は、彼らを「生まれついての劣等者」と定義づけるようなものであった。

一八三五年、ペルー・ボリビア連合国を建てたサンタ・クルス将軍は、翌年クスコに入城した。彼自身も、インカの血を継ぐ女性を母としていたが、私たちの目をひくのは、彼に捧げられた、すっかり色褪せてしまったひとりのインカ王の行列である。

気高き皇帝マンコ・カパック王が、二九歳の、壮麗に着飾った青年によって演じられた。金や真珠、宝石が鏤《ちりば》められたマントに身を包み、房飾りをつけ、お供のインディオのかつぐ輿に乗っていた。まわりは、踊り手たちが囲んでいた……。

ここに現れたのは、二一世紀の今日、あのサクサイワマンの砦で毎年六月に開催され、市民や観光客でごった返す「インティ・ライミ祭」に現れるインカに扮する演者の姿と重なってしまうように思われる。すでに彼の身体には、インカの水脈は、流れてはいなかったのではないだろうか。

一五三二年、二つの帝国は交錯し、そこから生まれたアンデス植民地は、二つのレプブリカという、純粋性の追求と排除の思想に支えられた特異な共生の空間をつくり出していった。しかし、数世紀の歴史的展開の後、二つのレプブリカの境界は融解し、混血者やユダヤ系の人々のような異者たちも流れ込んでいた。そこは、いわば溶鉱炉のようになり、社会変革のためのエネルギーは蓄えられていった。

そして植民地が生まれて三世紀が経った時、新しい共生への可能性は、インカという多様な性質を呼び込むことのできる「憑代《よりしろ》」を見いだした。だがそれは、インカと呼ばれた男の肉体が破砕されるとともに、瞬く間に姿を消し、再びどこかへ飛散してしまった。

社会の変革が、世界中のどの地域にも増して切実に感じられている今日のアンデス社会に、インカが再び回帰することはあるのだろうか。それを知るためにも、アンデスの歴史を、これからもより精緻に学ばなければならない。

# あとがき

私は大学で一、二年生にはスペイン語を教えている。二〇〇四年から、所属するスペイン語部会が、新しいスペイン語教育の標準を探究するプロジェクトをはじめた。このプロジェクトの目標のひとつに、ラテンアメリカやスペインの現地にメンバーが赴き、そこに生きる人々の声や姿を、ビデオにおさめて教材に加工し、それを部会のホームページからインターネットで配信するということがあった。大学内にスペイン語教育を留めることなく、外部の世界に向けて、いろいろな教材を「開く」ことを目指している。私にも最新のビデオ・レコーダがひとつあてがわれた。それなら僕は、最近古文書の調査をはじめたクスコで撮影してきますわ、ということで、仕事の合間を見て、クスコの町中で慣れない手つきでビデオを廻すことになった。しかしインカの石組みや風景ばかりを撮っても、それはそれで美しいのだが、プロジェクトの目的とは違う。人間の声を聞かなければならない。さてどうしよう、と思っていた時に、ある書物のことを思い出した。

それはペルーが生んだ希有の研究者アルベルト・フローレス・ガリンドの名著『インカを探して』である。インカの表象が、植民地期から現代にいたるまで、ペルーの人々、とりわけ支配者階級に翻弄されてきた民衆にとってどのような意味を持ち続けたかを、専門とする歴史学のみならず、人類学や社会学などの手法を織り交ぜ、繊細な文章によって論じたすばらしい本である。出会った一九八七年以降、私にとっては、聖書のような意味を持ち続けてきたこの本のどこかで、ひとつの調査が紹介されていたことを思い出した。かつて彼が勤めるペルー・カトリカ大学の社会科学部がおこなった、首都リマの小学生を対象にしたアンケート調査である。あなたはインカ社会についてどう思いますか？　という問いに対して、子供たちは皆とても肯定的なイメージを抱いていたことがわかったと記されていた。そうだ、これをクスコで試してみよう。

古文書調査の合間だったから、多くの人々の声を聞くことはできなかったが、定宿にしている小さなホテルの従業員の方々や親友の歴史家ドナート・アマードの大学生と中学生のお嬢さんたちにもインタビューすることができた。あなたは昔のインカ社会について、どういう風に思っていますか？　彼らは、まっすぐに私の目を見て、答えてくれた。

インカの歴史のことはあまり良くは学んでいませんが、あの頃は正義がありました。人々はつねに前向きに生き、知性的で、とても組織だった生が営まれていました。今の社会と反対です。

僕はとても肯定的に見ています。あの頃は泥棒など存在しませんでした。インカ時代、外出する時も、鍵などかける必要がなかったですよ。今日でも実践されるべき三つの法があったからです。

私は、インカ社会に賞賛の気持ちをもっています。三つの法、盗まない《アマスア》、嘘をつかない《アマリユリヤ》、怠けない《アマケリャ》、という法律は今日も活かされるべきです。

もちろん、彼らの持つこうしたインカ・イメージは、学校での教育や、政治の世界でのインカの扱い方によるところも大きいだろう。理想化された、ユートピア的なインカ国家像は、えてしてナショナリスティックになりがちな現代ペルー社会において、国家的な宣伝につかわれ、また政治的な言説を飾る材料となる。あるいは、第一〇章で述べた「主体なきインカの歴史化」の完成態がこういう言葉なのだ、と利口ぶって指摘するのも可能かもしれない。アナクロニズム以外になにがあるのか、と。もちろんそうなのだろう。しかし、貧困や不正に塗《まみ》れるペルーの現実から何とか逃れようと、日々学び、労働する若者たちにとって、インカとは、何か今とは別の世界が存在する可能性の在処《ありか》を示してくれる、大切な標識になっていることは間違いない。「第四の水脈」とは言うまい。民族主義を謳う大統領が、いくらインカの遺跡で厳かな演説をしたところで、もう変革のエネルギーを放つインカは大地からは反応しないだろう。ただ、ペルーの民衆がいまも「インカ」を探し続けていることは確かである。

『インカを探して』をはじめたくさんの書物を著したフローレス・ガリンドは、わずか四〇歳の若さでこの世を去った。あれは一九八八年、私がリマ大司教座文書館（邪術を使う老女ファナ・デ・マヨと出会ったところだ）で勉強していた時だった。フローレス・ガリンドが、古文書のコピーを取りに来たか何かで、文書館にちょっと顔を出したことがあった。あこがれの歴史家に会えて、人見知りしがちな私も、「今度僕が勉強していることについてお話しさせていただけませんか、いろいろと教えてください」と勇気をだしてお願いしてみた。「ああ、君がアミーノか、いいよ、いつでも、今日はちょっとまずいな、では機会をあらためてね」と笑顔で立ち去った。だが結局彼と話すことはできなかった。まもなく彼は、二年後にその命を奪うことになる不治の病との闘いをはじめたからだった。

「インカへの欲望」などの章のタイトルからも、いかに私が『インカを探して』の影響下で、この本を書いたかがはっきりわかる。あの本があるのだから、もういいではないか、へぼ学徒の焼き直しで終わるだけだ。何度そう自問したかわからない。ただ、あれから二〇年、インカをめぐる歴史研究もずいぶん進んだ。クスコのコロニアル・インカたちは、いまや各国の歴史家の引っ張りだこだ。私自身も、クスコ地方文書館のたくさんの面白い史料を手に取る機会を与えられた。『インカを探して』を読んだ時の鮮烈な印象を、インカの歴史をめぐる自分なりの書き方の中で、あらたに学んだこととともに、もう一度輝かせたいという気持ちが強くなっていった。先スペイン期のインカから、一九世紀のインカまでを通覧するという暴挙にでてしまった所以《ゆえん》である。しかも壮大なスペインの歴史をも交えつつ。

自分が専門にしていないスペイン史をインカの歴史と絡ませたのは、私をアンデス史の魅力的な世界へと導いてくださった増田義郎先生が、学部の歴史の授業でおっしゃった言葉がいつも響いているからだった。「アンデスのことを知るためには、スペインのことを徹底的に勉強したほうがいいと思います、それからアンデスの歴史も、普通の研究者は、コンキスタを境目にして、先スペイン期のことを書くか、植民地期以降の歴史を書くかに分かれてしまうが、この全体を見通せるような視点を持たなければいけません」。もちろん先生ご自身は、これらのことを、多くの秀れた著作の中ですでに実現されているのだが、私もこの宿題になんとか応えなければいけないと思い、いつも勉強する時、頭の隅においていた。インカの歴史をスペインの歴史との交錯の中でとらえること。うまくいったという自信はないが、しかし読まれた方がアンデスの歴史を考えるための、少しでも新しい視点を見いだしてくだされば、私はとても幸せである。

# 学術文庫版あとがき

一四年前、『興亡の世界史』執筆のお誘いを最初に受けたときのことを、いまもまざまざと思い出します。編集部の最初のご希望は、スペイン・ポルトガル帝国を論じて欲しい、というものでした。とは言え、私はスペイン史の専門家でも何でもないし、ましてやポルトガルのことは何も知りません、私の力に余るご依頼だと思います。最初はお断りしました。私がかろうじて論じられるのは、専門のアンデスの帝国的存在インカだけですから。ところが講談社の方々は、ならば、インカ帝国を中心にして、スペイン帝国などを交えた、何か大きな、今までとは少し違った歴史を描き出すことはできないでしょうか、とぐっと迫ってこられました。とうとう、何か書かせていただくお約束をしてしまい、しばし途方に暮れる日々を過ごしました。

はっきりしていたのは、私のような非力な人間に「帝国論」の王道的議論を展開するのは不可能だったことです。搦め手、というと少し違うような気がしますが、いままでの歴史叙述において忘却されてきたような存在を通じて、二つの帝国に鈍色の光を当てることができればよいのだが。苦悩しつつも、そんな方向しかないだろうか、と諦めに似た感情とともに考えていたとき、ひとつ頭に浮かんできたのは、スペイン人による征服後、帝都クスコに生き延びていたインカ族の存在でした。スペイン帝国の絶対主義的支配を忸怩としつつも受容し、その一方で、先住民帝国の伝統文化の体現者としてインディオ社会において一目を置かれるようになっていた彼らの歴史的様態に、私はちょうどその時、クスコでの古文書調査を通じて迫ろうとしていました。インカ帝国、スペイン帝国、その二つの歴史を繋ぐような存在として、彼らを叙述の軸にしよう、という気持ちが固まりました。

しかしインカ貴族だけでは、二つの帝国を包摂する大西洋を中心とした世界史は描き出せないのではないだろうか。スペイン帝国の側から、アンデスの歴史に流れ込んでいるなにか不可視の水脈があるのではないか。その刹那、脳裏にある言葉が響きました。当時、私はドミニコ会士フランシスコ・デ・ラ・クルスの歴史的足跡を探求していました。本書にも登場する彼は、その危険な宗教思想を咎められ、一五七八年、異端審問によって火刑に処せられました。その彼が獄中で、なかば狂気にまみれながら発したのが、「インディオはユダヤ人の末裔である！　私はその末裔の血をひくインカの皇妃《コヤ》と結ばれ、ユダヤ人の王としてアンデスを統べるのだ！」という叫びでした。当時の正統的宗教家からは唾棄されたこの邪宗的な妄言に、しかし私は不思議な魅力を感じていました。私はデ・ラ・クルスのこの言葉に賭けてみようと思いました。正統的カトリックからは、異端者、異教者として蔑まれていたユダヤ人とインディオという存在を、アンデスの歴史とスペインの歴史を結びつける絆にしてみようと考えたのです。

当時、スペイン史研究においては、中・近世期のユダヤ人とそれを訴追した抑圧機関たる異端審問所をめぐる多くの優れた研究が次々に刊行されていました。私はスペイン史に関しては素人のような者ですが、こうした研究を貪るように読みました。一方、アンデスにおけるユダヤ人と異端審問をめぐる本格的な仕事はまだ現れてはいなかったものの、勉強を進めていくうちに、一七世紀の前半に、リマにおいて大きなユダヤ人迫害が発生し、当時大西洋貿易で巨万の富を手にし、アンデス世界に深くくいこんでいたユダヤ系商人たちが、異端審問の業火に焼かれていたことを知りました。その代表的な一人、マヌエル・バウティスタ・ペレスの審問記録を、スペインが推進する古文書デジタル化プロジェクトの恩恵を受け、インターネットを通じて繙くこともできました。こうして、植民地期インカ貴族と、大西洋を躍動したユダヤ人を通じて、スペイン帝国とアンデス世界を結びつける、本書の叙述の基調となる二つの水流をかろうじて手にすることができたのです。

読まれた方は、スペイン帝国とインカ帝国を、なにか強引に一つの土俵にたぐり寄せたことに違和感を覚えられるでしょうか。しかし根が天邪鬼《あまのじゃく》にできている私にとって、このような身に余る企画に参加させていただくという無理に向き合うためには、こうするしかなかったのだと開き直ることしかできません。本書が文庫化される今、あらためて、私の選んだ歴史叙述の方法について、ご批判を頂戴したく思います。ただ本書の原本が出たあと、そのおかげ、と言うこともできましょうが、思わぬ経験をすることができました。二〇一二年の三月、東京・上野の国立科学博物館で「マチュピチュ「発見」100年　インカ帝国展」という展覧会が開かれました。本書を読んでくださった関係者の方々が、是非、征服後のインカ族の歴史を、トゥパク・アマルの反乱に至るまで、展示品を通じて紹介して欲しい、と声をかけてくださり、同展覧会の第三部「滅びるインカ、よみがえるインカ」というセクションを監修することになったのです。本書でも取り上げた、たとえば、征服者たちを守護した聖母の絵画など、植民地時代のさまざまな遺物を、現地ペルーの博物館などから貸していただき、多くの方々に観ていただくことができました。書物を通じて論じてきたテーマを、具体的な「モノ」の展示を通じてわかりやすく紹介するという試みは、私にとってとても勉強になり、たくさんのことを学ぶことができました。植民地時代のインカ、という存在を、足を運んでくださった皆さんはことのほか新鮮にとらえられたようであり、展示に対する好意的なご意見をいただくことができ、監修者として胸をなでおろしたのです。インカ貴族たちの肖像画を含む展覧会は、日本列島を経巡り、延べ一〇〇万人以上の方々にインカの歴史を伝えることができました。

もとより本書で示したさまざまなテーマは、その多くが萌芽的な状態にあり、今後も深く考究されていくものばかりです。本書が刊行されてからすでに一〇年が経ちますが、その間、さまざまな新しい研究が現れています。植民地時代インカ族についても、さらに史料調査は進んでいますし、昨年は、本書で取り上げたマヌエル・バウティスタ・ペレスをはじめとするユダヤ人の訴追を軸としたリマの異端審問に関する研究書も米国で出版されました。残念ながら、諸々の事情で、文庫化にあたり、こうした新しい研究成果を叙述に取り入れることはかないませんでした。私も、これから先さらに、本書で展開した諸問題を、より微細かつ巨視的な観点から、探求し続けようと思います。

最後に、本書を執筆するよう声をかけてくださった宇田川眞人さん、執筆の過程でさまざまな助言や協力をしてくださった梶慎一郎さん、小宮啓子さん、松元美恵さんに、心から御礼申し上げたく思います。

追記　今このあとがきを、出張先のリマで書いています。七月の南半球は、冬。一日中、冷たい海霧が街全体に押し被さり、夏の日本列島からやってきた身体にはひどく堪えます。いまは一七世紀のアンデス山中に生きていたインディオの社会的様態を、リマ大司教座文書館に所蔵されている宗教関係文書を通じて勉強しています。この週末あたり、マヌエル・バウティスタ・ペレスやフランシスコ・デ・ラ・クルスが、その日々を過ごした、リマの中央広場界隈を徘徊し、彼らの歴史的幻影に挨拶をしてこようと思います。

二〇一八年七月

網野徹哉

- マリア・ロストウォロフスキ／染田秀藤監訳『征服者ピサロの娘―ドーニャ・フランシスカ・ピサロの生涯1534-1598』世界思想社　2008年
- 渡部森哉『インカ帝国の成立―先スペイン期アンデスの社会動態と構造』春風社　2010年
- Betanzos, Juan de, *Juan de Betanzos y el Tahuantinsuyo: nueva edición de la Suma y Narración de los Incas,* edited by Hernández Astete, Francisco, and Cerrón-Palomino, Rodolfo. Lima: Pontificia Universidad Católica del Perú, 2015
- Burns, Kathryn, *Into the archive: writing and power in colonial Peru.* Durham: Duke University Press, 2010
- Dean, Carolyn J., *A culture of stone: Inka perspectives on rock.* Durham & London: Duke University Press, 2010
- Schaposchnik, Ana E., *The Lima Inquisition: the plight of crypto-Jews in seventeenth-century Peru.* Madison: University of Wisconsin Press, 2015
- Shimada, Izumi, ed. *The Inka Empire: a multidisciplinary approach.* Austin: University of Texas Press, 2015.
- Osorio, Alejandra B., *Inventing Lima : Baroque modernity in Peru's south sea metropolis.* New York: Palgrave Macmillan, 2008
- Ramos, Gabriela, *Death and Conversion in the Andes: Lima and Cuzco, 1532-1670.* Notre Dame: University of Notre Dame Press, 2010
- Saito, Akira and Rosas Lauro, Claudia, eds., *Reducciones: La concentración forzada de las poblaciones indígenas en el Virreinato del Perú.* Lima: Pontificia Universidad Católica del Perú, 2017
- Schwartz, Stuart B., *All can be saved: religios tolerance and salvation in the Iberian Atlantic world.* New Haven: Yale University Press, 2009
- Walker, Charles F., *The Tupac Amaru Rebellion.* Cambridge, Mas.: Belknap Press of Harvard University Press, 2014

1967.

- Méndez, Cecilia, "Incas sí, indios no: notes on Peruvian creole nationalism and its contemporary crisis." *Journal of Latin American Studies* 28, Feb. (1996): 197-225.
- Serulnikov, Sergio, *Subverting colonial authority: challenges to Spanish rule in eighteenth-century southern Andes.* Durham: Duke University Press, 2003.
- Stavig, Ward, *The world of Túpac Amaru: conflict, community and identity in colonial Peru.* Lincoln & London: University of Nebraska Press, 1999.
- Stern, Steve J.,ed. *Resistance, rebellion, and consciousness in the Andean peasant world: 18the to 20th centuries,* Madison: University of Wisconsin Press, 1987.
- Thomson, Sinclair, *We alone will rule: native Andean politics in the age of insurgency.* Madison: University of Wisconsin Press, 2002.
- Walker, Charles F., *Smoldering ashes; Cuzco and the creation of Republican Peru, 1780-1840.* Durham: Duke University Press, 1999.

**原本刊行後に出版された文献**

- 網野徹哉『インディオ社会史―アンデス植民地時代を生きた人々』みすず書房　2017年
- 黒田祐我『レコンキスタの実像―中世後期カスティーリャ・グラナダ間における戦争と平和』刀水書房　2016年
- 島田泉・篠田謙一編著『インカ帝国―研究のフロンティア』東海大学出版会　2012年
- 関哲行ほか編『スペイン史１　古代〜近世』(世界歴史大系）山川出版社　2008年
- 関雄二・染田秀藤編『他者の帝国―インカはいかにして「帝国」となったか』世界思想社　2008年
- 染田秀藤ほか編『アンデス世界―交渉と創造の力学』世界思想社　2012年
- 平山篤子『スペイン帝国と中華帝国の邂逅―16・17世紀のマニラ』法政大学出版局　2012年
- 伏見岳志「17世紀メキシコの貿易商の経済活動と人的紐帯―ポルトガル系セファルディム商人の帳簿分析から」川分圭子ほか編著『商業と異文化の接触―中世後期から近代におけるヨーロッパ国際商業の生成と展開』吉田書店　2017年

学大学院総合文化研究科地域文化研究専攻紀要)』第7号　2003年
- Cahill, David P., "*Primus inter pares:* la búsqueda del marquesado de Oropesa, camino a la gran rebelión, 1741-1780."*Revista Andina* 37, 2 (2003).
- Cahill, David P., "A liminal nobility: the Incas in the middle ground of late colonial Peru." In *New World, first nations: native peoples of Mesoamerica and the Andes under colonial rule,* edited by David Cahill and Blanca Tovías. Brighton: Sussex Academic Press, 2006.
- Cummins, Thomas, and et als., eds. *Los Incas, reyes del Perú, colección arte y tesoros del Perú.* Lima: Banco de Crédito, 2005.
- Dean, Carolyn, *Inka bodies and the body of Christ: Corpus Christi in colonial Cuzco, Peru.* Durham: Duke University Press, 1999.
- Garrett, David T., *Shadows of empire: the Indian nobility of Cusco, 1750-1825.* Cambridge: Cambridge University Press, 2005.
- Gisbert, Teresa., *Iconografía y mitos indígenas en el arte.* La Paz: Editorial Gisbert y Cia, 1980.
- Lorandi, Ana María, *De quimeras, rebeliones y utopías: la gesta de inca Pedro Bohorques.* Lima: Pontificia Universidad Católica del Perú, 1997.

**第10章**

- 齋藤晃・岡田裕成『南米キリスト教美術とコロニアリズム』名古屋大学出版会　2007年
- 真鍋周三『トゥパック・アマルの反乱に関する研究—その社会経済史的背景の考察』神戸商科大学経済研究所　1995年
- Brading, David A., *The first America: the Spanish monarchy, creole patriots, and the liberal state, 1492-1867.* Cambridge: Cambridge University Press, 1991.
- Fisher, Lillian Estelle, *The last Inca revolt, 1780-1783.* Norman: University of Oklahoma, 1966.
- Flores Galindo, Alberto, *Túpac Amaru II-1780; antología.* Lima: Retablo de Papel Ediciones, 1976.
- Hidalgo Lehuede, Jorge, "Amarus y Cataris: aspecto mesiànico de la rebelión indígena en 1781 en Cusco, Chayanta, La Paz y Arica", *Chungará,* Nº 10, 1983.
- Lewin, Boleslao, *La rebelión de Túpac Amaru y los orígenes de la Independencia de Hispanoamérica (3ª edición).* Buenos Aires: S.E.L.A.,

*comienzos del siglo XVII.* Lima: Instituo de Estudios Peruanos, Instituto Francés de Estudios Andinos, 1987.
- Toribio Medina, José, *Historia del Tribunal de la Inquisición de Lima, 1569-1820,* tomo II. Santiago de Chile: Fondo Histórico y Bibliográfico J.T.Medina, 1956.
- Wachtel, Nathan, *La fe del recuerdo: laberintos marranos.* México: Fondo de Cultura Económica, 2007.

**第8章**

- アイリーン・シルバーブラット／染田秀藤訳『月と太陽と魔女―ジェンダーによるアンデス世界の統合と支配』岩波書店　2001年
- フェルナンド・デ・ローハス／杉浦勉訳『ラ・セレスティーナ』（スペイン中世・黄金世紀文学選集4）国書刊行会　1996年
- 網野徹哉「女たちのインカ」義江彰夫ほか編『歴史の文法』東京大学出版会　1997年
- Burns, Kathryn, *Colonial habits: convents and the spiritual economy of Cuzco, Peru.* Durham: Duke University Press, 1999.
- Mannarelli, María Emma, *Pecados públicos: la ilegitimidad en Lima, siglo XVII.* Lima: Ediciones Flora Tristán, 1993.
- Osorio, Alejandra B., "El callejón de la soledad: vectors of cultural hybridity in seventeenth-century Lima."In *Spiritual encounters: interactions between Christianity and native religion in colonial America,* edited by Nicholas Griffiths and Fernando Cervantes, 198-229. Lincoln: University of Nebraska Press, 1999.
- Rostworowski de Diez Canseco, María. *Doña Francisca Pizarro: una ilustre mestiza, 1534-1598.* Lima: Instituto de Estudios Peruanos, 2005.
- Sánchez, Ana, *Amancebados, hechiceros y rebeldes; Chancay, siglo XVII.* Cusco: Centro Bartolomé de las Casas, 1991.
- Socolow, Susan Migden, *The women of colonial Latin America.* Cambridge: Cambridge University Press, 2000.
- van Deusen, Nancy E., *Between the sacred and the worldly: the institutional and cultural practice of recogimiento in colonial Lima.* Stanford: Stanford University Press, 2001.

**第9章**

- 網野徹哉「植民地期インカ・イメージ生成論再考」『Odysseus（東京大

- Altman, Ida, and Horn, James, eds. *"To make America": European emigration in the early modern period.* Berkeley: University of California Press, 1991.
- Bakewell, Peter J., *Miners of the red mountain: Indian labor in Potosí, 1545-1650.* Albuquerque: University of New Mexico Press, 1985.
- Otte, Enrique, ed. *Cartas privadas de emigrantes a Indias, 1540-1616.* México: Fondo de Cultura Económica, 1993.
- Pérez-Mallaína, Pablo E., *Spain's men of the sea: daily life on the Indies fleets in the sixteenth century.* Baltimore: Johns Hopkins University Press, 1998.


## 第7章


- バーナード・ベイリン／和田光弘ほか訳『アトランティック・ヒストリー』名古屋大学出版会　2007年
- 深沢克己『商人と更紗―近世フランス＝レヴァント貿易史研究』東京大学出版会　2007年
- Domínguez Ortiz, Antonio, *Los Judeoconversos en España y América,* Madrid, 1971.
- Duviols, Pierre, *Cultura andina y represión: procesos y visitas de idolatrías y hechicerías. Cajatambo, siglo XVII.* Lima: Centro de Estudios Rurales Andinos "Bartolomé de las Casas", 1986.
- Guibovich Pérez, Pedro, "La cultura libresca de un converso procesado por la inquisición de Lima."*Historia y Cultura* 20 (1990): 133-160, 425-427.
- Israel, Jonathan I., *Race, class, and politics in colonial Mexico, 1610-1670.* Oxford: Oxford University Press, 1975.
- Israel, Jonathan I., *Diasporas within a diaspora : Jews, crypto-Jews and the world maritime empires (1540-1740).* Leiden: Brill, 2002.
- Mills, Kenneth, *Idolatry and its enemies: colonial Andean religion and extirpation, 1640-1750.* Princeton: Princeton University Press, 1997.
- Phelan, John Leddy, *The millenial kingdom of the Franciscans in the New World.* 2d. Berkeley: University of California Press, 1970.
- Silverblatt, Irene, *Modern Inquisitions: Peru and the colonial origins of the civilized world.* Durham & London: Duke University Press, 2004.
- Studnicki-Gizbert, Daviken, *A nation upon the ocean sea. Portugal's Atlantic diaspora and the crisis of the Spanish Empire, 1492-1640.* New York: Oxford University Press, 2007.
- Taylor, Gerald, *Ritos y tradiciones de Huarochirí: manuscrito quechua de*

- Lamana, Gonzalo, “Definir y dominar: los lugares grises en el Cuzco hacia 1540.” *Colonial Latin American Review* 10 (1) (2001): 25-48.
- Lockhart, James, *Spanish Peru, 1532-1560: a colonial society.* Madison: University of Wisconsin Press, 1968.
- MacCormack, Sabine, *On the wings of time: Rome, the Incas, Spain, and Peru.* Princeton: Princeton University Press, 2007.
- Mena García, Mª del Carmen, *Un linaje de conversos en tierras americanas.* Salamanca: Imprenta KADMOS, 2004.
- Spalding, Karen, *Huarochirí: An Andean society under Inca and Spanish rule.* Stanford: Stanford University Press, 1984.
- Stern, Steve J., *Peru's Indian peoples and the challenge of Spanish conquest: Huamanga to 1640.* Madison: University of Wisconsin Press, 1982.
- Varón Gabai, Rafael, *Francisco Pizarro and his brothers: the illusion of power in sixteenth-century Peru.* Norman: University of Oklahoma Press, 1997.


## 第6章


- アメリコ・カストロ／本田誠二訳『セルバンテスとスペイン生粋主義—スペイン史のなかのドン・キホーテ』法政大学出版局　2006年
- 荒野泰典編『江戸幕府と東アジア』（日本の時代史14）吉川弘文館　2003年
- 池端雪浦編『東南アジア史２』（新版世界各国史６）山川出版社　1999年
- セルジュ・グリュジンスキ／竹下和亮訳「カトリック王国—接続された歴史と世界」『思想』第937号　2002年
- 平山篤子「パードレ・ホセ・デ・アコスタと『対明征服戦争についての見解』」『サピエンチア』12　1978年
- 藤田一成『皇帝カルロスの悲劇—ハプスブルク帝国の継承』平凡社　1999年
- ホセ・デ・アコスタ／増田義郎訳『新大陸自然文化史』上・下（大航海時代叢書）岩波書店　1966年
- 増田義郎「ポルトガルとアジア」『国際関係紀要（亜細亜大学国際関係学会)』8-2,9-1.2　1999年
- Altman, Ida, *Emigrants and society: Extremadura and Spanish America in the sixteenth century.* Berkeley and Oxford: University of California Press, 1989.

- Perry, Mary Elizabeth, *Gender and disorder in early modern Seville.* Princeton: Princeton University Press, 1990.
- Perry, Mary Elizabeth, *The handless maiden: moriscos and the politics of religion in early modern Spain.* Princeton: Princeton University Press, 2005.
- Phillips, William D., Jr. *Enrique IV and the crisis of fifteenth-century Castile, 1425-1480,* Cambridge:The Medieval Academy of America, 1978.
- Ruiz, Teofilo F., *Spanish society, 1400-1600.* Harlow: Pearson Education, 2001.
- Sicroff, Albert A., *Los estatutos de limpieza de sangre: controversias entre los siglos XV y XVII.* Madrid: Taurus, 1985.
- Starr-Lebeau, Gretchen D., *In the shadow of the virgin: inquisitors, friars, and conversos in Guadalupe, Spain.* Princeton: Princeton University Press, 2003.


**第５章**


- 染田秀藤『ラス・カサス伝―新世界征服の審問者』岩波書店　1990年
- 染田秀藤・友枝啓泰『アンデスの記録者ワマン・ポマ―インディオが描いた《真実》』平凡社　1992年
- ティトゥ・クシ・ユパンギ／染田秀藤訳『インカの反乱―被征服者の声』岩波書店　1987年
- 網野徹哉「アンデス先住民とスペイン人の自然観」赤澤威ほか編『アメリカ大陸の自然誌』第３巻　岩波書店　1993年
- 網野徹哉「植民地体制とインディオ社会―アンデス植民地社会の一断面」歴史学研究会編『近代世界への道―変容と摩擦』（講座世界史２）東京大学出版会　1995年
- 網野徹哉「17世紀アンデス社会考―流動する時代」友枝啓泰・染田秀藤編『アンデス文化を学ぶ人のために』世界思想社　1997年
- Abercrombie, Thomas A., "La perpetuidad traducida: del "debate"al Taqui Onqoy y una rebelión comunera peruana."In *Incas e indios cristianos: elites indígenas e identidades cristianas en los Andes coloniales,* edited by Jean-Jaques Decoster. Cuzco: Centro Bartolomé de las Casas, 2002.
- Cook, Noble David, *Demographic collapse: Indian Peru, 1520-1620.* Cambridge: Cambridge University Press, 1981.
- Guillén Guillén, Edmundo, *Versión inca de la conquista.* Lima: Milla Batres, 1974.
- Hemming, John, *The conquest of the Incas.* New York, 1970.

- Burns, Robert I., S. J., "Jews and Moors in the Siete Partidas of Alfonso X the Learned: a background perspective."In *Medieval Spain: culture, conflict and coexistence,* edited by Roger Collins and Anthony Goodman, 41-62: Palgrave MaCmillan, 2002.
- Christian, William A., Jr. *Apparitions in late medieval and Renaissance Spain.* Princeton: Princeton University Press, 1981.
- Echevarria, Ana, *The fortress of faith: the attitude towards Muslims in fifteenth century Spain.* Leiden: Brill, 1999.
- Giles, Mary E., ed. *Women in the Inquisition : Spain and the New World.* Baltimore: The Johns Hopkins University Press, 1998.
- Graizbord, David L., *Souls in dispute: converso identities in Iberia and the Jewish Diaspora, 1580-1700.* Philadelphia: University of Pennsylvania Press, 2003.
- Kagan, Richard L., and Dyer, Abigail, *Inquisitorial inquiries: brief lives of secret Jews and other heretics.* Baltimore: The Johns Hopkins University Press, 2004.
- Kamen, Henry, *Spain, 1469-1714: a society of conflict.* London: Longman, 1991.
- Kamen, Henry, *The Spanish inquisition: a historical revision.* New Haven: Yale University Press, 1998.
- Kamen, Henry, *Empire: how Spain became a world power, 1492-1763.* New York: Harper Collins Publishers Inc., 2003.
- Lehfeldt, Elizabeth A., "Ruling sexuality: the political legitimacy of Isabel of Castile", Renaissance Quarterly 53 (2000):31-56.
- Liss, Peggy K., *Isabel the Queen: life and times.* New York: Oxford University Press, 1992.
- Mackay, Angus, "Ritual and propaganda in fifteenth-century Castile." *Past & Present* 107 (1985).
- MacKay, Angus, *Spain in the Middle Ages: from frontier to empire, 1000-1500.* London: Macmillan Press, 1983.
- Miller, Louise, *Women, Jews and Muslims in the texts of reconquest Castile.* Ann Arbor: University of Michigan Press, 1996.
- Nader, Helen, *The Mendoza family in the Spanish Renaissance, 1350 to 1550.* New Brunswick: Rutgers University Press, 1979.
- Netanyahu, Benzion, *The origins of the Inquisition in fifteenth century Spain.* New York: Randam House, 1995.

- 近藤仁之『スペイン・ユダヤ民族史―寛容から不寛容へいたる道』刀水書房　2004年
- 関哲行『スペインのユダヤ人』（世界史リブレット 59）山川出版社　2003年
- 立石博高ほか編『スペインの歴史』昭和堂　1998年
- J・ビセンス・ビーベス／小林一宏訳『スペイン―歴史的省察』岩波書店　1975年
- 藤田一成「ユダヤ人に対する血の中傷―儀式殺人および聖体冒涜をめぐって」神奈川大学人文学会編『人文研究』第86号　1983年
- 藤田一成『皇帝カルロスの悲劇―ハプスブルク帝国の継承』平凡社　1999年
- ヘンリー・カメン／丹羽光男訳『スペイン―歴史と文化』東海大学出版会　1992年
- 増田義郎『コロンブス』岩波新書　1979年
- マリア・ロサ・メノカル／足立孝訳『寛容の文化―ムスリム　ユダヤ人　キリスト教徒の中世スペイン』名古屋大学出版会　2005年
- 宮崎和夫「グラナダ王国の港町マラガとジェノヴァ商人」歴史学研究会編『港町に生きる』（シリーズ港町の世界史３）青木書店　2006年
- 宮崎和夫「レコンキスタ終結後のグラナダ王国における不寛容―その起源と生成」深沢克己・高山博編『信仰と他者―寛容と不寛容のヨーロッパ宗教社会史』東京大学出版会　2006年
- 宮前安子「16世紀スペインの異端審問の展開―モリスコ問題とカスティリア異端審問」橋口倫介編『西洋中世のキリスト教と社会』刀水書房　1983年
- 宮前安子「16世紀におけるスペイン異端審問制度の地方的展開をめぐって―最近の研究動向を中心に」『スペイン史研究』第２号　1984年
- Baer, Y., *A history of the Jews in Christian Spain.* 2 vols. Philadelphia: Jewish Publication Society, 1966.
- Blackmore, Josiah, and Hutcheson, Gregory S., eds. *Queer Iberia: sexualities, cultures, and crossings from the Middle Ages to the Renaissance.* Durham: Duke University Press, 1999.
- Burns, Robert I., S. J., *Muslims, Christians, and Jews in the crusader kingdom of Valencia: societies in symbiosis.* New York: Cambridge University Press, 1984.
- Burns, Robert I., S. J., ed. *Las Siete Partidas.* 5 vols. Philadelphia: University of Pennsylvania Press, 2000.

1991.
- Murra, John V., *El mundo andino: población, medio ambiente y economía.* Lima: Pontificia Universidad Católica del Perú, Instituto de Estudios Peruanos, 2002.
- Oberem, Udo, and Hartmann, Roswith, "Indios cañaris de la sierra sur del Ecuador en el Cuzco del siglo XVI." *Revista de la Universidad Complutense* 28 (117) (1979): 373-390.
- Ogburn, Dennis E., "Power in stone: the long-distance movement of building blocks in the Inca empire." *Ethnohistory* 51 (2004): 101-135.
- Pärssinen, Martti, *Tawantinsuyu: the Inca state and its political organization.* Helsinki: Societas Historica Finladiae, 1992.
- Pease G. Y., Franklin, *Perú, hombre e historia: tomo II, entre el siglo XVI y el XVIII.* Lima: Edubanco, 1992.
- Ramirez, Susan E., *The world upside down: cross cultural contact and conflict in sixteenth-century Peru.* Stanford: Stanford University Press, 1996.
- Rowe, John H.,"Machu Picchu: a la luz de documentos del siglo XVI."*Histórica* 14 (1) (1990): 139-154.
- Salomon, Frank, "'The beautiful grandparents': Andean ancestor shrines and mortuary ritual as seen through colonial records."In *Tombs for the living; Andean mortuary practices,* edited by Tom D. Dillehay. Washington, D. C.: Dumbarton Oaks Research Library and Collections, 1995.
- Urton, Gary, *The history of a myth: Pacariqtambo and the origin of the Inkas.* Austin: University of Texas Press, 1990.
- Villanueva Urteaga, Horacio, "Documentos sobre Yucay en el siglo XVI." *Revista del Archivo Histórico del Cuzco* No.13 (1970): 1-148.

## 第３章／第４章　スペインの中世・近世史に関する文献

・アントニオ・ドミンゲス・オルティス／立石博高訳『スペイン―三千年の歴史』昭和堂　2006年
・エリー・ケドゥリーほか／関哲行ほか訳『スペインのユダヤ人― 1492年の追放とその後』平凡社　1995年
・金七紀男『ポルトガル史（増補版)』彩流社　2003年
・カルロ・ギンズブルグ／竹山博英訳『闇の歴史―サバトの解読』せりか書房　1992年

- Alcock, Susan E., and D'Altroy, Terence N., *Empires: perspectives from archaeology and history.* Cambridge: Cambridge University Press, 2001.
- Bauer, Brian S., *The development of the Inca state.* Austin: University of Texas Press, 1992.
- Bauer, Brian S., *Ancient Cuzco.* Austin: University of Texas Press, 2004.
- Bauer, Brian S., and Dearborn, David S. P., *Astronomy and empire in the ancient Andes: the cultural origins of Inca sky watching.* Austin: University of Texas Press, 1995.
- Betanzos, Juan de, *Narrative of the Incas (translated and edited by Roland Hamilton and Dana Buchanan from the Palma de Mallorca manuscript).* Austin: University of Texas Press, 1996.
- Burger, Richard L., and Salazar, Lucy C., *Machu Picchu: unveiling the mystery of the Incas.* New Haven: Yale University Press, 2004.
- Cobo, Bernabé, *Historia del Nuevo Mundo.* Vols. 91-92. Madrid: BAE, 1956.
- Cummins, Thomas B. F., *Toasts with the Inca: Andean abstraction and colonial images on quero vessels.* Ann Arbor: University of Michigan Press, 2002.
- D'Altroy, Terence N., *Provincial power in the Inka empire.* Washington, D. C.: Smithsonian Institution Press, 1992.
- Espinoza Soriano, Waldemar, *La destrucción del imperio de los incas.* Lima: Amaru Editores, 1990.
- Grosboll, Sue, "...And he said in the time of the Ynga, they paid tribute and served the Ynga." In *Provincial Inca: archaeological and ethnohistorical assessment of the impact of the Inca state,* edited by Michael A. Malpass. Iowa City: University of Iowa Press, 1993.
- Jiménez de la Espada, Marcos, *Relaciones Geográficas de Indias: Perú.* 3 vols. Madrid: BAE, 1965.
- Murra, John V., *Formaciones económicas y políticas del mundo andino.* Lima: Instituto de Estudios Peruanos, 1975.
- Murra, John V., *The economic organization of the Inka State.* Greenwich: JAI Press, 1980.
- Murra, John V.,"'Nos hazen mucha ventaja': the early European perception of Andean achievement." In *Transatlantic encounters: Europeans and Andeans in the sixteenth century,* edited by Kenneth J. Andrien and Rolena Adorno. Berkeley: University of California Press,

2005年
・Bakewell, Peter, *A history of Latin America: empires and sequels 1450-1930.* Oxford: Blackwell, 1997.
・Flores Galindo, Alberto, *Buscando un inca: identidad y utopía en los Andes.* Lima: Editorial Horizonte, 1944[1986].
・Guamán Poma de Ayala, Felipe, *El primer nueva corónica y buen gobierno.* México, D.F.: Siglo Veintiuno, 1980.
・Pease G. Y., Franklin, Javier Flores Espinoza, and Rafael Varón Gabai. *El hombre y los Andes : homenaje a Franklin Pease G.Y.* Lima: Pontificia Universidad Católica del Perú, Fondo Editorial, 2002.

**第１章／第２章　インカの歴史に関する文献**

・インカ・ガルシラーソ・デ・ラ・ベーガ／牛島信明訳『インカ皇統記』（全４巻）岩波書店　2006年
・熊井茂行「インカ王権と国家」『王権と儀礼』（岩波講座：天皇と王権を考える 5）岩波書店　2002年
・シエサ・デ・レオン／増田義郎訳『インカ帝国史』岩波文庫　2006年
・シエサ・デ・レオン／増田義郎訳『インカ帝国地誌』岩波文庫　2007年
・関雄二『アンデスの考古学』（世界の考古学１）同成社　1997年
・関雄二ほか『岩波アメリカ大陸古代文明事典』岩波書店　2005年
・関雄二・染田秀藤編『他者の帝国―インカはいかにして「帝国」となったか』世界思想社　2008年
・染田秀藤『インカ帝国の虚像と実像』講談社　1998年
・染田秀藤・友枝啓泰『アンデスの記録者ワマン・ポマ―インディオが描いた《真実》』平凡社　1992年
・フランクリン・ピース、増田義郎『図説インカ帝国』小学館　1988年
・フランシスコ・デ・ヘレスほか／増田義郎訳『インカ帝国遠征記』中公文庫　2003年
・ペドロ・ピサロほか／増田義郎ほか訳『ペルー王国史』（大航海時代叢書第２期 16）岩波書店　1984年
・マリア・ロストウォロフスキ／増田義郎訳『インカ国家の形成と崩壊』東洋書林　2003年
・増田義郎『アステカとインカ―黄金帝国の滅亡』小学館　2002年
・網野徹哉「アメリカ古代帝国の生成―インカをめぐる諸問題」『帝国と支配―古代の遺産』（岩波講座：世界歴史 5）岩波書店　1998年

# 参考文献

文献については、本書を準備するにあたって参照したものの中で、とりわけ重要度が高く、また日本において比較的入手しやすいものを挙げるにとどめている。

**文書館史料**

クスコ地方文書館・インディアス総文書館・リマ大司教座文書館・スペイン歴史文書館など所蔵文書

**本論のテーマ全般に関する基本的文献**


- J・H・エリオット／藤田一成訳『スペイン帝国の興亡　1469-1716』岩波書店　1982年
- 樺山紘一ほか編『遭遇と発見―異文化への視野』（岩波講座：世界歴史12）岩波書店　1999年
- 関哲行・立石博高編訳『大航海の時代―スペインと新大陸』同文舘出版　1998年
- 高橋均・網野徹哉『ラテンアメリカ文明の興亡』（世界の歴史18）中央公論社　1997年
- 立石博高編『スペイン・ポルトガル史』（新版世界各国史16）山川出版社　2000年
- 蓮實重彥・山内昌之編『地中海―終末論の誘惑』東京大学出版会　1996年
- ヒュー・トーマス／岡部広治ほか訳『黄金の川―スペイン帝国の興隆』大月書店　2006年
- 増田義郎『インディオ文明の興亡』（世界の歴史７）講談社　1977年
- 増田義郎・山田睦男編『ラテン・アメリカ史１　メキシコ・中央アメリカ・カリブ海』（新版世界各国史25）山川出版社　1999年
- 増田義郎編『ラテン・アメリカ史２　南アメリカ』（新版世界各国史26）山川出版社　2000年
- 山内昌之・村田雄二郎・増田一夫編『帝国とは何か』岩波書店　1997年
- 山本有造編『帝国の研究―原理・類型・関係』名古屋大学出版会　2003年
- 歴史学研究会編『帝国への新たな視座―歴史研究の地平から』青木書店

| 西暦 | インカ／スペイン | その他の地域 |
| --- | --- | --- |
| | | い。スペイン・フランス連合艦隊、イギリス軍に大敗<br>1806年、ナポレオン、大陸封鎖令。神聖ローマ帝国解体 |
| 1808 | ナポレオン、スペイン国王父子を退位させる。スペイン各地に抵抗運動起こる | |
| 1812 | スペイン、カディス憲法公布 | 米英戦争（～14） |
| 1814 | スペイン、フェルナンド７世復位 | ナポレオン退位、エルバ島に配流。ウィーン会議（～15）<br>1815年、ワーテルローの戦い<br>1819年、アメリカ合衆国、スペインよりフロリダを購入 |
| 1821 | ペルー、スペインからの独立を宣言 | |
| 1824 | アヤクチョの戦いでスペイン軍大敗。アンデス地域の独立決定的に | |
| 1825 | ボリビア独立 | |
| 1835 | ペルー・ボリビア連合が成立 | |

| 西暦 | インカ／スペイン | その他の地域 |
|---|---|---|
| | | 徒革命 |
| 1648 | スペイン、ウェストファリア条約でオランダ独立を承認 | |
| 1680 | この頃「サンタ・アナ連作（聖体祭連作）」制作される | |
| 1700 | スペイン・ブルボン朝始まる | |
| 1701 | スペイン継承戦争の勃発（～14） | |
| | | 1704年、イギリス、ジブラルタルを占領 |
| 1742～ | ペルー中部地方にて、サントス・アタワルパの反乱 | |
| 1759 | スペイン国王カルロス３世即位。ブルボン財務改革がアメリカ植民地においても進められる | |
| 1767 | スペイン、及びインディアスからイエズス会士追放 | |
| | | 1775年、アメリカ独立戦争（～83） |
| 1780 | アレキッパ暴動。６月、トゥパク・カタリ、ラ・プラタ市にて収監される。チャヤンタでインディオ蜂起。11月、コンドルカンキ蜂起す。「トゥパク・アマルの大反乱」 | |
| 1781 | フリアン・アパサ、トゥパク・カタリを名乗りラ・パス市を包囲。５月、コンドルカンキ、クスコにて処刑される | |
| | | 1783年、パリ条約、アメリカ独立承認 |
| | | 1789年、フランス革命勃発 |
| | | 1804年、ナポレオン、皇帝となる |
| 1805 | クスコにてアギラールとウバルデの反乱計画 | トラファルガーの戦 |

| 西暦 | インカ／スペイン | その他の地域 |
|---|---|---|
| 1582 | リマにて第３回宗教会議開かれる | 天正遣欧少年使節、ヨーロッパに出発（～90） |
| 1588 | スペイン、アルマダ海戦で「無敵艦隊」を失う | |
| 1591 | アントニオ・ペレス事件を契機にアラゴンの反乱 | |
| 1595 | 「クスコ八教区のインカ貴族の王旗掛」が制度化される | |
| 1598 | スペイン国王フェリペ３世即位 | |
| | | 1600年、イギリス東インド会社設立<br>1602年、オランダ連合東インド会社設立<br>1607年、イギリス、北米東海岸にジェイムズタウン建設 |
| 1609 | スペイン・オランダ間に12年間の休戦（～21）。モリスコの国外追放開始（～14）。アビラ、リマの大広場で偶像を焼却する。偶像崇拝根絶巡察の始まり。インカ・ガルシラーソの『インカ皇統記』リスボンで刊行 | |
| | | 1616年、後金（のちの清）の建国<br>1618年、三十年戦争始まる |
| 1621 | スペイン国王フェリペ4世即位。寵臣オリバレス、実権を握る | |
| 1639 | バウティスタ・ペレス、リマにて火刑に処せられる | |
| 1640 | カタルーニャの反乱（～52）。ポルトガルの独立反乱 | ポルトガル、独立国に復帰。イギリスで清教 |

| 西暦 | インカ／スペイン | その他の地域 |
|---|---|---|
| 1542 | 「インディアス新法」発布 | |
| 1544 | 初代ペルー副王ブラスコ・ヌニェス・ベラ着任。ペルーでゴンサロ・ピサロの反乱 | |
| 1545 | カルロス５世、歴代インカ王家に「紋章掲揚権」を下賜。ポトシ銀山の発見 | トリエント公会議（～63） |
| 1546 | 副王ベラ、エクアドルで敗死する | |
| 1550 | バリャドリ論争。カルロス1世、新大陸征服の是非を審議 | 1549年、イエズス会士ザビエルが日本にキリスト教を伝える |
| 1551 | クスコに聖クララ女子修道院設立 | |
| 1556 | スペイン国王フェリペ２世即位 | |
| | | 1558年、イギリス女王エリザベス１世即位<br>1565年、レガスピ、太平洋航路を発見 |
| 1568 | アルプハーラスでモリスコの大反乱起きる（～71） | スペイン領オランダで独立戦争開始（～1648） |
| 1569 | トレド、ペルー副王に就任。フェリペ２世、メキシコとリマに異端審問設置を命ず | |
| 1571 | スペイン、フィリピンを征服。植民地マニラ市の建設。レパントの海戦でオスマン軍に勝利 | |
| 1572 | サルミエント・デ・ガンボア『インカ史』を上梓。クスコ大広場にてビルカバンバのインカ王、トゥパク・アマル処刑される | |
| | | 1579年、ネーデルラント北部７州、ユトレヒト同盟を結成し、スペインから事実上の独立を達成 |
| 1580 | フェリペ２世、ポルトガルを併合（～1640） | |
| 1581 | 副王トレド、ペルーを去る | |

| 西暦 | インカ／スペイン | その他の地域 |
|---|---|---|
| | する | |
| 1516 | スペイン国王カルロス1世即位。スペイン・ハプスブルク朝始まる | |
| 1520 | カスティーリャ諸都市でコムニダデスの反乱（〜21） | 1519年、スペイン国王カルロス1世、神聖ローマ皇帝に選出（カルロス（カール）5世）。ネーデルラント、スペインの支配下に |
| 1524 | スペイン、本国にインディアス諮問会議を設置。ピサロ第1回ペルー遠征航海 | 1522年、マゼランの船団、世界周航に成功 |
| 1525頃 | ワイナ・カパックの死。インカ王位を巡りアタワルパとワスカルが対立 | |
| 1526 | ピサロ第2回ペルー遠征航海 | インドにムガル帝国成立<br>1529年、オスマン・トルコ軍、ウィーンを包囲（第1次） |
| 1531 | ピサロ第3回ペルー遠征航海 | |
| 1532 | カハマルカの戦い。ピサロ、アタワルパを捕らえ、翌年処刑 | |
| 1534 | ピサロ、クスコ市建設。イグナティウス・デ・ロヨラ、イエズス会創設 | イングランド国教会成立 |
| 1535 | アルマグロ、チリ方面への征服行へ出発。リマ市の建設 | |
| 1536 | マンコ・インカのクスコ包囲。ビルカバンバに反乱インカ族、立て籠る | |
| 1537 | アルマグロ、クスコを占領する | |
| 1538 | ラス・サリナスの戦い。アルマグロ、処刑される | |
| 1541 | アルマグロ派、リマでピサロを暗殺 | 1540年、ローマ教皇、イエズス会を許可 |

# 年　表

| 西暦 | インカ／スペイン | その他の地域 |
|---|---|---|
| 711 | イスラーム教徒、イベリア半島侵入。西ゴート王国滅亡 | |
| 756 | コルドバを首都に、後ウマイヤ朝成立 | |
| | | 1096年、第１回十字軍 |
| 1212 | ラス・ナバス・デ・トローサの戦いでカスティーリャ連合軍がムワッヒド軍に大勝。レコンキスタの本格化 | |
| 1256 | スペイン国王アルフォンソ10世、『七部法典』編纂開始（～63） | |
| 1348 | イベリア半島で黒死病流行。人口の大幅減 | |
| 1369 | スペイン・トラスタマラ朝の成立 | |
| 1391 | スペインでポグロムの発生 | |
| 1400頃 | インカ王国、アンデス世界全域への拡大を開始する | |
| 1469 | カスティーリャ女王イサベル、アラゴン王フェルナンドと結婚 | |
| 1478 | 異端審問制度の導入 | |
| 1480 | セビーリャに異端審問設置 | |
| 1484 | グアダルーペに異端審問設置 | |
| 1486 | セゴビアに異端審問設置 | |
| 1490 | スペインで「聖なる子供事件」発生 | 1488年、バルトロメウ・ディアスが喜望峰に到達 |
| 1492 | １月グラナダ王国の崩壊。３月ユダヤ人追放令発布。10月コロン、新世界に到達 | |
| 1494 | トルデシリャス条約、スペインとポルトガルによる世界分割 | |
| | | 1498年、バスコ・ダ・ガマ、インド航海に成功 |
| 1503 | セビーリャにインディアス通商院設置 | |
| | | 1511年、ポルトガル、ムラカを占領 |
| 1513 | バルボア、パナマ地峡を横断し太平洋を発見 | |

服者ベタンクールの血統にも連なっていることを主張していた。インカの血統を認められた彼は、クスコのインカ貴族たちによって構成されていた二四選挙人会に迎え入れられた。

**ホセ・ガブリエル・コンドルカンキ・トゥパク・アマル** José Gabriel Condorcanqui Túpac Amaru（1741〜1781） インカ族の男性。混血。インディオという説もある。クスコ・ティンタ地方のスリマナに生まれる。少年時代はクスコのイエズス会士の運営するサン・ボルハ学院で学ぶ。後に出身地の首長職を継承し、また350頭のラバを用いた運送業をも営む。ディエゴ・フェリペ・ベタンクールとインカ王の血統に連なることの真実性をめぐって争うが、敗北する。1780年、ティンタ地方のコレヒドールを処刑して、反乱を開始し、それはアンデス南部を覆うインディオの大反乱となる。1781年５月18日、クスコ大広場にて処刑される。

**ミカエラ・バスティダス・プユカゥワ** Micaela Bastidas Puyucahua（1744〜1781）ホセ・ガブリエル・コンドルカンキの妻。ティンタ地方に生まれる。痩身で美しく、知的な女性であったとされる。現代ペルーにおいて社会的変革を求める女性たちにとってのシンボル的存在でもある。反乱においては、優れた指揮官として夫を支え、とりわけ兵站《へいたん》部門を統轄してその能力を発揮したとされる。クスコ進攻こそ、反乱の成功の鍵であると確信していた彼女は、戸惑う夫を叱咤した。1781年５月18日、やはりクスコ大広場にて、夫や子とともに処刑されている。

**トマス・カタリ** Tomas Katari（1748頃〜1781） 平民のインディオ。アルト・ペルー（現ボリビアの高地地方）のマチャ村に生まれる。レパルティミエント（商品強制分配）を通じてインディオ社会の富を吸い尽くそうとする役人コレヒドールと、それと結託する反インディオ的首長に対する遵法的な粘り強い抵抗運動を組織する。インディオの大義を訴えるべく、3000キロメートルの道のりを歩いてブエノス・アイレスのラ・プラタ副王に直訴する。幾度もの投獄を経た後、ついにボリビア北部地方にインディオの自律的な空間をつくりだすに至るが、しかしスペイン人官僚の奸計によって逮捕され、その後殺害される。

で利用されることになる。

**フランシスコ・デ・ラ・クルス**　Francisco de la Cruz（1529?～1578）　スペイン人ドミニコ会士。アンダルシア地方の小村ロペーラに生まれる。晩年のラス・カサスに影響を受け、時のトレド大司教バルトロメ・デ・カランサの片腕として活動するも、1559年そのカランサが異端の疑いで逮捕されるというスキャンダルが起きる。本国の思想的硬直を目の当たりにしたクルスはドミニコ会士ドミンゴ・デ・サント・トマスに誘われ1561年アンデスに渡る。サン・マルコス大学の学長職を務めるなど修道士として輝かしいキャリアを積んでいった彼だが、1571年、宗教的・女性的スキャンダルによって異端審問所に逮捕される。以降、監獄の中でラディカルな世界観を発信し続けながら、1578年火刑に処せられた。

**ドニャ・ベアトリス・クララ・コヤ**　Doña Beatriz Clara Coya（1558?～1600）　インカ族の女性。異母兄妹にして夫婦となったサイリ・トゥパック（ビルカバンバ第２代王）とマリア・クシ・グァルカイ（父はマンコ・インカ）の娘として生まれる。５～６歳の時、クスコの聖クララ女子修道院に入るが、後に還俗し、1572年ビルカバンバ追討において功績のあったマルティン・ガルシア・デ・ロヨラのもとへ、トレドの命令で嫁がされる。その娘、アナ・マリアには、後にユカイの谷に設定されたオロペサ侯爵領が恵賜される。

**ドニャ・イネス・ワイラス・ユパンキ**　Doña Inés Huaylas（?～1575?）インカ族の女性。第11代インカ皇帝ワイナ・カパックとワイラス地方の首長の娘コントラワチョの子として生まれる。キスペ・シサという名を享《う》けるが、ピサロによる征服の時、老征服者に見初められてその女となり、洗礼名イネスを得る。ピサロの寵を失い、後にピサロの部下のスペイン人フランシスコ・デ・アンプエロと結婚する。その娘ドニャ・フランシスカは渡西し、ピサロの異母弟エルナンドと結婚した。

**ディエゴ・フェリペ・ベタンクール・トゥパク・アマル**　Diego Felipe Betancur Túpac Amaru（?～1779）　インカ族の男性。混血。1572年に処刑されたビルカバンバ王朝最後の王トゥパク・アマルの末裔《まつえい》であることを主張し、オロペサ侯爵領の継承権を求めていた。後に同様の要求をもつホセ・ガブリエル・コンドルカンキと法廷闘争を繰り広げ、最終的に繋争《けいそう》に勝利したと考えられている。インカの血統のみならず、カナリア諸島の征アタワルパの姉妹アンヘリーナと結婚し、ケチュア語に通じていたので、植民地政府の公式通訳として働いた。彼が1551年に書いたとされるクロニカはインディオの情報提供者から直接聞き取ったデータに基づく、貴重なインカ史である。

**インカ・ガルシラーソ・デ・ラ・ベガ** Garcilaso de la Vega, el Inca (1539〜1616) クスコ生まれの混血のクロニスタ。創設後まもないクスコ市において、スペイン人征服者の父と、インカ皇女の母の間に生まれる。1560年、クスコのコレヒドールを務めた父の死後まもなくスペイン本国に渡り、兵士としての活動を経て、文筆活動に専念する。1609年、リスボンで刊行された『インカ皇統記』は、先インカ期からインカ王国の晩期までを扱った浩瀚《こうかん》な記録であり、当時のヨーロッパ世界においてインカを知るための重要文献として広く読まれた。

**ホセ・デ・アコスタ** José de Acosta (1540〜1600) スペイン人イエズス会士。1572年にペルーの地を踏んで以降、植民地制度の確立に努めていた副王トレドのブレーンの一人としてペルー各地を視察する。1576年からイエズス会ペルー管区長を務め（〜81年)、数年のヌエバ・エスパーニャ滞在を経てスペインに帰着、メキシコとペルーの先住民文明を幅広く詳細に扱った『新大陸自然文化史』を書き上げた（1590年)。神に仕える聖職者としての認識の限界を抱えながらも、資料の選択・推論の立て方がきわだって科学的な点において、アコスタはそれ以前にみられなかったクロニスタであるといえる。

**バルトロメ・デ・ラス・カサス** Bartolomé de las Casas (1484〜1566) スペイン人ドミニコ会士。もともとエスパニョーラ島にエンコミエンダを所有する植民者の一人であったが、1510年聖職につくことを決意、回心して以降インディオに対するスペイン人の圧政を厳しく糾弾し続けることになる。ラス・カサスがスペイン本国と新大陸植民地を往来しながら精力的に展開したロビー活動はカルロス５世を動かし、エンコミエンダの廃止を盛り込んだ画期的な「インディアス新法」の公布につながった（1542年)。新法はピサロ亡き後のペルーで、新たな反乱の火種となったが、以降もラス・カサスは活動の手を緩めず、1550年には新世界征服の是非を問うバリャドリ論争を征服是認派の人文学者セプルベダとの間で繰り広げた。1552年にセビーリャで刊行された『インディアスの破壊に関する簡潔な報告』は、スペインの「黒い伝説」を非難する目的でヨーロッパ諸国

の神聖ローマ皇帝。スペイン国王としての呼称はカルロス１世。1516年、わずか16歳でスペイン王位を継ぎ、３年後には神聖ローマ皇帝に選出される。対外的にはドイツの宗教問題、フランス、オスマン帝国との戦争に奔走し、内部には諸都市の反乱などを抱えながら、広大な帝国内を文字通り「移動する皇帝」として統治した。ネーデルラントやスペイン、ナポリの支配権は長子フェリペに、ハプスブルク家本領オーストリアのほか、ボヘミアとハンガリーの王位を弟のフェルディナントに譲り、1556年、死を待たずに引退した。

**フェリペ２世**　Felipe Ⅱ（1527〜1598）　スペイン王。神聖ローマ皇帝を兼ねた父カルロス５世からスペインとその海外領土（インディアス、ナポリ、シチリア、サルデーニャ）およびミラノとフランドルを継承し、1580年には断絶によって空位となったポルトガル王位をも占め、その支配圏は「太陽の沈まぬ国」として未曾有の広がりをもった。積極的な対外政策を進めたが、経済は一層破綻の度を強め、次代フェリペ３世期の衰退をお膳立てしたともいえる。

**フランシスコ・ピサロ**　Francisco Pizarro（1478〜1541）　スペイン人征服者。エストレマドゥラ地方のトゥルヒーリョに生まれる。バルボアのパナマ遠征に同行した後、アルマグロ、ルーケ神父と契約を交わし更に南へと探検航海へ乗り出した。３回の航海を経てインカ王国の存在を突き止め、1532年カハマルカの戦いにおいてその崩壊を決定づけた。しかし植民地ペルーから得られる利益を巡ってアルマグロ一派と対立し、自らが処刑したアルマグロの遺児によって、1541年リマで暗殺された。

**ディエゴ・デ・アルマグロ**　Diego de Almagro（1480？〜1538）　スペイン人征服者。ピサロのペルー遠征にパートナーとして加わるが、カハマルカの戦い以降、そのピサロに不信感を募らせていった。ペルーにおける権益拡大を企図し、1535年チリ方面へと遠征するも、結果は惨憺たる失敗に終わる。クスコに帰還すると、そこは、傀儡王マンコ・インカの反乱により、混沌とした状況にあった。混乱に乗じた彼はクスコに入城、その領有権を主張したが、1538年ラス・サリナスの地でピサロの軍勢に敗れ、斬首された。

**フアン・ディエス・デ・ベタンソス**　Juan Diez de Betanzos（1510？〜1576）　16世紀半ばのクスコで活動したクロニスタ（記録者）。インカ王

# 主要人物略伝

**パチャクティ**　Pachacuti（1400?）　インカ第９代王。クスコに進攻したチャンカ族を自力で食い止め、首都を防衛することに成功すると、近隣の部族の支援を受けて、アンデスの全域への拡大戦争を開始したとされる。地方部族であったインカを帝国的存在へと変貌させる端緒を築いた王であると考えられている。

**アタワルパ**　Atahualpa,Atabalipa,Atabaliba（?〜1533）　インカ帝国最後の皇帝。第11代皇帝ワイナ・カパックの子として生まれる。父の征服戦争に随行するなかで寵愛を受け、1525年頃エクアドルで父王が死ぬと、クスコに残った王子ワスカルと対立した。内戦ののち新帝ワスカルを破るも、1532年クスコへ向かう途中、ペルー北部のカハマルカでフランシスコ・ピサロに捕らえられ、1533年処刑された。

**トゥパク・アマル**　Túpac Amaru（?〜1572）　ビルカバンバで抵抗を続けたインカ族最後の王。その異母兄ティトゥ・クシは、スペイン人との間で和平交渉をおこないつつも抵抗を持続していたが、そのクシが1571年に急死すると実権を掌握し、スペイン人との対決姿勢を強めた。結果1572年、副王トレドの軍勢がビルカバンバを襲う。マルティン・ガルシア・デ・ロヨラの追討軍に捕らえられたトゥパク・アマルは同年９月、クスコにおいて処刑された。これにより40年近く続いたインカの反乱は終結し、事実上インカ帝国は消滅した。

**カトリック両王＝アラゴン王フェルナンド２世**　FernandoⅡ（1452〜1516）　**カスティーリャ女王イサベル１世**　IsabelⅠ（1451〜1504）　アラゴン王フェルナンド２世（在位1479〜1516）とカスティーリャ女王イサベル１世（在位1474〜1504）の通称。両者は1469年に結婚するが、そこにはともに問題を抱えていた中世末期アラゴン・カスティーリャ両国の政治的思惑があった。結果として彼らの結婚は両国の混乱を収拾し、王権は強化された。カトリック王の称号は、イベリア半島最後のイスラーム国グラナダを征服した功績により、ローマ教皇アレクサンデル６世から贈られた。

**カルロス（カール）５世**　Carlos（Karl）Ｖ（1500〜1558）　ハプスブルク

## 〈ヤ行〉



## 〈ラ行〉



## 〈ワ行〉

## 〈マ行〉

〈ナ行〉



〈ハ行〉

## 〈タ行〉

## 〈サ行〉

## 〈カ行〉

# 索引

本巻全体にわたって頻出する用語は省略するか、主要な記述のあるページのみを示した。
＊を付した語は巻末の「主要人物略伝」に項目がある。

## 〈ア行〉

本書の原本は、二〇〇八年五月、「興亡の世界史」第12巻として
小社より刊行されました。

網野徹哉（あみの　てつや）

1960年東京都生まれ。東京大学文学部西洋史学科卒業。専攻はアンデス社会史。フェリス女学院大学文学部専任講師等を経て，現在，東京大学大学院総合文化研究科教授。主な著書に『インディオ社会史』，共編著に『世界の歴史18ラテンアメリカ文明の興亡』『南北アメリカの歴史』『アンデス世界―交渉と創造の力学』など。

講談社学術文庫

定価はカバーに表示してあります。

興亡の世界史

インカとスペイン　帝国《ていこく》の交錯《こうさく》

網《あみ》野《の》徹《てつ》哉《や》

2018年11月９日　第１刷発行
2018年11月29日　第２刷発行

発行者　渡瀬昌彦
発行所　株式会社講談社
　　　　東京都文京区音羽2-12-21　〒112-8001
　　　　電話　編集（03）5395-3512
　　　　　　　販売（03）5395-4415
　　　　　　　業務（03）5395-3615
装　幀　蟹江征治
印　刷　大日本印刷株式会社
製　本　株式会社国宝社



ISBN978-4-06-513731-4

# 「講談社学術文庫」の刊行に当たって

これは、学術をポケットに入れることをモットーとして生まれた文庫である。学術は少年の心を養い、成年の心を満たす。その学術がポケットにはいる形で、万人のものになることは、生涯教育をうたう現代の理想である。

こうした考え方は、学術を巨大な城のように見る世間の常識に反するかもしれない。また、一部の人たちからは、学術の権威をおとすものと非難されるかもしれない。しかし、それはいずれも学術の新しい在り方を解しないものといわざるをえない。

学術は、まず魔術への挑戦から始まった。やがて、いわゆる常識をつぎつぎに改めていった。学術の権威は、幾百年、幾千年にわたる、苦しい戦いの成果である。こうしてきずきあげられた城が、一見して近づきがたいものにうつるのは、そのためである。しかし、学術の権威を、その形の上だけで判断してはならない。その生成のあとをかえりみれば、その根は常に人々の生活の中にあった。学術が大きな力たりうるのはそのためであって、生活をはなれた学術は、どこにもない。

開かれた社会といわれる現代にとって、これはまったく自明である。生活と学術との間に、もし距離があるとすれば、何をおいてもこれを埋めねばならない。もしこの距離が形の上の迷信からきているとすれば、その迷信をうち破らねばならぬ。

学術文庫は、内外の迷信を打破し、学術のために新しい天地をひらく意図をもって生まれた。文庫という小さい形と、学術という壮大な城とが、完全に両立するためには、なおいくらかの時を必要とするであろう。しかし、学術をポケットにした社会が、人間の生活にとってより豊かな社会であることは、たしかである。そうした社会の実現のために、文庫の世界に新しいジャンルを加えることができれば幸いである。

一九七六年六月

野間省一

## 外国の歴史・地理

本村凌二著
興亡の世界史 地中海世界とローマ帝国
古代ローマ史には、「人類の経験のすべてがつまっている」という。初の「世界帝国」出現と、一神教世界への転換。そして帝国が終焉を迎えた時、文明は大きく変貌していた。多彩な人物とドラマに満ちた千年史。
2466

福井憲彦著
興亡の世界史 近代ヨーロッパの覇権
長くアジアの後塵を拝したユーラシア極西部の国々は、一五世紀末に始まる大航海時代を皮切りに、世界を圧倒した。二度の世界大戦で覇権を失うも、欧州統合により再生し、新時代を模索するヨーロッパの光と影。
2467

羽田　正著
興亡の世界史 東インド会社とアジアの海
一七世紀、さかんな交易活動で「世界の中心」となっていた喜望峰から東アジアにいたる海域に、東インド会社が進出した。「史上初の株式会社」の興亡と、二〇〇年間の世界の変貌を描く、シリーズ屈指の異色作！
2468

井野瀬久美惠著
興亡の世界史 大英帝国という経験
大陸の片隅の島国は、「アメリカ植民地の喪失」をステップに大帝国へと発展した。博物館と万国博、紅茶、石鹸、ミュージック・ホール。あらゆる文化と娯楽を手にした「博愛の帝国」の過去は何を問いかけるか。
2469

平野　聡著
興亡の世界史 大清帝国と中華の混迷
ヌルハチ率いる満洲人の国家は、長城を越えて漢人を圧倒し、大版図を実現した。康熙帝・雍正帝・乾隆帝の最盛期から清末まで、栄光と苦闘の三〇〇年を描く。チベット仏教に支えられた、輝ける大帝国の苦悩とは。
2470

鈴木　董著
オスマン帝国の解体 文化世界と国民国家
民族・言語・宗教が複雑に入り組む中東・バルカンを数世紀にわたり統治した大帝国の政治的アイデンティティ、社会構造、人々の共存システムとはなにか？世界史的視点から現代の民族紛争の淵源を探る好著。
2493

学術文庫版

# 興亡の世界史 全21巻

編集委員＝青柳正規　陣内秀信　杉山正明　福井憲彦

アレクサンドロスの征服と神話……森谷公俊
シルクロードと唐帝国……森安孝夫
モンゴル帝国と長いその後……杉山正明
オスマン帝国500年の平和……林 佳世子
大日本・満州帝国の遺産……姜尚中・玄武岩
ロシア・ロマノフ王朝の大地……土肥恒之
通商国家カルタゴ……栗田伸子・佐藤育子
イスラーム帝国のジハード……小杉 泰
ケルトの水脈……原 聖
スキタイと匈奴 遊牧の文明……林 俊雄
地中海世界とローマ帝国……本村凌二
近代ヨーロッパの覇権……福井憲彦
東インド会社とアジアの海……羽田 正
大英帝国という経験……井野瀬久美惠
大清帝国と中華の混迷……平野 聡
人類文明の黎明と暮れ方……青柳正規
東南アジア 多文明世界の発見……石澤良昭
イタリア海洋都市の精神……陣内秀信
インカとスペイン 帝国の交錯……網野徹哉
空の帝国 アメリカの20世紀……生井英考
人類はどこへ行くのか……大塚柳太郎　応地利明　森本公誠　松田素二　朝尾直弘　ロナルド・トビほか

いかに栄え、なぜ滅んだか。今を知り、明日を見通す新視点！